高等职业教育“互联网+”新形态一体化系列教材
高职高专院校汽车类专业技术技能型人才培养教材

二手车鉴定与评估（第2版）

主　编◎王贵槐　夏　伟　刘方歆
副主编◎刘海云　胡　平
参　编◎方　媛　杨　凡

華中科技大学出版社
http://www.hustp.com
中国·武汉

内 容 简 介

本书是按照项目化任务驱动的教学方法进行编写的，主要内容包括二手车交易市场认识、汽车基础知识、二手车技术状况的鉴定、二手车的评定估算、二手车鉴定评估实务、二手车交易实务、电动汽车的鉴定与评估等7个项目。每个项目以多个任务来体现二手车鉴定与评估程序中的各个操作环节。

本书既可作为高职高专院校汽车类相关专业的教材，也可作为二手车鉴定评估人员的培训教材和学习二手车交易知识的参考书。

图书在版编目(CIP)数据

二手车鉴定与评估/王贵槐，夏伟，刘方歆主编. —2版. —武汉：华中科技大学出版社，2020.5
ISBN 978-7-5680-2706-9

Ⅰ.①二… Ⅱ.①王… ②夏… ③刘… Ⅲ.①汽车-鉴定 ②汽车-价格评估 Ⅳ.①U472.9 ②F766

中国版本图书馆CIP数据核字(2020)第002172号

二手车鉴定与评估(第2版) 王贵槐 夏 伟 刘方歆 主编
Ershouche Jianding yu Pinggu(Di-er Ban)

策划编辑：张 毅
责任编辑：刘 静
封面设计：孢 子
责任监印：朱 玢
出版发行：华中科技大学出版社(中国·武汉) 电话：(027)81321913
武汉市东湖新技术开发区华工科技园 邮编：430223
录 排：武汉正风天下文化发展有限公司
印 刷：武汉市首壹印务有限公司
开 本：787mm×1092mm 1/16
印 张：13.5
字 数：363千字
版 次：2020年5月第2版第1次印刷
定 价：39.80元

高等职业教育“互联网+”新形态一体化系列教材
高职高专院校汽车类专业技术技能型人才培养教材

编审委员会

前言 QIANYAN

由于二手车的性价比高，越来越多的人认同二手车，并且乐于购买二手车，使得二手车交易市场不断发展，成为汽车市场的重要组成部分，具有广阔的发展前景。我国的二手车鉴定与评估不再局限于二手车产权交易，已经扩展到二手车的纳税、保险、抵押、典当、司法鉴定等非产权交易。二手车鉴定、评估及交易工作涉及的知识面广泛，由此要求二手车鉴定评估师既要了解汽车的构造和原理，又要掌握各种二手车的技术鉴定和价值估算的方法，还要具备一定的市场经济学知识。

本书从二手车的鉴定、评估、交易等方面进行讲解，同时介绍了国家现行的有关管理法规和标准，既有一定的理论深度，又有很强的实践性，有助于提高读者的专业水平和解决实际问题的能力。为了适应高等职业教育人才培养的特点，本书注重基本能力的培养，以基础适度、实用、够用为原则，以职业岗位的典型工作任务为驱动，确定理论与实践一体化的学习任务，按照工作过程组织学习过程，特别有助于学生对相关知识与技能的学习。

为了有效丰富教学手段，提高学生的学习效率，本书配备了微课和视频，并在书中以二维码形式展现视频。学生可以随时随地扫描二维码进行观看，轻松学习知识，而且相关知识点也变得更加形象立体。

本书由武汉交通职业学院王贵槐、夏伟和湖南汽车工程职业学院刘方歆担任主编，由武汉交通职业学院刘海云、胡平担任副主编，武汉交通职业学院方媛、杨凡参与了本书编写。具体编写分工如下：方媛编写项目 1，刘方歆编写项目 2，王贵槐编写项目 3，刘海云编写项目 4，杨凡编写项目 5，夏伟编写项目 6 和项目 7，视频由刘海云、夏伟完成拍摄和剪辑。

本书在编写的过程中，得到了各编写院校的大力支持，书中引用了很多真实案例，瓜子二手车武汉分公司、用新车汽车服务（武汉）有限公司的经理胡平提供了许多资料，在此一并表示衷心的感谢！

由于编者水平有限，书中难免有疏漏之处，诚请广大读者批评与指正。

编　者

2020 年 5 月

目录 MULU

项目 1
二手车交易市场认识

知识目标

(1) 了解国内二手车交易市场的现状。

(2) 了解国外二手车交易市场的交易情况。

(3) 了解二手车鉴定评估的定义及基本术语。

(4) 掌握二手车鉴定评估的要素、特点。

(5) 了解二手车鉴定评估师的职业背景。

(6) 了解二手车鉴定评估从业人员工作守则。

能力目标

(1) 熟悉国内二手车交易市场。

(2) 熟悉《二手车流通管理办法》。

(3) 掌握二手车鉴定评估的基本要素。

(4) 掌握二手车鉴定评估师的职业道德规范。

任务1 二手车交易市场认知

【任务导入】

张先生有一辆经济型轿车,由于生意往来的需求,需要更换成一辆豪华型轿车。张先生找到认识的二手车鉴定评估师李先生,希望李先生给自己讲解目前二手车交易市场的情况,以便在更换车辆时做出合理的选择。

【任务分析】

要进行二手车交易,就要对二手车交易市场的现状、国内外不同地区二手车交易市场的主要流通体制和国内二手车交易市场存在的主要问题有所了解。

【相关知识】

一、二手车交易市场概述

1. 二手车的概念

商务部令2005年第2号《二手车流通管理办法》总则的第二条给出了二手车的定义。所谓二手车,是指办理完注册登记手续到达到国家强制报废标准之前进行交易并转移所有权的汽车(包括三轮汽车、低速载货汽车,即原农用运输车)、挂车和摩托车。

《二手车流通管理办法》取代了1998年出台的《旧机动车交易管理办法》。以往的国家正式文件一直没有出现过“二手车”一词,有的只是“旧机动车”。《二手车流通管理办法》首次明确地将“二手车”的内涵与“旧机动车”等同。尽管只是提法上的不同,但是“旧机动车”会让人感觉车辆很破旧,不是什么好车,从而在一定程度上影响人们的消费情绪。其实二手车不等于旧车,只要上了牌照,进行交易并转移所有权的车就是二手车。与“旧车”相比,“二手车”通俗易懂,提法上也更中性,同时与国际惯例接轨。

在国外,二手车确实不等于旧车,在我国目前这个认识体现得还不充分。不少国家对新车销售年限有严格的规定。例如,国外年生产600万辆新车,卖掉了500万辆,剩下的100万辆过了规定的新车销售时间,就不能再进入新车的销售渠道,而进入拍卖场,也就归为二手车一族了。

2. 二手车的交易

由于车辆技术状况各不相同,判定难度大,交易价格的构成复杂,因此二手车的交易在技术和管理难度上远远超过一般旧货的交易行为。为了规范交易双方的行为、保证交易双方的合法权益,原国内贸易部于1998年发布了《旧机动车交易管理办法》,首次对二手车交易进行了规范。为适应新的市场环境,2005年8月29日,商务部、公安部、原工商总局、国家税务总局联合颁布了《二手车流通管理办法》(以下简称《办法》),并于2005年10月1日正式施行,对二手车交易进行了调整。该《办法》指出:所有二手车交易行为必须在经合法审批后设立的二手车交易市场进行,并接受工商、税务、公安交管、环保、治安等部门的相应管理;涉及国有资产的交易行为还要受国有资产管理部门的监督;所有的交易车辆必须是办理了机动车注册登记等手续、距报废标准规定年限1年以上的汽车(含摩托车)及特种车辆。二手车交易完成后,在规定的期限内,买卖双方需到有关管理部门办理过户登记等手续,以确保该交易车辆在今后使用过程中责任、权利明晰。

二手车经营行为包括二手车经销、拍卖、经纪、鉴定评估等。

① 二手车经销是指二手车经销企业收购、销售二手车的经营活动。

② 二手车拍卖是指二手车拍卖企业以公开竞价的形式将二手车转让给最高应价者的经营活动。

③ 二手车经纪是指二手车经纪机构以收取佣金为目的,为促成他人交易二手车而从事居间、行纪或者代理等经营活动。

④ 二手车鉴定评估是指二手车鉴定评估机构对二手车技术状况及其价值进行鉴定评估的经营活动。

近年来,轿车品牌经销商纷纷开展二手车置换业务。不同于以往二手车交易行为的是,二手车置换业务可以推动新车销售,获得汽车制造厂商的强大技术支持,从而经销商可为二手车的再销售提供一定程度上的质量担保,大大降低了二手车交易中消费者的购买风险,规范了交易双方的交易行为。现今,越来越多想换新车的消费者选择二手车置换业务。

3. 二手车交易政策法规介绍

由于二手车在技术状况、使用经历和交易条件上千差万别,交易信息难以完备,所以二手车交易过程复杂、交易风险大。为了保护交易双方的合法权益,防止道德风险的发生,国家有关部门制定了一系列的法律法规,以规范二手车交易市场和交易双方的行为。《二手车流通管理办法》对二手车交易有如下规定。

① 二手车交易市场是指依法设立、为买卖双方提供二手车集中交易和相关服务的场所。

② 二手车交易市场经营者、二手车经销企业和经纪机构应当具备企业法人条件,并依法到工商行政管理部门办理登记。

③ 二手车交易市场经营者和二手车经营主体应当依法经营和纳税,遵守商业道德,接受依法实施的监督检查。

④ 二手车交易市场经营者应当为二手车经营主体提供固定场所和设施,并为客户提供办理二手车鉴定评估、转移登记、保险、纳税等手续的条件。二手车经销企业、经纪机构应当根据客户要求,代办二手车鉴定评估、转移登记、保险、纳税等手续。

⑤ 国务院商务主管部门、工商行政管理部门、税务部门在各自的职责范围内负责二手车流通的有关监督管理工作。省、自治区、直辖市和计划单列市商务主管部门(以下简称省级商务主管部门)、工商行政管理部门、税务部门在各自的职责范围内负责辖区内二手车流通有关监督管理工作。

⑥ 建立二手车交易市场经营者和二手车经营主体备案制度。凡经工商行政管理部门依法登记,取得营业执照的二手车交易市场经营者和二手车经营主体,应当自取得营业执照之日起2个月内向省级商务主管部门备案。省级商务主管部门应当将二手车交易市场经营者和二手车经营主体有关备案情况定期报送国务院商务主管部门。

⑦ 二手车交易市场经营者和二手车经营主体应当定期将二手车交易量、交易额等信息通过所在地商务主管部门报送省级商务主管部门。省级商务主管部门将上述信息汇总后报送国务院商务主管部门。国务院商务主管部门定期向社会公布全国二手车流通信息。

⑧ 国务院工商行政管理部门会同商务主管部门建立二手车交易市场经营者和二手车经营

主体信用档案,定期公布违规企业名单。

二、我国二手车交易市场的现状

1. 国内二手车交易市场概况

我国二手车交易始于20世纪80年代中期。回顾我国二手车交易市场的发展历程,1998年是二手车交易市场成型的分水岭。1998年前,车辆拥有者和使用者基本上是政府机关和企业,汽车保有量不大,市场上可以选择的车型少,车价高,而大多数单位有一定的维修保养能力。在这段时间里,基本上一辆车是开到报废为止。1998年后,私家车逐渐成为汽车消费的主体,汽车开始进入家庭,汽车市场保有量提高并快速增长。而家庭消费千差万别,尤其是一些人在经济能力发生变化以后可能会考虑更换车辆,二手车交易市场应运而生。

据中国汽车流通协会统计,2016年全国二手车交易量约1 039万辆,2017年国内二手车交易量达1 200.09万辆,同比增长近20%。2018年全国二手车交易量1382.19万辆,同比增长11.46%。此外,2018年3月5日上午,十三届全国人大一次会议在北京开幕,政府工作报告中提到,要增强消费对经济发展的基础性作用,推进消费升级,发展消费新业态新模式。将新能源汽车车辆购置税优惠政策再延长三年,全面取消二手车限迁政策。自2018年伊始,全国已有多地宣布进一步取消二手车限迁,全国二手车限迁取消的范围正进一步扩大。从二手车市场规模来看,我国二手车市场呈现良好的发展态势。

2. 国内二手车的主要流通体制

1)以二手车经销企业为经营主体的二手车流通模式

不用依从整车厂商,经销商集团自营的二手车经销企业可以随意收购和销售各个整车厂商品牌的产品,为消费者提供了更多的选择。同时二手车经销企业也越来越注重品牌化和连锁化,降低了成本,扩大了规模,建立起了企业信誉,但是其售后服务无法与整车厂商授权的、可以以旧换新的品牌经销商竞争。另外,根据二手车交易增值税征收管理税收政策,二手车经销企业除了必须缴纳营业税外,还必须缴纳车辆成交价2%的增值税。

在以二手车经销企业为经营主体的二手车流通模式下,经营公司涉及二手车收购、二手车鉴定与评估、二手车销售和二手车售后服务等整个二手车业务链。

2)以二手车经纪机构为经营主体的二手车流通模式

二手车经纪机构只能以收取佣金为目的,为促成他人交易二手车而从事居间、行纪或者代理等经营活动,不得以任何方式从事二手车的收购、销售活动。二手车经纪机构入门门槛较低,在资金规模、维修设备、服务意识、流程规范等方面必然不能和二手车经销企业相比,无法为客户提供二手车鉴定与评估、二手车收购、二手车维修、二手车销售、二手车售后服务等一站式服务。

二手车经纪机构一般利用手中的人脉资源,或者从企事业单位那里获得大量二手车车源,或者以广告、朋友介绍等方式从消费者个人那里获得车源,甚至直接从品牌经销商那里以较小的成本获得因汽车置换业务而遗留下的二手车。

3)以授权品牌经销商为经营主体的二手车流通模式

自2003年上海通用汽车有限公司推出“诚新二手车”以来,国内各整车厂商纷纷授权旗下经销商开展二手车置换业务,如上海大众的“特选二手车”、宝马的“尊选二手车”、一汽奥迪的“奥迪AAA”、广州本田的“喜悦二手车”及东风标致的“诚狮二手车”等。

整车厂商开展二手车置换业务,在现阶段是为了推进新车的销售。因为中国汽车市场发展到现今,有一批消费者开始考虑购买第二辆车,而旧车的处理就成了一个问题,整车厂商推出这项业务，可以为这批消费者省去麻烦，促使他们更早、更坚定地购置新车，并且仍选择该品牌的新车。显然，二手车置换对新车销售及二手车交易市场的发展有很大的促进作用。

4）以二手车拍卖企业为经营主体的二手车流通模式

二手车拍卖企业以公开竞价的形式将二手车转让给最高应价者的经营活动称为二手车拍卖。二手车拍卖企业的货源来自企事业单位公务用车、法院及海关罚没车辆、品牌经销商置换业务留下的旧车。个人直接委托拍卖企业拍卖的少，而参加拍卖会的多数为想购买二手车的普通消费者，他们对这些公务用车或者厂商认证的置换车的品质有一定的信心。

不同于二手车经销企业，二手车拍卖企业的利润来源于佣金。二手车经营企业完全靠差价来赚取利润。一方面以某些车辆的瑕疵为由打压收购价格，另一方面隐瞒车辆的真实情况，甚至想方设法掩盖车辆的问题，抬高出售价格。而二手车拍卖企业以专业能力尽量还原车辆的真实情况，告知买家尽可能多的车辆信息，因此买家可以放心地购车。

3. 国内二手车交易市场存在的问题

当前我国二手车交易市场存在的问题主要有以下几个。

1）没有统一收费标准，税费征收困难

《二手车流通管理办法》未规定二手车交易行为的税收标准，而沿用以前的有关标准，即对二手车经营公司征收2%的增值税，对拍卖企业征收4%的增值税，而个人在二手车交易市场进行交易，开票则不需要交税，《二手车流通管理办法》只是规定了直接交易必须在二手车交易市场进行。哪些是个人交易，哪些是带有营利性的经营行为，在现实中很难判断。例如，明明是经营公司的经营行为，但经营公司可以将卖主的车辆直接过户到买主名下，这样，在客观上无法鉴定这是否为直接交易。

《二手车流通管理办法》明文规定，二手车经纪公司只能从事经纪行为，不能从事买、卖二手车的业务(除非受客户的委托)。但作为对原有市场传统的延续，目前在二手车交易市场的经纪公司无不从事着营利性的二手车买卖活动。

二手车经营公司、二手车经纪公司在进行二手车交易时，自己不开销售发票或者经纪发票，而到二手车交易市场开票。于是，二手车交易市场又多了一项“开票”功能。既然有了服务，那么当然是需要服务费的。这样造成的后果是，二手车交易市场利用《二手车流通管理办法》的漏洞，又赚取了一项“垄断”寻租费。

2）二手车交易市场信息不对称，诚信缺失

目前，二手车交易市场仍然是个信息不对称的市场，消费者与中间商之间存在着巨大的信息不对称的问题。中间商压价收车、高价卖车，隐瞒车辆实际情况的案例频频发生，让许多消费者对二手车颇有戒心，使许多潜在的二手车需求难以转化为现实的市场需求。

中国汽车流通协会的一份资料显示，诚信问题仍是困扰行业健康发展的重要因素。诚信问题主要体现在以下三个方面。

① 车辆的真实状况。虽然现在二手车交易市场开始出现品牌化经营的趋势，但是在二手车交易市场内及一些场外的经济实力较弱的二手车经纪公司和经营公司，在销售车辆时，仍然会故意隐瞒车辆的真实状况，以次充好。它们往往向消费者隐瞒二手车技术方面的信息，包括车辆事故、真实里程、车辆质量等，而将其外表粉饰得非常漂亮。由于车辆本身技术上的复杂性，消费者上当后，即使打官司，也往往说不清、道不明。另外，在手续方面，二手车交易往往存在车辆违章罚款、欠费等陷阱。消费者在购买后，办理过户时，往往还要交上一大笔费用。

② 价格谈判的信誉。目前，二手车交易市场上，一些不法公司或者个人，在二手车交易收

购谈判时,虚报价格,在实际成交时压价,如果车主不满意,有的甚至还采取威胁手段、发生故意损坏车辆的行为。

③ 人员素质差。目前,二手车交易市场的二手车"黄牛"较以前已经减少了许多,但是仍然存在。购车用户如果从这些人手里购买二手车,上当受骗之后难以维权。

3) 二手车售后服务保障缺失

售后服务保障缺失的产生,主要有以下四个方面的原因。

① 二手车经营者缺乏诚信。二手车经营者为了牟取不正当利益,对购车用户隐瞒真实车况,提供虚假信息。

② 二手车改装。有的二手车原车主在使用过程中对车辆进行了改装,而在出售时又恢复了原厂配置。这类问题往往会对车辆造成"暗伤",并且即使该车还在新车质保期内,生产厂商也不会给予索赔。需要说明的是,不是非常专业的二手车经营者有时也无法检测出二手车是否经过了改装。

③ 跨区域售后服务问题。即使二手车经营者提供了质量担保,也往往因为购车用户在外地,距离二手车经营者非常远而无法实现索赔。

④《二手车交易规范》规定:二手车经销企业向最终用户销售使用年限在3年以内或行驶里程在60 000 km以内的车辆(以先到者为准,营运车除外),应向用户提供不少于3个月或5 000 km(以先到者为准)的质量保证;质量保证范围为发动机系统、转向系统、传动系统、制动系统、悬架系统等。但是,在实际交易过程中,使用年限在3年以内或者行驶里程60 000 km以内的二手车所占比例很小,大多数情况下,消费者得不到二手车的任何售后保障。另外,由于车辆技术的复杂性,即使二手车经销企业提供了售后担保,出了问题后,二手车经销企业为了自身的利益,也通常会在具体条款上与消费者产生不一致的理解。

4) 二手车金融服务问题

二手车金融服务的核心就是以二手车为质押的融资。

目前,国内还没有金融机构为二手车经营者或者二手车消费者提供融资服务。究其原因,一方面是由于二手车车况的复杂性,二手车金融服务需要较深的汽车检测方面的专业知识。在国内,还没有哪家金融机构在这方面储备了专业人才,而如果用外部资源,国内还没有具有全国公信力的车辆检测机构。另外,即使有了上述条件,还有二手车现行价格及未来价格预测的数据问题需要解决。由于影响二手车价格变动的因素很多,如供求关系、新车价格、季节性因素、时间因素等,二手车价格的预测非常困难。就算是现行的市场价格,也由于车况的不透明,很难根据一辆车的交易价格去推算另一辆车的价格。只有在具备车况检测数据和价格数据的前提下,金融机构才有可能依靠自己的二手车专业人员负责将此两项数据整合到一起,从而确定最终的贷款金额。而金融产品设计部门还要根据未来价格数据确定贷款用户的还贷风险,以确定最终的贷款利率。另一方面,长期以来,国内二手车经营者的诚信度一直受市场诟病,在未建立二手车经营者的信用记录的情况下,对二手车经营者融资风险较大。

5) 二手车保险服务问题

二手车保险服务问题主要就是二手车质量担保的问题。保险公司开展二手车质量担保在我国刚刚起步,由于投保车辆基数小,所以目前的二手车质量担保服务开展的规模也很小。另外,由于此项业务对于国内保险公司来说还是新业务,保险公司之前虽然有商业车险的理赔数据,但并没有建立系统的车辆维修费用数据库,因此,保险公司在前期业务的开展中不得不持谨慎态度,从而造成现有的二手车质保费用高昂。

需要指出的是,由于市场诚信的问题,保险公司在开展二手车质量担保工作方面,不敢轻易和二手车交易市场内的经纪公司及一般的经营公司合作，一般只考虑和汽车生产厂商合作，在其4S店系统开展此项工作。

6）行业准入门槛低、竞争加剧

二手车行业准入门槛低，使得二手车经销商过度增加，形成“僧多粥少”的局面，导致市场竞争加剧，各地经销商之间开始出现恶性竞争。恶性竞争不但使商家获利减少，也导致商家承担的市场风险加大，阻碍了国内二手车行业的健康发展。

7）面向全国范围的二手车流通体系的建立问题

我国各区域之间二手车交易的发展不平衡，为二手车区域间流通提供了广阔的市场前景，但由于二手车技术标准的不统一，各区域二手车经营者之间在二手车车况方面没有“共同语言”，异地用户在购买二手车时，不得不到现场验车。在办理转籍手续时，往往需要等7天左右，多的则可能等半月，这就增加了二手车经营的风险。另外，我国各地二手车税费标准不一，税费高的地区二手车在转籍交易时，往往存在价格方面的劣势。如果没有全国性的二手车流通体系，将会导致国内二手车需求无法得到有效满足。

8）鉴定评估缺乏标准与规范

目前，国内二手车鉴定评估现状混乱，大部分二手车鉴定评估机构仍然用过去落后的评估手段，没有一套完整的、系统的鉴定评估体系，鉴定评估过于注重对价格的估算，二手车鉴定评估师更多时候是凭借个人的经验，而不是一套客观的流程对车辆进行估价。建立完善的行业鉴定评估标准和准入制度是解决混乱局面的根本。

2013年出台的《二手车鉴定评估技术规范》，对被鉴定评估车辆的检测有100多项，达到或接近目前一些品牌二手车的要求，并提供了标准鉴定评估单。严格的车辆检测使得价格的评估更加合理，也让消费者对车辆的性能有一个更加清楚的认识，而强化市场秩序也会让二手车交易市场更加有序、透明。

9）消费观念制约行业发展

二手车交易市场在国内发展的时间较短，人们对二手车的接受程度有限，制约了二手车行业的发展。在消费二手车的群体中，消费普通车型的大部分是新手，他们购车大多是为了代步或用于过渡，而购买豪华二手车的多为从商人士，他们购买豪华二手车大多是为了体面。

人们对二手车的接受程度低：一方面是由于对二手车认识不足，不知道如何判断车况；另一方面是由于国内二手车信息不对称，诚信缺失，令人们对购买二手车产生恐惧心理，怕商家隐瞒二手车的实际情况。

三、国外二手车交易市场的现状

在成熟、开放的汽车市场，二手车交易与新车销售的比例一般都大于1∶1。美国市场为2.67∶1，英国市场为3∶1，日本市场为1.42∶1。与之相比，中国二手车交易与新车销售的比例仅为0.3∶1，这一明显差距反映出中国汽车市场还是一个发展中的市场，同时也表明中国二手车交易市场拥有巨大的发展潜力与空间。需要说明的是，尽管不同国家二手车交易市场的特点和政策不同，但发展规律是基本相同的。

1. 美国二手车交易市场概况

美国是全球最大的汽车市场之一。纵观美国二手车交易市场的运行规律，美国二手车交易市场也经历了从小而散到规模化，从规模化到信息化，从信息化到互联网化的逐步演进发展过程。

在早期的美国二手车交易市场，也有黄牛篡改VIN、调整里程表、隐匿事故车，将大量不适合再进入市场的二手车重新倒卖进市场,用隐瞒消费者的手段,从中获取不法利润。从1980年开始,随着美国新车市场的不断饱和,美国新车销售呈下降趋势,二手车销量逐年上升。在1986—1996年这十一年的时间里,美国500强零售商新车销售量降低了8.8%,而二手车销售量上升了40%,使得美国二手车利润占利润总额的45%。

随着美国经济的发展,二手车的销量不断攀升并且二手车作为一般商品进入市场,二手车的销售多渠道化,促使形成了品牌专卖、大型超市、连锁经营、二手车专营、二手车拍卖等并存的多元化经营体制,二手车交易方式也呈现出直接销售、代销、租赁、拍卖、置换等多样化的特点,减少了交易环节,使交易手续灵活简便,为消费者营造了购买二手车方便的消费环境。随后,美国推行了车辆认证和建立车辆历史档案的质量保障体系,促进和保障了二手车交易手续的简便化。

自2016年开始,美国二手车的年销量就稳定在4 000万~4 500万辆范围内,是新车销量的三倍左右,而平均每辆二手车价格为1.65万美元左右。由此可知,美国每年的二手车交易市场交易额为6 600亿~7 425亿美元。二手车的热销除了与美国大众对二手车有着异乎寻常的热情有很大关系外,一个主要原因是美国二手车交易市场经过数十年的发展已经相当成熟,形成了一套行之有效的市场规则,从价格、质量、服务等多个汽车消费的关键领域向消费者提供了保障。

1) 美国二手车交易市场的主要特点

美国的二手车交易市场总体上是一个具有很强自我规范能力的主体,政府在市场运作、车辆流通等环节的参与和干预力度都非常有限。在政策层面,美国联邦贸易委员会实行的《二手车法规》是针对其国内二手车流通管理的一项最重要的规定。这项规定的主要内容包括以下两个方面。

(1) 执照申领。《二手车法规》规定,在一个年度(12个月)之内出售5辆二手车以上的经销商必须申领二手车销售执照,执照的发放由各个州自行管理。

(2) 买车指南。《二手车法规》提供了统一格式的买车指南,规定二手车经销商在出售二手车的同时,必须填写完整的买车指南,并张贴在车内的明显位置,以供买方参考。买车指南的主要内容包括车辆的基本信息、质量状况、维修历史、厂家或经销商的质保承诺等重要信息,并且是购车合同的一个重要组成部分,从而在法律上确保经销商提供的二手车信息的准确性,同时将消费者关心的保修承诺合同化,保证消费者的权益。

2) 美国二手车的流通途径

美国二手车交易市场格局是"以经销商为主,以二手车连锁店为辅"。美国二手车销售主要由二手车汽车经销商出售、二手车连锁店出售、私人出售和拍卖构成。其中,二手车汽车经销商在二手车交易市场中占的比重最大。

① 二手车汽车经销商出售。多数的汽车经销商同时经营新车和二手车业务。这些汽车经销商的信誉比较好,规模也够大,对本品牌车辆的车型、性能更熟悉,而且具有零部件储备和维修售后的优势,所以虽然这类二手车的价格略高于以其他形式销售的二手车,但是由于其专业经营和高诚信度,消费者对其表示普遍接受并认可。

② 二手车连锁店出售。规模比较大的二手车连锁店也是二手车销售的一个重要途径,此类连锁店通常对出售的二手车做一些外部整修,对部分二手车提供一定时间的保修服务,出售的价格比二手车汽车经销商出售的价格稍低。

③ 私人出售。私人出售二手车多以在报纸上刊登广告为主,但由于私人二手车良莠不齐,鱼龙混杂,又缺乏相应的保障,所以私人二手车的流通量相对比较小。

④ 拍卖。拍卖的二手车多为车龄比较长、车况相对比较差的车辆,甚至还有接近报废的车辆,一般不提供任何保障,但价格非常低廉,主要针对低收入群体。

3）美国二手车的质量

美国的二手车交易市场也规定了以下两条非常有效的制度，对保证二手车质量起到了非常重要的作用。

① 推广认证制度。从20世纪80年代开始，美国开始出现“认证”（certified）二手车。起初是一些规模较大的汽车经销商对自己出售的二手车进行认证，目前这项制度已经推广到几乎所有品牌的汽车生产商。

所谓二手车质量的认证制度，就是指由汽车生产商或者大型经销商对二手车进行全方位的质量检测，以确保汽车的品质达到一定的出售标准，同时，经过认证的二手车还可以在一定时期内享受与新车同样的售后保障的一种制度。

尽管认证二手车要比没经过认证的二手车平均售价高出1 000～1 500美元，但由于认证二手车的质量得到了保证，并可享受保修服务，消费者对二手车质量产生的顾虑得以消除，所以极大地激发了消费者购买认证二手车的热情。

② 建立历史档案。美国有专业且独立的汽车评估公司。这些公司利用车辆识别代号（VIN）的唯一性，为每辆车建立档案，撰写车辆历史报告。车辆历史报告的内容包括所有权及变更、行驶里程、尾气排放检验结果、使用、维修、抵押、事故等众多重要信息。这些信息来源于生产商、车辆使用者、管理检验部门、消防与警察部门及租赁拍卖公司等，这从一方面确保了车辆历史报告的全面性，从另一方面保证了信息的准确性和公正性。

消费者在购买二手车时，可以通过支付少许费用来获得此类报告，从而对二手车的使用历史及质量情况做到心中有数，避免由于信息不全而造成购车的盲目性。

4）美国二手车的价格

在美国，二手车价格不是由原车价格通过折旧来确定的，而是取决于二手车的市场残值，即该车目前在市场上还能卖多少钱。美国没有专门的二手车鉴定估价师，消费者通常参考汽车经销商和二手车连锁店发行的二手车价格参考书。其中，美国汽车经销商协会（NADA）从1933年开始发行的《二手车价格指南》是较为权威的一种二手车价格参考书。《二手车价格指南》按东南西北把美国分为九个区，各区有不同的版本，每月发行一本。

《二手车价格指南》中的价格分为置换价格（trade-in）和零售价格（retail price）两大类。置换价格是消费者在车行进行以旧换新时二手车的折价，通常也是汽车经销商回收二手车的批发价，相对较低；零售价格是车行单独出售的二手车的价格，一般比置换价格高20%左右。

2. 日本二手车交易市场的发展概况

1）日本二手车交易市场的主要特点

日本二手车交易市场最大的特点是已形成一张分布均匀且遍布全国的交易网。日本的二手车交易市场是一个成熟的二手车交易市场，二手车交易过程充满了诚信。在日本，经过检测的二手车已经详细注明车况，不会存在水分，篡改车辆信息的事情很少发生，一旦发生就会公示，并且篡改者会遭到十分严厉的处罚。这种用制度来约束二手车交易行为的做法是管理中的重要手段。而多年的充分竞争和淘汰制度造就了日本二手车十分诚信的市场。

2）日本二手车的质量

日本的二手车没有统一的认证标准，最主要的是几家较大的二手车公司的第三方认证标准，如Culliver公司的“监价标准”、AUCNET公司的“AIS”等。日产、丰田、本田等汽车公司都认可并使用“AIS”。各个公司的认证标准虽然自成一家，但经过充分的市场竞争和长期的发展，都得到了社会的认同和信赖。一般在经销店里受过专门训练的二手车鉴定评估人员在收车后,将二手车情况如实记录,然后将记录传输给其加盟的二手车公司,便很快就能够得到一个检测证明和根据目前市场状况对该车的基本估价。如果这个价格得到卖车人的认可,该经销商就可以出售这辆车了。在日本,无论怎样流通交易,经销商的二手车都要经过检测,被贴上认证标签。

3) 日本二手车的流通途径

① 拍卖。拍卖是日本二手车流通一种重要的方式。目前,在日本,拍卖场大概有150家之多,并且都是以会员制的形式组成。在日本,虽然不同地区的认证、评估价格的标准不同,但同一辆车的交易价非常相近。售出的车辆根据车型和车况,在规定的时间和行驶里程内会有保修。拍卖的形式有现场和远程两种。东京CAA二手车公司的现场拍卖大厅有500个终端,每个终端可以有两个人同时参加拍卖。二手车以基本价起拍,由于经销商比较专业,二手车一般不会被拍出“天价”,因而单车交易速度特别快,通常20 s内就会结束,每天有上千辆的交易量。但如果价格没有达到卖主的期望,控制中心的工作人员就会将该车流拍。在家里或在经销店都可以参加远程拍卖。未加盟二手车公司的经销商是不能得到终端设备和参加拍卖的。无论是远程还是在现场,拍卖结束后,车辆的交付在两个经销商之间进行即可,负责组织拍卖的二手车公司只是一个流通的渠道,最后将成交车辆的信息发送给买车的经销商,交易就完成了。

② 汽车生活店。除了拍卖,很多汽车企业也建立了自己的汽车生活店,也可以经营二手车交易,为二手车交易市场的壮大和竞争力的增加打下基础,也让消费者能够买到更如意的二手车。比如,日产建设了兼备新车、二手车销售及零部件采购中心的综合汽车店。

Carrest就是这样的二手车和新车的汽车生活店。Carrest由car和rest组成,表示车和休息的意思,就是说顾客可以在充满创意的环境里享受汽车生活。位于东京以东的Carrest,室内外总面积超过60 000 m^2,可容纳超过50辆新车、1 000辆二手车及约40 000件汽车精品。另外,一条长达700 m的跑道用以供顾客试乘各款新车及二手车。除了以上所提到的项目,Carrest还有购物中心、儿童游戏区及舒适的咖啡茶座,一家老少咸宜。Carrest的维修车间拥有38个维修位置,同时提供方便的自助洗车服务。Carrest专业的评估区域可以让消费者以满意的价格购入心仪的车辆。

3. 其他发达国家的二手车交易市场概况

其他发达国家的二手车交易市场基本相同,在数量上超过了新车,并且利润超过了新车。其他发达国家的二手车交易市场主要有以下特点。

1) 管理体制十分健全

发达国家成熟的二手车交易市场均形成了一套比较完善的收购和销售体制。各国政府也制定了有关二手车贸易的相关法规,以保护消费者的权益。例如,在瑞士有一个科学的二手车评估体系,这个体系是由二手车协会来制定的,任何二手车的估价必须遵循这套科学的评估体系来确定,对于二手车销售价格的制定,首先要由技术检测部门的技术人员进行测定并列出测试清单,然后对此车进行估价,销售商根据二手车的估价和原销售价格,最终确定二手车实际销售价格。

2) 交易量都很大

二手车交易市场形成了规模效应,二手车交易量平均高出新车交易量的1倍以上。

3) 价格一般较低

虽然购买二手车需要一定的维修和保养费用,但就算加上这部分成本,也比新车价格低很多。发达国家成熟的二手车交易市场实行的是规范化的售后服务标准。在税收、价格评估等方面,北美、欧洲等绝大部分国家和地区在二手车交易中按照购进与销售之间的差价征税,英国则按照差价毛率征收增值税。

4）完善的售后服务

各国通过制定法规、行业协会及品牌汽车企业来确定经营者的资质，规范其交易行为。它们通过统一的服务标准，使购买二手车的消费者在一定时期内享受与新车销售相同的售后待遇。在国外，根据二手车的鉴定评估结果，车辆可以拥有符合车况的相应的保修期。一般二手车的鉴定评估由第三方鉴定评估机构和鉴定评估公司来实现。在瑞士，凡是购买二手车的车主都可以得到一张保修单，享受2年的保修期，这种承诺不仅在瑞士有保证，而且在全欧洲都有保证，如果2年之内车主将车转卖，保修期还可以随车主的更换转移给另一个车主。这样的做法，解决了人们购买二手车的后顾之忧，促进了二手车的销售。

【任务实施】

二手车鉴定评估人员可以按照表1-1所示步骤对希望了解二手车交易市场现状的顾客进行讲解。

表1-1 二手车交易现状解说

环节	对应项目	具体程序
1	准备工作	通过交流，了解顾客的需求和顾客对二手车交易市场的了解程度
2	介绍二手车交易市场的现状	介绍目前国内外二手车交易市场的现状及发展趋势、我国二手车交易市场存在的主要问题
3	介绍目前国内外二手车交易市场的流通体制	介绍目前国内外二手车交易市场的流通体制、二手车交易政策法规
4	留下顾客信息	填写顾客个人信息

任务2 二手车鉴定评估认知

【任务导入】

张先生要卖掉自己的一辆轿车，想了解该车的价值，但他对二手车鉴定评估一点儿也不了解。关于二手车鉴定评估，他应该知道哪些知识？

【任务分析】

只有具备了二手车鉴定评估的基本知识，了解了二手车鉴定评估的流程，才能对车辆做出符合实际情况的鉴定和评估。

【相关知识】

一、二手车鉴定评估概述

二手车鉴定评估是指由二手车鉴定评估机构的鉴定评估人员，按照特定的目的，遵循法定或公允的标准和程序，运用科学的方法对二手车技术状况及其价值进行鉴定评估的过程。

二手车评估属于资产评估,因此汽车鉴定估价的理论和方法以资产评估学为基础。

1. 二手车鉴定评估的要素

二手车鉴定评估过程涉及以下八个要素。

1) 二手车鉴定评估的主体

二手车鉴定评估的主体是指二手车鉴定评估业务的承担者,即从事二手车鉴定评估的机构及专业鉴定评估人员。它是二手车鉴定评估工作中的主导者。由于二手车鉴定评估直接涉及当事人双方的权益,是一项政策性和专业性都很强的工作,所以无论是对专业鉴定评估机构,还是对专业鉴定评估人员,都有较高的要求。

(1) 对二手车鉴定评估机构的要求。《二手车流通管理办法》第二十五条规定:二手车鉴定评估机构应当遵循客观、真实、公正和公开原则,依据国家法律法规开展二手车鉴定评估业务,出具车辆鉴定评估报告;并对鉴定评估报告中车辆技术状况,包括是否属事故车辆等评估内容负法律责任。

《二手车流通管理办法》第二十六条规定,二手车鉴定评估机构和人员可以按国家有关规定从事涉案、事故车辆鉴定等评估业务。

(2) 对二手车鉴定评估人员的要求。

① 必须掌握一定的资产评估业务理论,熟悉并掌握国家颁布的与二手车交易有关的政策、法规、行业管理制度及有关的技术标准。

② 具有一定的二手车专业知识和实际的检测技能,能够借助必要的检测工具,对二手车的技术状况进行准确的判断和鉴定。

③ 具有较高的收集、分析和运用信息资料的能力及一定的评估技巧。

④ 具备经济预测、财务会计、市场、金融、物价、法律等多方面的知识。

⑤ 具有良好的职业道德,遵纪守法、公正廉明,保证二手车评估质量。

此外,二手车鉴定评估的从业人员还需要经过严格的职业资格考试或考核。从事二手车评估定价的从业人员必须取得人力资源和社会保障部颁发的二手车鉴定评估师职业资格证书,从事二手车保险评估的从业人员必须取得保监会颁发的保险公估从业人员资格证书。

2) 二手车鉴定评估的客体

二手车鉴定评估的客体是指被鉴定评估车辆,它是鉴定评估的具体对象。二手车鉴定评估的一个主要目的,就是在二手车的交易过程中准确地确定二手车价格,并以此作为买卖成交的参考底价。《二手车流通管理办法》规定,下列车辆禁止经销、买卖、拍卖和经纪。

① 已报废或者达到国家强制报废标准的车辆。

② 在抵押期间或者未经海关批准交易的海关监管车辆。

③ 在人民法院、人民检察院、行政执法部门依法查封、扣押期间的车辆。

④ 通过盗窃、抢劫、诈骗等违法犯罪手段获得的车辆。

⑤ 发动机号、车辆识别代号或者车架号与登记号码不相符,或者有凿改迹象的车辆。

⑥ 走私、非法拼(组)装的车辆。

⑦ 不具有第十九条所列证明、凭证的车辆。

⑧ 在本行政辖区以外的公安机关交通管理部门注册登记的车辆。

⑨ 国家法律、行政法规禁止经营的车辆。

二手车交易市场经营者和二手车经营主体发现车辆具有④、⑤、⑥情形之一的,应当及时报告公安机关、工商行政管理部门等执法机关。

对交易违法车辆的，二手车交易市场经营者和二手车经营主体应当承担连带赔偿责任和其他相应的法律责任。

此外，被交易车辆上市交易前，必须先到公安交通管理机关申请临时检验，经检验合格，在其行驶证上签注检验合格记录后，方可进行交易。检验被交易车辆的车架号和发动机号的符号、数字及各种外文字母的全部拓印时，发现不一致或有改动、凿痕、锉痕、重新打刻等人为改变或损坏的，对车辆一律扣留审查。

3）二手车鉴定评估的依据

二手车鉴定评估的依据是指鉴定评估工作所遵循的法律、法规、经济行为文件，以及其他参考资料。它一般包括行为依据、法律依据、产权依据和取价依据等四个部分。

（1）行为依据。行为依据是指实施二手车鉴定评估的依据，一般包括经济行为成立的有关决议文件及鉴定评估当事方的鉴定评估业务委托书。

（2）法律依据。法律依据是指二手车鉴定评估所遵循的法律法规，主要包括以下几项。

①《国家资产评估管理办法》。

②《国有资产评估管理办法施行细则》。

③《机动车强制报废标准规定》。

④《中华人民共和国机动车登记办法》。

⑤《报废汽车回收管理办法》。

⑥《汽车产业发展政策》。

⑦《二手车流通管理办法》。

⑧《机动车运行安全技术条件》。

⑨《二手车交易规范》。

⑩ 其他方面的政策法规。

（3）产权依据。产权依据是指表明机动车权属证明的文件，主要包括机动车来历凭证及机动车登记证书、机动车行驶证、出租车营运证、道路运输经营许可证等。

（4）取价依据。取价依据是指实施二手车鉴定评估的机构或人员，在鉴定评估工作中直接或间接取得和使用的、对二手车鉴定评估有借鉴或佐证作用的资料。它主要包括价格资料和技术资料。

① 价格资料。价格资料包括最新二手车整车销售价格、易损零部件价格、车辆精品装备价格、维修工时定额和维修价格资料及国家税费征收标准、车辆价格指数变化、各品牌车型残值率等资料。

② 技术资料。技术资料包括机动车的技术参数，新产品、新技术、新结构的变化，车辆故障的现象与差别，车辆维修工艺及国家有关技术标准等资料。

4）二手车鉴定评估的目的

二手车鉴定评估的目的是正确反映二手车的价值量及其波动情况，为将要发生的经济行为提供公平的价格尺度。它往往影响着车辆鉴定评估方法的选择。具体而言，二手车鉴定评估的目的有以下几个。

（1）车辆交易。车辆交易即二手车的买卖，是二手车业务中最常见的一种经济行为。在二手车的交易过程中，买卖双方对交易价格的期望值是不同的。而二手车鉴定评估人员对被交易的二手车进行的鉴定评估是第三方估价，第三方估价可以作为双方议价的基础，从而起到协助确定二手车交易成交额的作用，进而协助二手车交易的达成。二手车鉴定评估师必须站在公正、独立的立场对被交易的二手车进行鉴定评估，提供一个评估值，用以作为买卖双方成交的参考价格。

（2）车辆置换。随着2005年《汽车贸易政策》的颁布，越来越多的品牌专卖店（如4S店）展开以旧换新的置换业务。为使车辆置换顺利地进行,必须对被置换的二手车进行鉴定评估并提供评估值。

(3) 企业资产变更。公司合作、合资、联营、分设、合并和兼并等经济活动牵涉资产所有权的转移,车辆作为固定资产的一部分,自然也存在产权变更的问题,而在产权变更时,必须对其价值进行评估。

(4) 车辆拍卖。法院罚没车辆、企业清算车辆、海关获得的抵税和放弃车辆、个人或单位的抵债车辆和公车改革的公务用车均需经过拍卖市场公开拍卖变现,而在拍卖前必须对车辆进行鉴定评估,为拍卖师提供拍卖的底价。

(5) 抵押贷款。银行为了确保放贷安全,要求贷款人以一定的资产作为抵押。如果以在用汽车为抵押物,给予贷款人与汽车价格相适应的贷款,那么,这辆汽车到底值多少钱,也只有经过鉴定评估才能确定。因此,需要专业鉴定评估人员对汽车的价格进行评估。汽车价格评估值的高低,决定贷款人可申请贷款的额度。对放贷者而言,评估的准确性在一定程度上影响着贷款回收的安全性。

(6) 车辆保险。出险车主因车辆损坏从保险公司所获得的赔付额最大不得超出出险前的车辆价值,故有时必须对出险前的车辆进行鉴定评估。

(7) 司法鉴定。当事人遇到涉及车辆的讼诉时,委托二手车鉴定评估师对车辆进行鉴定评估,有助于把握事实真相,同时,法院判决时,可以依据鉴定评估结果进行宣判。这种鉴定评估也可由法院委托二手车鉴定评估机构进行。此外,二手车鉴定评估机构也接受法院等司法部门或个人的委托,鉴定和识别走私车、盗抢车、非法拼装车等非法车辆。

(8) 修复价格评估。汽车修理厂应根据鉴定评估提供的查勘定损清单资料,确定更换部件的名称、数量、金额,修理部件的范围、工时定额费用,以及附加费,从而控制事故车辆总的修理费用,防止修理范围被任意扩大。

5) 二手车鉴定评估的原则

二手车鉴定评估的原则是指二手车鉴定评估的行为规范。它是调解二手车鉴定评估当事人各方关系,处理鉴定评估业务的行为准则。为了保证鉴定评估结果的真实性、准确性,做到公平、合理,被社会承认,二手车的鉴定评估必须遵循一定的原则。

(1) 公平性原则。二手车鉴定评估人员必须处于中立的立场对车辆进行鉴定评估。这是二手车鉴定评估人员应遵守的一项最基本的道德规范。目前在不规范的二手车交易市场中,时有二手车鉴定评估人员和二手车经销商、经纪人员互相勾结,损害消费者利益或私卖公高估而公卖私则低估的现象发生,这是严重违反职业道德的行为。

(2) 独立性原则。独立性原则要求二手车鉴定评估人员依据国家的有关法律、规章制度及可靠的资料数据对被鉴定评估的车辆独立地做出评定。独立性原则是保证评定结果具有客观性的基础。

要坚持独立性原则,二手车鉴定评估机构必须具有独立性。二手车鉴定评估机构不应从属于与交易结果有利益关系的二手车交易市场。目前已不允许二手车交易市场建立自己的二手车鉴定评估机构。

(3) 客观性原则。客观性原则是指鉴定评估结果应有充分的事实作为依据。鉴定评估工作应尊重客观实际,反映被鉴定评估车辆的真实情况,所收集的与被鉴定评估车辆相关的统计数据准确,车辆技术状况的鉴定结果必须翔实可靠。只有这样才能达到对被鉴定评估车辆现值的客观评估。

(4) 科学性原则。科学性原则是指在二手车的鉴定评估过程中,鉴定评估工作必须依据鉴定评估的目的，选用合理的鉴定评估标准和方法，使鉴定评估结果准确合理。以拍卖、抵押进行交易的二手车等选用清算价格标准，一般的二手车交易选用重置成本标准或现行市价标准。

(5) 专业性原则。专业性原则要求二手车鉴定评估人员接受国家专门的职业培训，获得国家颁发的统一职业资格证书。

(6) 可行性原则。可行性原则也称有效性原则，要求二手车鉴定评估人员具有国家注册的二手车鉴定评估师证和可资利用的汽车检测设备；能获得鉴定评估所需的数据资料，而且这些数据资料是真实可靠的；鉴定评估的程序和方法是合法的、科学的。

6) 二手车鉴定评估的程序

二手车鉴定评估的程序是指对被鉴定评估车辆从接受立项、受理委托到完成鉴定评估任务、出具鉴定评估报告全过程的具体步骤和工作环节，主要包括以下几个方面。

(1) 签订二手车鉴定评估委托书。根据鉴定评估的要求，二手车鉴定评估机构和人员需要与委托方签订二手车鉴定评估委托书，并向委托方收集有关资料、了解情况。二手车鉴定评估书应写明的内容包括以下几个方面。

① 委托方和二手车交易市场的名称、住所、工商登记注册号、上级单位、二手车鉴定评估师资格类型及证件编号。

② 鉴定评估的目的、车辆的类型和数量。

③ 委托方需做好的基础工作和配合工作。

④ 鉴定评估工作的起止时间。

⑤ 鉴定评估收费金额及付款方式。

⑥ 反映协议双方各自的责任、权利、义务及违约责任的其他内容。

涉及国有资产占有单位要求申请立项的二手车鉴定评估业务，应由委托方提供国有资产管理部门关于鉴定评估立项申请的批复文件，二手车鉴定评估机构方能接受委托，与委托方签署二手车鉴定评估委托书。一旦二手车鉴定评估机构接受委托，双方签订二手车鉴定评估委托书，明确双方在鉴定评估活动中各自的权利、责任和义务，也就完成了鉴定评估的委托程序。

(2) 检查验证。检查验证的主要工作是检查手续，核查实物，以及验证委托人提供的资料。检查的手续包括：机动车来历凭证(经国家工商行政管理机关验证盖章的二手车交易发票或由人民法院出具的具有法律效力的判决书、裁定书、调解书)、机动车行驶证、机动车号牌、轿车定编证、道路运输经营许可证、准运证、买卖双方证明或居民身份证。

(3) 现场勘察。现场勘察是在核查委托人提供的被委托车辆的资料后，进行车辆的技术鉴定工作，填写二手车鉴定评估登记表。勘察的主要内容包括结构特点、工作性质、工作条件、现实状态、事故情况、现实技术状况、证件和税费等。

(4) 评定估算。评定估算是二手车鉴定评估机构的鉴定评估人员在查勘、检验的基础上，根据鉴定评估的特定对象和目的，选择适当的鉴定评估方法，本着客观、公正的原则对车辆进行估算，确定鉴定评估结果。

(5) 撰写二手车鉴定评估报告。对鉴定评估依据的参数再进行一次全面的核对，在核对无误的基础上，撰写二手车鉴定评估说明和报告。二手车鉴定评估报告中必须包括的内容有鉴定评估的依据、鉴定评估的目的、鉴定评估的范围和鉴定评估的基准日、鉴定评估的前提和鉴定评估的结论。

7) 二手车鉴定评估的标准

二手车鉴定评估的标准是指评估计价时适用的价值类型。选用何种鉴定评估标准，是由评估的目的决定的。二手车鉴定评估的标准包括以下几个方面。

(1) 现行市价标准。现行市价标准是指以类似被鉴定评估车辆在公开市场的交易价格为基础，根据其实际技术状况进行修正，从而评定其现行价值的一种计价标准。

当市场经济环境比较发达，存在与被鉴定评估车辆相类似的物品(通常是单项物品)时，适用现行市价标准。

(2) 收益现值标准。收益现值标准是指根据被鉴定评估车辆未来将产生的预期收益，按适当的折现率将未来收益折算成现值，以评定被鉴定评估车辆现时价值的一种计价标准。经营性资产的产权转移、变更适用收益现值标准。

(3) 重置成本标准。重置成本标准是指在现时条件下，通过按功能重置被鉴定评估车辆来确定其现时价值的一种计价标准。以保险、资产保全为目的的鉴定评估适用重置成本标准。

(4) 清算价格标准。清算价格标准是指以被鉴定评估车辆拍卖(在非正常市场上)得到的快速变现价值为依据来确定被鉴定评估车辆现时价值的一种计价标准。清算价格一般低于公开交易市场的现行市价。

以企业破产或停业清算、资产抵押为目的的鉴定评估适用清算价格标准。

8) 二手车鉴定评估的方法

二手车鉴定评估和资产评估一样，按照国家规定的现行市价法、收益现值法、重置成本法和清算价格法等四种方法进行。

(1) 现行市价法。现行市价法又称市场法、市场价格比较法，是指通过比较被鉴定评估车辆与最近售出的类似车辆的异同，并根据类似车辆的市场价格进行调整，从而确定被鉴定评估车辆价值的一种方法。

(2) 收益现值法。收益现值法是将被鉴定评估车辆在剩余寿命期内用适用的折现率折现为评估基准日的现值，并以此确定评估价格的一种方法。

(3) 重置成本法。重置成本法是指在现时条件下，以重新购置一辆全新状态的被鉴定评估车辆所需的全部成本(简称重置全价)减去该被鉴定评估车辆的各种陈旧贬值后的差额作为被鉴定评估车辆现时价格的一种方法。

(4) 清算价格法。清算价格法是指以清算价格为标准，对二手车进行价格评估的一种方法。清算价格是指企业由于破产或其他原因，在企业清算之日预期出售车辆可回收的快速变现价格。

2. 二手车鉴定评估的业务类型

按鉴定评估服务对象的不同，鉴定评估业务可分为交易类业务和咨询服务类业务两种。

交易类业务是指服务于交易市场内部的二手车交易业务，其主要目的是判定二手车的来历、确定收购价格、为交易双方提供交易的参考价格等。

咨询服务类业务是指服务于交易市场外部的非交易业务，如资产评估(涉及车辆部分)、抵押贷款估价、法院咨询等。

交易类业务和咨询服务类业务一般都是有偿服务，两者的程序和作业内容并没有太大的差别，但根据鉴定评估的特定目的的不同，二者在鉴定评估作业的侧重点方面有所不同。例如：交易类业务的侧重点是二手车的来历、能否进入二手车交易市场流通及二手车的估价；而咨询服务类业务涉及识伪判定、交易程序解答、市场价格询问、国家相关法规咨询等方面的内容多些，当然也有一些要求提供正式的车辆评估价。

3. 二手车鉴定评估的特点

由于汽车是高科技产品，二手车流通又属特殊商品流通，与其他资产评估相比，二手车鉴定评估具有以下特点。

1）知识面广

汽车鉴定评估理论和方法以资产评估学为基础，涉及经济管理、市场营销、金融、价格、财会及机械原理、汽车构造等多方面知识，技术含量高，因此汽车鉴定评估的知识面广。

2）政策性强

从事二手车鉴定评估的人员既要熟知《中华人民共和国拍卖法》《国有资产评估管理办法》《机动车强制报废标准规定》《二手车交易管理办法》等政策法规，还要掌握车辆管理有关规定及各地相关的配套措施。

3）实践和技能水平要求高

二手车鉴定评估要求从业人员不仅会驾驶汽车，而且还能使用检测仪器和设备，并能通过目测、耳听、手摸等手段判断二手车外观、总成的基本状况，能通过路试判断发动机系统、传动系统、转向系统、制动系统、电路、油路等的工作情况，甚至对汽车主要部件功能和更换也要有一定的了解。鉴定评估是以人的智力活动为中心开展的，鉴定评估质量的高低取决于二手车鉴定评估人员掌握的信息、知识结构和经验，体现鉴定评估人员的主体性。

4）动态特征明显

目前，汽车产品更新换代快，结构升级、技术创新层出不穷，加之市场经济条件下市场行情多变难测，二手车鉴定评估工作具有极强的动态性、时效性。从业人员在具体工作中不仅要掌握有关的账面原值、净值、历史依据，更要结合鉴定评估基准日这一时点的现实价格和行情，这样才能准确地做出评估结果。

另外，被鉴定评估对象的类似性、重复性，要求鉴定评估机构在鉴定评估过程中加强自律性，克服随意性，而且汽车产品在不同环节的价值属性比较复杂，决定了二手车鉴定评估的多样性。

二、二手车鉴定评估机构

1. 二手车鉴定评估机构的职能

1）评估职能

评估即评价、估算，指对某一事物或物质进行评判和预估。评估职能是评估所应具有的作用。二手车鉴定评估机构与其他公估人一样具有一种广义的评估职能，包括评价职能、勘验职能、鉴定职能、估价职能等。二手车鉴定评估机构对二手车进行评估，得出评估结论，并说明得出结论的充分依据和推理过程，体现出其评估职能。评估职能是二手车鉴定评估机构的关键职能。

2）公证职能

二手车鉴定评估机构对二手车鉴定评估结论做出符合实际、可以信赖的证明，体现了其公证职能。

(1) 具有公证职能的原因。二手车鉴定评估机构之所以具有公证职能，有以下两点原因。

① 二手车鉴定评估机构有着丰富的二手车鉴定评估知识和技能，在判断二手车鉴定评估结论准确与否的问题上最具资格和权威性。

② 作为当事人之外的第三方，二手车鉴定评估机构完全站在中立、公正的立场上就事论事、科学办事。

(2) 公证职能的特征。公证职能是二手车鉴定评估机构的重要职能，并具有以下特征。

① 这种公证职能虽然不具备定论作用，但具有促成事故结案、买卖成交的作用。这是因为

当事人双方难以找出与鉴定评估结论完全不同的原因或理由。

② 这种公证职能虽然不具备法律效力,但该结论可以接受法律的考验。这是因为当二手车鉴定评估机构的鉴定评估结论确定之后,必须经当事人双方接受才能实现事故结案或买卖成交。一旦当事人双方有一方不能接受,则可选择其他途径解决,如调解协商、仲裁或诉讼。但是,二手车鉴定评估机构可以接受委托方的委托出庭辩护,甚至可被聘请为诉讼代理人出庭诉讼,本着对委托方特别是对鉴定评估报告负责的原则,促成双方接受既定结论。

3) 中介职能

二手车鉴定评估机构作为中介人,从事鉴定评估经济活动,并参与相关利益的分配,为当事人提供服务,即具有鲜明的中介职能。

(1) 二手车鉴定评估机构可以受托于双方当事人的任何一方。

(2) 二手车鉴定评估机构以当事人之外的第三方身份从事二手车鉴定评估经营活动,从当事人一方获得委托,以中间人的立场执行二手车鉴定评估,并收取合理的费用。

2. 二手车鉴定评估机构的地位

二手车鉴定评估机构的地位是独立的,主要表现在以下几个方面。

(1) 二手车鉴定评估机构执行鉴定评估业务时,既不代表双方当事人,又不受行政权力等外界因素的干扰。

(2) 在开展二手车鉴定评估业务的整个进程中,二手车鉴定评估人员保持着独立的思维方式和判断标准。

(3) 二手车鉴定评估人员的评估分析和结论保持独立性。这一特征在二手车鉴定评估机构所出具的二手车鉴定评估报告中得以充分体现。

(4) 二手车鉴定评估人员具有知识密集性和技术密集性的特征,在二手车鉴定评估领域具有一定的权威地位,但从法律的角度来看,这种权威地位是相对的。就市场地位而言,二手车鉴定评估人员必须坚持独立的立场,无论针对哪一方委托的事务,都应做出客观、公平的评判。

【任务实施】

二手车鉴定评估人员可以按照表1-2所示步骤对希望了解二手车鉴定评估的顾客进行讲解。

表1-2 二手车鉴定评估

环节	对应项目	具体程序
1	二手车鉴定评估的主要要素	① 鉴定评估的依据; ② 鉴定评估的目的; ③ 鉴定评估的原则; ④ 鉴定评估的程序; ⑤ 鉴定评估的方法
2	二手车鉴定评估的业务类型	介绍交易类业务和咨询服务类业务
3	二手车鉴定评估的特点	介绍鉴定评估具有以技术鉴定为基础、极强的动态性和时效性等特点
4	二手车鉴定评估机构	介绍二手车鉴定评估机构的职能及地位

任务3 二手车鉴定评估师的执业准入

【任务导入】

在二手车交易市场做管理工作的王先生想改行做二手车鉴定评估工作，他需要具备哪些条件？

【任务分析】

从事二手车鉴定评估工作，需要扎实的理论基础和丰富的经验积累，且必须持有二手车鉴定评估师职业资格证书。

【相关知识】

一、二手车鉴定评估师职业概述

1. 二手车鉴定评估师的职业定义

二手车鉴定评估师是指运用目测、路试及借助相关仪器设备对二手车的技术状况进行综合检验和检测，结合车辆相关文件资料对二手车的技术状况进行鉴定，并根据鉴定评估的特定目的，依据二手车鉴定评估定价标准等一系列科学方法来确定二手车价格的专业技术人员。二手车鉴定评估师与房地产评估师、资产评估师等同属于国务院批准的六类资产评估职业。

二手车鉴定评估师职业从定义上来看，看似简单，其实对其具有的知识技能有很高要求。商务部、公安部、工商总局、税务总局2005年第2号令《二手车流通管理办法》等政策法规的实施，使二手车流通走向规范化和法制化。

2. 二手车鉴定评估师的作用

在二手车交易中，大部分车主和买主都不能客观地对车辆的现值做出决定，因此，需要第三方能够本着公正、科学、专业的原则，对被交易车辆的价格做出一个合理的估算，提供一个交易双方都认可的评估值。能够承担起这个责任的就是二手车鉴定评估师。所以，二手车鉴定评估师对车辆的鉴定评估是二手车交易中一个非常重要的环节。

二手车鉴定评估师在二手车交易中所起的作用有以下几个。

1）联系交易双方

在车辆交易中，买卖双方由于无法对车价有一致的认同，所以必须借助二手车鉴定评估师的鉴定评估能力，对被交易车辆的价值做出较为客观的鉴定评估。

2）引导交易

在交易双方对车辆的车况等各种状况不甚了解的情况下，往往要参考二手车鉴定评估师等专业人士的意见，特别是买车者会较为注重二手车鉴定评估师的意见。二手车鉴定评估师的专业意见对车辆的成交起着引导的作用。

3）平衡双方利益

车辆能否成交与车辆的价格有着直接的关系，买方希望买入的价格低，卖方希望卖出的价格高，两者间存在着矛盾，这时，要求二手车鉴定评估师能够起到一个协调双方利益的作用。

4）促进二手车交易量的提高

二手车鉴定评估师对被交易车辆进行鉴定评估时做到公正、合理，会使买卖双方尽快成交，从而促进二手车交易量的提高。

5）简化产权转移的工作程序

狭义的产权转移，是指车辆的过户转籍。二手车在二手车交易市场中成交以后需办理过户转籍。由于过户时要缴纳相关的过户交易费，若车辆进行了评估，可按评估值的比例收取相关费用，从而简化产权转移的工作程序。

6）简化贷款购买二手车的工作程序

贷款购买二手车是指消费者在二手车交易市场购买二手车，并提供有效的抵押担保，向可以提供贷款的商业银行提出贷款申请，以支付购买二手车所需部分款项的交易方式。因为银行的贷款额是按车辆的价值来发放的，所以需要二手车鉴定评估师对被交易车辆进行鉴定评估，使得该项交易得以顺利进行。

7）参与国有资产管理

随着我国经济体制改革力度的加大，国有车辆大量进入民间。为了避免国有资产的流失，二手车鉴定评估师所给出的评估值至关重要，要确保国有资产不致流失。

8）防止二手车的非法交易

二手车属于特殊商品。它的流通涉及车辆管理、交通管理、环保管理、资产管理等各个方面，属于特殊商品流通。目前我国对进入二级市场再流通的二手车有严格的规定，鉴定评估正是防止非法交易发生的重要手段。二手车鉴定评估师的一个重要任务就是通过鉴定，识别走私、盗抢、报废、拼装等非法车辆，以防非法车辆重新流入社会。

3. 二手车鉴定评估师职业资格证书

从事二手车鉴定评估工作的人员，必须取得人力资源和社会保障部颁发的二手车鉴定评估师职业资格证书。二手车鉴定评估师职业资格分为中级二手车鉴定评估师和高级二手车鉴定评估师两个等级。图1-1所示为中级二手车鉴定评估师职业资格证书。没有取得职业资格证书的人员，不得从事二手车鉴定评估工作。

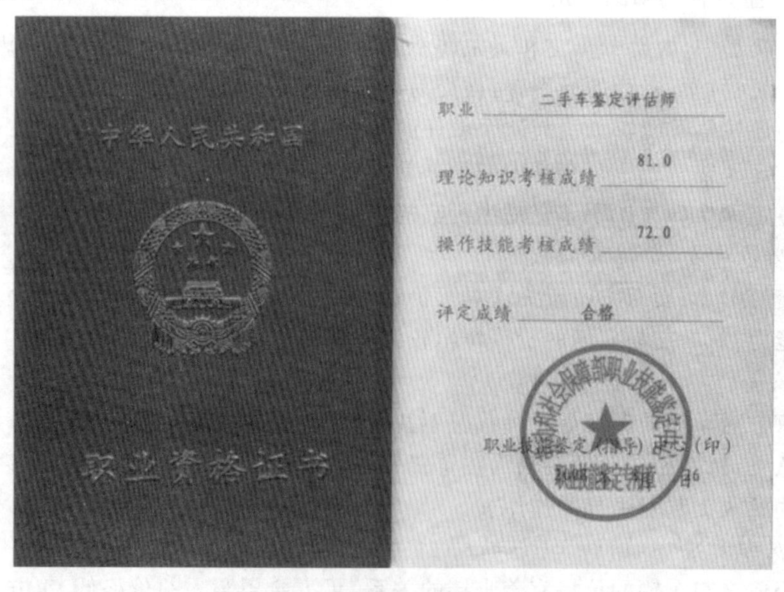

图1-1 中级二手车鉴定评估师职业资格证书

二、对二手车鉴定评估师的要求

1. 基本要求

1）职业道德要求

热爱本职工作，遵守职业道德，具有较高的政治素质和法制观念，开展业务要保证公平、公开，不得利用职业之便损害国家、集体和个人的利益。

2）基础知识要求

二手车鉴定评估师应具备以下基础知识。

① 机动车的结构和原理。

② 二手车的价格及营销。

③ 机动车驾驶技术。

④ 国家关于二手车管理的政策及法规。

2. 对二手车鉴定评估师的技能要求

1）对中级二手车鉴定评估师的技能要求

对中级二手车鉴定评估师的技能要求如表1-3所示。

表1-3 对中级二手车鉴定评估师的技能要求

职业功能	工作内容	技能要求	相关知识	配分比例
咨询服务	业务接待	① 能按岗位责任和规范要求，文明用语，礼貌待客； ② 能够简要介绍二手车交易方式、程序和有关规定	① 岗位责任和规范要求； ② 二手车交易的主要方式、程序和相关规定	1
	法规咨询	① 能向客户解说二手车交易的法定手续； ② 能向客户说明不同车主、不同类型二手车交易的有关法规	① 国家对不同车主、不同类型二手车交易的规定； ②《机动车强制报废标准规定》《二手车交易管理办法》等	1
	技术咨询	① 能向客户解释汽车常用的技术参数、基本构造原理及使用性能； ② 能识别汽车类别、国产车型号和进口汽车出厂日期； ③ 能根据客户提供的情况，初步鉴别二手车新旧程度	① 汽车主要技术参数、使用性能及基本构造原理； ② 汽车分类标准、国产车型号编制规则及进口车出厂日期的识别方法； ③ 鉴别二手车新旧程度的基本方法	2
	价格咨询	① 掌握二手车交易市场价格行情； ② 能向客户简要介绍二手车交易市场的供求状况； ③ 能向客户介绍二手车交易所需的基本费用	① 二手车价格行情、供求信息的收集渠道和方法； ② 二手车交易各项费用、价格的构成因素	1

续表

职业功能	工作内容	技能要求	相关知识	配分比例
手续检查	车辆各项手续检查	① 能按规定检查二手车交易所需的各项手续； ② 能识别二手车交易所需票证的真伪	① 二手车交易手续和相关知识； ② 二手车交易所需票证的识伪常识	8
车况检查	技术状况检查	① 通过目测、耳听、试摸等手段，能判断二手车外观和主要总成的基本状况； ② 通过路试，能判断发动机的动力性能，传动系统、转向系统、制动系统、电路、油路等的工作情况	① 目测、耳听、试摸检查二手车的方法和要领； ② 路试检查二手车的方法和要领； ③ 汽车检测技术常识	40
	技术状况检测	① 能读懂汽车检测报告； ② 会使用简单的检测仪器和设备		
技术鉴定	二手车主要部件技术状况鉴定	① 熟悉汽车主要部件正常工作的状态； ② 能判定二手车主要部件的技术状况	① 汽车主要部件的工作原理； ② 检测报告数据分析方法； ③ 二手车技术状况等级的鉴定方法	22
	二手车整车技术状况鉴定	① 能正确分析检测报告的数据； ② 能判定二手车整车的技术状况等级		
评估定价	价格评估	① 根据车况检测和技术鉴定结果，确定二手车的成新率； ② 根据二手车成新率及市场行情，确定二手车价格	① 确定二手车成新率的方法； ② 二手车价格评估的程序和方法	25
	撰写评估报告	能撰写二手车鉴定评估报告	二手车鉴定评估报告的格式、要求	

2）对高级二手车鉴定评估师的技能要求

对高级二手车鉴定评估师的技能要求如表1-4所示。

表1-4　对高级二手车鉴定评估师的技能要求

职业功能	工作内容	技能要求	相关知识	配分比例
咨询服务	业务接待	① 能合理运用社交礼仪及社交语言； ② 能与国外客户进行简单交流； ③ 能发现客户的需求和交易动机，营造和谐的洽谈气氛	① 营销工作中的公关语言、礼仪； ② 常用的外语口语； ③ 客户的需求心理、交易动机等常识	1
	法规咨询	① 能向客户解说二手车交易法定手续； ② 能向客户说明不同车主、不同类型二手车交易的有关法规	① 国家对不同车主、不同类型二手车交易的规定； ②《机动车强制报废标准规定》《二手车交易管理办法》等	1

续表

职业功能	工作内容	技能要求	相关知识	配分比例
咨询服务	技术咨询	① 能向客户说明汽车主要总成的工作原理； ② 能向客户介绍汽车维护、修理常识； ③ 能为客户判断二手车常见故障； ④ 能理解国外常见车型代号的含义； ⑤ 能看懂进口汽车英文产品介绍、使用说明等技术资料	① 汽车主要总成的工作原理； ② 汽车维护、修理常识； ③ 汽车常见故障； ④ 国外常见车辆型号的含义； ⑤ 汽车专业英语基础	2
	价格咨询	① 能通过计算机网络查询二手车价格行情和供求信息； ② 能分析说明二手车交易市场价格、供求变化趋势； ③ 能根据车辆使用情况，初步估计二手车的价格	① 计算机信息系统软件使用方法； ② 价格学、市场学基础知识； ③ 二手车价格的粗估方法	1
	投资咨询	① 能帮助客户根据用途选择车型； ② 能根据客户需要，提供投资建议	① 二手车用途及购买常识； ② 二手车投资收益分析方法	2
手续检查	车辆各项手续检查	① 能按规定检查二手车交易所需的各项手续； ② 能识别二手车交易所需票证的真伪	① 二手车交易手续和相关知识； ② 二手车交易所需票证的识伪常识	5
车况检查	技术状况检查	① 能识别事故车辆； ② 能识别翻新、大修车辆； ③ 能发现二手车主要部件更换情况	① 识别事故车辆、翻新年辆、大修车辆的方法； ② 汽车维修常识； ③ 汽车基本的检测技术和方法	38
	技术状况检测	① 熟悉汽车检测的基本项目； ② 掌握汽车基本检测方法； ③ 会使用汽车常用的检测仪器和设备		
技术鉴定	二手车主要部件技术状况鉴定	熟知汽车主要部件的技术状况对整车性能的影响	① 汽车部件损耗规律； ② 二手车技术鉴定报告的格式和内容	20
	二手车整车技术状况鉴定	能撰写二手车技术鉴定报告		
评估定价	价格评估	① 掌握国家有关设备折旧规定和计算方法； ② 掌握和运用多种评估定价方法； ③ 能利用计算机鉴定估价软件进行估价	① 设备折旧法； ② 二手车估价软件的使用方法； ③ 价格策略与常用定价方法：成本定价法、需求定价法、竞争定价法	25
	撰写评估报告	能够运用计算机撰写评估报告	计算机文字处理软件的使用方法	

续表

职业功能	工作内容	技能要求	相关知识	配分比例
工作指导	指导鉴定评估工作	① 了解汽车的发展动态; ② 能指导中级二手车鉴定评估师处理工作中遇到的较复杂的问题; ③ 能结合实际情况,对鉴定评估工作提出改进意见	汽车发展动态及鉴定评估的相关知识	5

3. 二手车鉴定评估人员的岗位职责

二手车鉴定评估人员的岗位职责如下。

(1) 遵守二手车鉴定评估从业人员工作守则,认真履行岗位职责。

(2) 接待二手车交易客户,受理客户鉴定评估的委托。

(3) 接受客户对二手车交易的咨询,引导客户合法交易。

(4) 负责检查二手车交易的各项证件。

(5) 负责收集二手车鉴定评估的政策法规资料、车辆技术资料和市场价格信息资料。

(6) 负责收集二手车的技术鉴定,估算价格。

(7) 不准盗抢、走私、非法拼装、报废车辆进场交易。

(8) 负责报告鉴定评估结果,与客户商定确认评估价格。

(9) 撰写鉴定评估报告,指导资料员存档。

(10) 协助领导做好有关鉴定评估的其他工作。

三、二手车鉴定评估师的申报条件

1. 中级二手车鉴定评估师的申报条件

中级二手车鉴定评估师需同时具备的条件如下。

(1) 文化程度具备以下条件之一:

① 高中毕业,从事本行业工作5年以上。

② 中等专科学校毕业,非汽车专业,从事本行业工作4年以上;汽车专业,从事本行业工作2年以上。

③ 大学专科以上,非汽车专业,从事本行业工作2年以上;汽车专业,从事本行业工作1年以上。

(2) 会驾驶汽车并具有驾驶证。

(3) 具有一定的车辆性能判断能力。

(4) 具有一定的汽车营销知识。

2. 高级二手车鉴定评估师的申报条件

高级二手车鉴定评估师需同时具备的条件如下。

(1) 文化程度具备以下条件之一:

① 高中毕业,从事本行业工作8年以上。

② 中等专科学校毕业,非汽车专业,从事本行业工作6年以上;汽车专业,从事本行业工作

4年以上。

③ 大学专科以上，非汽车专业，从事本行业工作5年以上；汽车专业，从事本行业工作3年以上。

(2) 具有汽车驾驶证，驾龄不低于3年。

(3) 具有较强的汽车性能判别能力。

(4) 具有丰富的汽车营销知识和经验。

【任务实施】

在二手车交易市场做管理工作的王先生想改行做二手车鉴定评估工作，二手车鉴定评估人员可以按照表1-5所示步骤对王先生进行讲解。

表1-5 二手车鉴定评估师

环节	对应项目	具体程序
1	二手车鉴定评估师职业简介	介绍二手车鉴定评估师的职业定义及作用、二手车鉴定评估师职业资格证书
2	对二手车鉴定评估师的要求	介绍对二手车鉴定评估师在职业道德、基础知识、技能等方面的要求
3	二手车鉴定评估人员的岗位职责	介绍二手车鉴定评估从业人员工作守则
4	二手车鉴定评估师的管理	介绍二手车鉴定评估师申报条件

项目 2
汽车基础知识

知识目标

（1）了解汽车的分类及汽车型号的编制规则。

（2）了解车辆识别代号的基本内容。

（3）掌握汽车主要技术参数的含义。

（4）理解汽车使用寿命的含义与影响因素。

能力目标

（1）掌握汽车型号的含义，能识别汽车的类型。

（2）能识读车辆识别代号。

（3）掌握汽车主要技术参数的含义。

（4）掌握影响汽车使用寿命的因素。

任务1 汽车的分类及型号编制规则

【任务导入】

吴先生想买一辆汽车，来到汽车销售店，销售员接待了他，向他介绍了不同种类的车型及车辆识别代号。

【任务分析】

只有对各类汽车的主要功用及车辆识别代号有所了解，买车时才能做出合理的选择，并能识别相同款型的汽车。

【相关知识】

一、汽车的类型

汽车的类型繁多，分类方法也较多，如可按动力装置类型、发动机位置及驱动形式、用途、行驶道路条件、行驶机构的特征、乘客座位数及汽车总质量等对其进行分类。

1. 按动力装置类型分类

1）活塞式内燃机汽车

（1）汽油机汽车。采用汽油机作为动力装置，依靠汽油燃烧产生能量，点火方式采用点燃式的汽车称为汽油机汽车。

（2）柴油机汽车。采用柴油机作为动力装置，依靠柴油燃烧产生能量，点火方式采用压燃式的汽车称为柴油机汽车。

需要说明的是，汽油和柴油在近期内仍将是活塞式内燃机汽车的主要燃料，而各种代用燃料的研究工作也在大力开展。例如，以丙烷和丁烷为主的液化石油气，还有甲醇、乙醇及它们的衍生产品等。

2）电动汽车

电动汽车是指以车载电源为动力，用电动机驱动车轮行驶，符合道路交通、安全法规各项要求的车辆。由于对环境的影响与传统汽车相比较小，电动汽车的前景被广泛看好，但当前技术尚不成熟。

3）燃气轮机汽车

与活塞式内燃机汽车相比，燃气轮机汽车功率大、质量小，转矩特性好，对所使用的燃油无严格限制，但其耗油量大、噪声较大，制造成本也较高。

2. 按发动机位置及驱动方式分类

1）前置发动机后轮驱动汽车

前置发动机后轮驱动汽车是指发动机安装在汽车的前部，通过底盘传动系统传递动力给后轮，由后轮驱动汽车前进的汽车。载货汽车、部分客车和部分轿车属于这种类型。

2) 前置发动机前轮驱动汽车

前置发动机前轮驱动汽车是指发动机安装在汽车的前部,通过底盘传动系统传递动力给前轮,由前轮驱动汽车前进的汽车。重心较低的轿车均属于这种类型。

3) 后置发动机后轮驱动汽车

后置发动机后轮驱动汽车是指发动机安装在汽车的后部,通过底盘传动系统传递动力给后轮,由后轮驱动汽车前进的汽车。大型客车多属于这种类型。

4) 全轮驱动汽车

全轮驱动汽车是指发动机安装在汽车的前部,通过底盘传动系统的分动器分配动力给前轮和后轮,由前轮和后轮共同驱动汽车前进的汽车。各种越野汽车均属于这种类型。

3. 按用途分类

《汽车和挂车类型的术语和定义》(GB/T 3730.1—2001)将汽车分为乘用车、商用车辆两大类。

1) 乘用车

乘用车是指在设计和技术特性上主要用于载运乘客及其随身行李和/或临时物品的汽车,包括驾驶员座位在内最多不超过9个座位。它也可以牵引一辆挂车。

乘用车可细分为普通乘用车、活顶乘用车、高级乘用车、小型乘用车、敞篷车、仓背乘用车、旅行车、多用途乘用车、短头乘用车、越野乘用车和专用乘用车等11种。

2) 商用车辆

商用车辆是指在设计和技术特性上用于运送人员和货物的汽车,并且可以牵引挂车。商用车辆又分为客车、货车和半挂牵引车等3类。

(1) 客车。客车是指在设计和技术特性上用于载运乘客及其随身行李的商用车辆,包括驾驶员座位在内座位数超过9个。它又细分为小型客车、城市客车、长途客车、旅游客车、铰接客车、无轨电车、越野客车和专用客车等8种。

(2) 货车。货车是指主要为载运货物而设计和装备的商用车辆,有的可以牵引挂车。它又细分为普通货车、多用途货车、全挂牵引车、越野货车、专用作业车和专用货车等6种。

(3) 半挂牵引车。半挂牵引车是指装备有特殊装置,用于牵引半挂车的商用车辆。

二、汽车的代号

1. 国产汽车的产品型号

我国汽车的产品型号由企业名称代号、车辆类别代号、主参数代号、产品序号组成,必要时可附加企业自定代号,如图2-1所示。

1) 企业名称代号

企业名称代号是识别车辆制造企业的代号,位于产品型号的第一部分,用代表企业名称的2个或3个汉语拼音字母表示。如:CA代表一汽,EQ代表二汽,SH代表上汽等。

2) 车辆类别代号

车辆类别代号是表明车辆附属分类的代号,位于产品型号的第二部分,用1位阿拉伯数字表示,其含义如表2-1所示。

3) 主参数代号

主参数代号是表明车辆主要特性的代号。各类汽车的主参数代号位于产品型号的第三部分,按下列规定用2位阿拉伯数字表示。

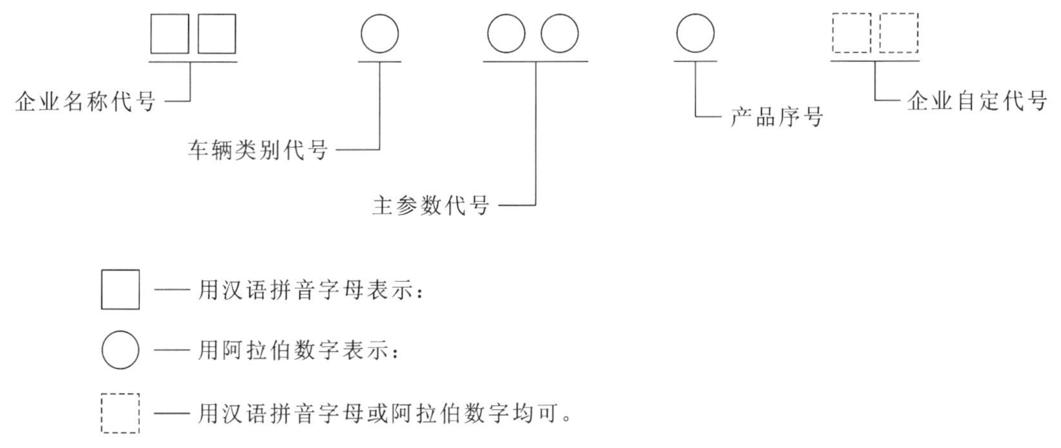

图 2-1 国产汽车的产品型号

表 2-1 车辆类别代号

车辆类别代号	车辆种类	车辆类别代号	车辆种类	车辆类别代号	车辆种类
1	载货汽车	4	牵引汽车	7	轿车
2	越野汽车	5	专用汽车	8	—
3	自卸汽车	6	客车	9	半挂车及专用半挂车

(1) 载货汽车、越野汽车、自卸汽车、牵引汽车、专用汽车与半挂车的主参数代号为车辆的总质量(单位为 t)，牵引汽车的总质量大于 100 t 时，允许用 3 位数字表示。

(2) 客车的主参数代号为车辆长度(单位为 m)，当车辆长度小于 10 m 时，应精确到小数点后一位，并以长度(m)值的 10 倍数值表示。

(3) 轿车的主参数代号为发动机排量(单位为 L)，应精确到小数点后一位，并以其值的 10 倍数值表示。

(4) 专用汽车及专用半挂车的主参数代号在采用定型汽车底盘或定型半挂车底盘改装时，若其主参数与定型底盘原车的主参数之差不大于原车的 10%，则应沿用原车的主参数代号。

(5) 主参数的数字修约按《数值修约规则与极限数值的表示和判定》的规定。

(6) 主参数不足规定的位数时，在参数前以“0”补位。

4) 产品序号

产品序号是表示一个企业的车辆类别代号和主参数代号相同的车辆的投产顺序号，位于产品型号的第四部分，用阿拉伯数字 0,1,2,3…依次表示。

5) 企业自定代号

企业自定代号是企业自行规定的补充代号，一般位于产品型号的最后一部分。同一种汽车结构略有变化而需要区别时，可用汉语拼音字母和阿拉伯数字表示企业自定代号，企业自定代号的位数由企业自定。

例如：型号 CA1092 表示中国第一汽车集团有限公司生产的第二代载货汽车，总质量 9 t，末尾数字 2 表示在原车型 CA1091 的基础上进行了改进；型号 CA7226L 表示中国第一汽车集团有限公司生产的轿车，发动机工作容积为 2.2 L，序号 6 表示安装 5 缸发动机的车型，尾部字母 L 表示加长型。

2. 车辆识别代号

VIN

车辆识别代号(VIN)是指国际车辆管理的17位通用编码。车辆识别代号包含着车辆生产厂家、生产日期,以及技术参数等诸多相关车辆信息。它具有唯一性、规律性和可检索性,相当于汽车身份证,用于新车入户、车辆年检、交通事故处理、维修与故障诊断、零配件供应、保险理赔和真伪鉴别等。

1) 车辆识别代号的基本要求

(1) 每一辆汽车、挂车、摩托车(包括轻便摩托车)都必须有车辆识别代号。

(2) 在30年内生产的任何车辆的车辆识别代号不得相同。

(3) 车辆识别代号应尽量位于车辆上易于看到且能防止磨损或替换的前半部位。

(4) 9人座或9人座以下的车辆和最大总质量小于或等于3.5 t的载货汽车的车辆识别代号应位于仪表板上,在白天日光照射下,观察者不需要移动任一部件即可从车外分辨出车辆识别代号。

(5) 车辆识别代号的字码在任何情况下都应是字迹清楚、坚固耐久和不易替换的。车辆识别代号的字码高度要求如下:若直接打印在汽车和挂车(车架、车身等部件上),至少应为7 mm高;在其他情况下,至少应为4 mm高。

(6) 车辆识别代号中仅能采用下列阿拉伯数字和大写英文字母:1、2、3、4、5、6、7、8、9、0、A、B、C、D、E、F、G、H、J、K、L、M、N、P、R、S、T、U、V、W、X、Y、Z。字母I、O和Q不能使用。

(7) 车辆识别代号在文件上应写成一行,且不要有空格,打印在车辆上或车辆标牌上时也应标示在一行。若必须两行标示,两行之间不应有间隙,每行的开头与终止处应选用一个分隔符表示。该分隔符必须是不同于车辆识别代号所用的任何字码,且不易与车辆识别代号中的字码混淆。

2) 车辆识别代号的基本内容

车辆识别代号由世界制造厂识别代号(WMI)、车辆说明部分(VDS)、车辆指示部分(VIS)三部分组成,共17位字码。

对年产量大于或等于1 000辆的完整车辆和/或非完整车辆制造厂,车辆识别代号的第一部分为世界制造厂识别代号(WMI);第二部分为车辆说明部分(VDS);第三部分为车辆指示部分(VIS),如图2-2(a)所示。

对年产量小于1 000辆的完整车辆和/或非完整车辆制造厂,车辆识别代号的第一部分为世界制造厂识别代号(WMI);第二部分为车辆说明部分(VDS);第三部分的第三、四、五位与第一部分的三位字码一起构成世界制造厂识别代号(WMI),其余五位为车辆指示部分(VIS),如图2-2(b)所示。

(1) 世界制造厂识别代号WMI。世界制造厂识别代号共包括3位字码。第一位字码为标明一个地理区域的字母或数字;第二位字码为标明一个国家或地区的字母或数字;第三位字码为标明车辆制造厂的字母或数字。第一、二位字码的组合能保证国家或地区识别标志的唯一性。

(2) 车辆说明部分VDS。车辆说明部分用于表明车辆的类型、结构特征、装置特征、技术特性参数等一般特征信息,由6位字码组成。

(3) 车辆指示部分VIS。车辆指示部分由8位字码组成。第一位字码为年份代码,年份代码按表2-2所示规定使用,30年循环一次;第二位字码为生产装配厂代码;最后6位字码为生产序号代码。

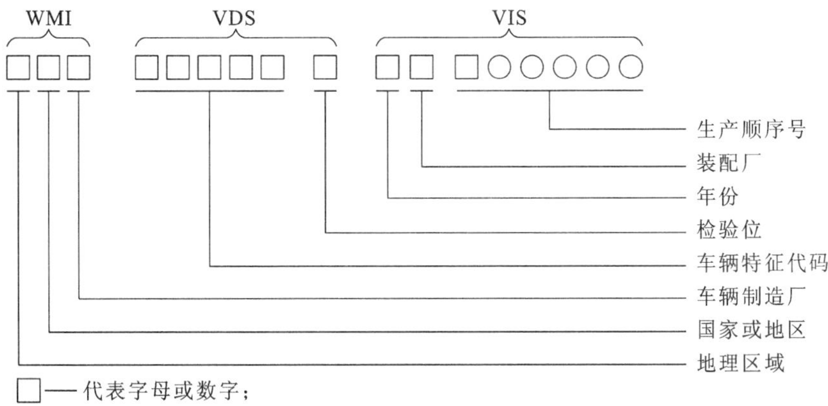

(a)年产量大于或等于1 000辆的完整车辆和/或非完整车辆制造厂车辆识别代号结构示意图

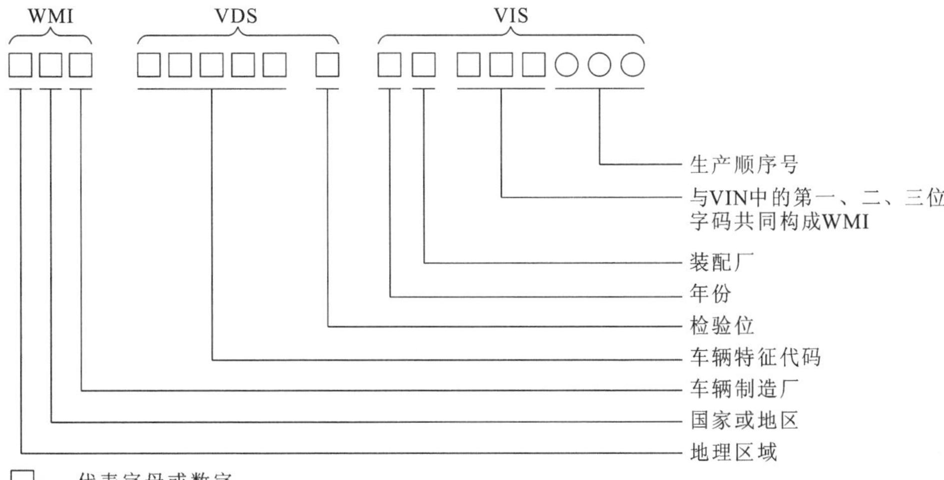

(b)年产量小于1 000辆的完整车辆和/或非完整车辆制造厂车辆识别代号结构示意图

图 2-2　车辆识别代号结构示意图

表 2-2　标示年份的字母

年份	代码	年份	代码	年份	代码	年份	代码
2001	1	2011	B	2021	M	2031	1
2002	2	2012	C	2022	N	2032	2
2003	3	2013	D	2023	P	2033	3
2004	4	2014	E	2024	R	2034	4
2005	5	2015	F	2025	S	2035	5
2006	6	2016	G	2026	T	2036	6
2007	7	2017	H	2027	V	2037	7
2008	8	2018	J	2028	W	2038	8
2009	9	2019	K	2029	X	2039	9
2010	A	2020	L	2030	Y	2040	A

举例:

车架号:LDC131D2010020808。

所含信息:中国、神龙汽车有限公司、富康ZX 1.46 L型轿车、两厢五门、五挡MA变速器、2001年生成、武汉蔡甸区原厂装配、生产流水号020808。

【任务实施】

分析以下2个车辆识别代号的含义。

(1) 1G1LT53T6PE100001。

(2) LDC913L2240606423。

任务2 汽车的主要技术参数及性能指标

【任务导入】

吴先生想买一辆经济实惠、性价比较高的轿车代步。他来到汽车4S店,销售员接待了他,向他推荐了几款不同的车型,并介绍了这几款车的技术参数和性能指标。

【任务分析】

只有了解了车辆的主要技术参数、性能指标,能够对各种款式的轿车做出比较,才能选购到满足自己需要的车辆,并有利于今后车辆的使用与维护。

【相关知识】

1. 汽车的主要尺寸(结构)参数

汽车的主要尺寸(结构)参数包括总长、总宽、总高、轴距、轮距、前悬和后悬等,如图2-3所示。

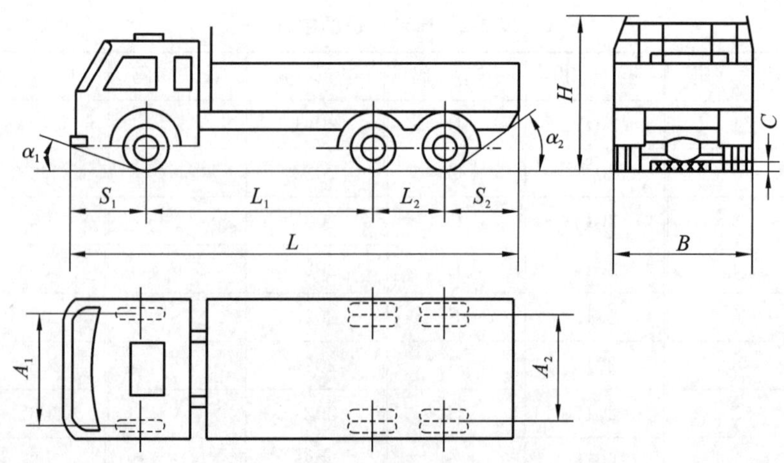

图2-3 汽车的主要尺寸(结构)参数

L—总长;B—总宽;H—总高;L_1、L_2—轴距;A_1、A_2—轮距;S_1—前悬;S_2—后悬;C—最小离地间隙;α_1—接近角;α_2—离去角

1）汽车的外廓尺寸

（1）总长。汽车的总长是指垂直于车辆纵向对称平面，并分别抵靠在汽车前、后最外端突出部位的两垂直面之间的距离。对于载货汽车、越野汽车、大客车，总长不大于12 m。

（2）总宽。汽车的总宽是指平行于车辆纵向对称平面，并分别抵靠车辆两侧固定突出部位（除后视镜、侧面标示灯、转向指示灯、挠性挡泥板、折叠式踏板、防滑链及轮胎与地面接触部分的变形外）的两平面之间的距离。总宽一般不大于2.5 m，左、右后视镜等突出部分的侧向尺寸总共不大于250 mm。

（3）总高。汽车的总高是指在车辆没有装载且处于可运行状态的情况下，车辆支承平面与车轮最高突出部分相抵靠的水平面之间的距离。汽车的总高一般不大于4 m。

2）轴距

汽车的轴距是通过车辆同一侧相邻两车轮的中心，并垂直于车辆纵向平面的两垂线之间的距离。对于双轴汽车，轴距就是前、后轴之间的距离；对于三轴汽车，轴距是指前轴和中轴之间的距离与前轴和后轴之间的距离的平均值。

3）轮距

汽车车轴的两端为单轮时，轮距为车轮在支承平面上留下的轨迹的中心线间的距离。汽车车轴的两端为双轮时，轮距为双轮中心平面之间的距离。

4）前悬

汽车的前悬是指通过两前轮中心的垂面与抵靠在车辆最前端（包括前拖钩、车牌及任何固定在车辆前部的刚性部件），并且垂直于车辆纵向对称平面的垂面之间的距离。

5）后悬

汽车的后悬是指通过车辆最后车轮轴线的垂面与抵靠在车辆最后端（包括牵引装置、车牌及任何固定在车辆后部的刚性部件），并且垂直于车辆纵向对称平面的垂面之间的距离。

6）最小离地间隙

汽车的最小离地间隙是指汽车满载、静止时，车辆支承平面与车辆上的中间区域内最低点之间的距离。中间区域是指平行于车辆纵向对称平面，且与其等距离的两平面之间所包含的部分；两平面之间的距离为同一轴上两端车轮内缘最小距离的80%。

7）接近角

汽车的接近角是指汽车满载、静止时，车辆支承平面与切于前轮轮胎外缘的平面的最大夹角。前轴前面任何固定在车辆上的刚性部件不得在此切平面的下方。

8）离去角

汽车的离去角是指汽车满载、静止时，车辆支承平面与切于车辆最后车轮轮胎外缘的平面的最大夹角。位于最后车轴后面的任何固定在车辆上的零部件不得在此切平面的下方。

9）最小转弯半径

汽车的最小转弯半径是指当转向盘转到极限位置，汽车以最低稳定车速转向行驶时，外侧转向轮的中心平面在车辆支承平面上滚过的轨迹圆半径。

2. 汽车的质量参数

汽车的质量参数主要包括汽车的整车装备质量、最大装载质量、最大总质量和最大轴载质量等。

1）整车装备质量

整车装备质量是指车辆装备齐全，加足燃料、润滑油、工作液及冷却液，并带齐随车工具、备胎及其他规定应带的备品,符合正常行驶要求时的质量。

2) 最大装载质量

最大装载质量是指汽车在道路上行驶时的最大装载质量。乘用车一般以座位计;客车以载客量计;载货汽车以其在良好的硬路面上行驶时所装载货物质量的最大限额(t)计。

3) 最大总质量

最大总质量是指汽车满载时的总质量。它的计算公式为

$$最大总质量=整车装备质量+最大装载质量$$

4) 最大轴载质量

最大轴载质量是指汽车满载时各轴所承载的质量。

3. 汽车的性能参数

汽车的性能参数较多,包括汽车的动力性能、燃油经济性、制动性能、操纵稳定性、行驶平顺性、汽车的有害污染物和噪声等方面。

1) 汽车的动力性能

(1) 汽车的最高车速。汽车的最高车速是指在水平良好路面上(水泥混凝土路面和沥青混凝土路面)和规定载重量条件下,汽车所能达到的最高车速(km/h)。

(2) 汽车的加速能力。汽车的加速能力是指汽车在行驶中迅速增加行驶速度的能力,通常以加速时间和加速距离来表示。它包括两个方面,即原地起步加速性和超车加速性。

① 原地起步加速性是指汽车由静止状态起步后以最大加速度加速,并恰当地选择最有利的换挡时机,逐步换挡至最高挡后达到某一预定的距离或车速所需的时间。它一般常用0～400 m所需的时间来表示,也可用0～100 km/h所需的时间来表示。

② 超车加速性是指汽车以最高挡或次高挡由某一预定车速(该挡最低稳定车速或30 km/h)全力加速到一定高速度所需要的时间。这段时间越短,说明超车加速能力越强。

(3) 汽车的爬坡能力。汽车的爬坡能力是指汽车满载在良好的路面上以最低前进挡1挡行驶所能爬行的最大坡度。爬坡度用坡度起止点的高度差与其水平距离的比值百分数或坡度的角度值来表示,一般要求在30%(16.7°)左右。对越野汽车来说,爬坡能力是一个相当重要的指标,一般要求越野汽车能够爬不小于60%或30°的坡路;要求载货汽车有30%左右的爬坡能力;由于轿车的车速较高,且经常在状况较好的道路上行驶,所以不强调轿车的爬坡能力,一般其爬坡能力在20%左右。

2) 汽车的燃油经济性

汽车在一定的使用条件下,以最小的燃油消耗量完成单位运输工作的能力称为汽车的燃油经济性。

汽车的燃油经济性常用一定工况下汽车行驶百公里的耗油量或一定燃油量能使汽车行驶的里程来衡量。

我国耗油量的表示方法与欧洲的相同,单位为L/100 km,即行驶100 km里程所消耗的燃油量(L)。这项指标是用作比较相同容载量汽车的燃油经济性或分析同一款汽车的燃油经济性的一个指标。

对于不同容载量的汽车在相同的运行条件下完成单位运输工作量的燃油经济性,常用完成单位货物周转量的平均燃油消耗量来衡量,平均燃油消耗量的单位为L/(100 t·km)。

3) 汽车的制动性能

汽车行驶时能在短时间内停车且维持行驶方向稳定和在下长坡时能维持一定车速的能力,

称为汽车的制动性能。汽车的制动性能主要从制动效能、制动效能的恒定性和制动时汽车的方向稳定性三个方面来评价。

(1) 制动效能。制动效能即制动距离、制动减速度，是指在良好路面上，汽车以一定初速度制动到停车的制动距离、制动时汽车的减速度。它是制动性能最基本的评价指标。如乘用车在50 km/h 车速下的最小制动距离应不大于 19 m。需要说明的是，制动距离与制动踏板力及路面附着条件有关。

(2) 制动效能的恒定性。制动效能的恒定性又称制动器抗热衰退性能，是指汽车在高速行驶或下长坡连续制动时，制动效能保持的程度。制动器抗热衰退性能与制动器的材料和结构有关。

汽车在涉水行驶后，制动器还存在水衰退的问题。当汽车涉水时，水进入制动器，短时间内制动效能的降低称为水衰退。涉水行驶后，汽车应该在短时间内恢复原有的制动效能。

(3) 制动时汽车的方向稳定性。制动时汽车的方向稳定性是指制动时汽车不发生跑偏、侧滑及失去转向能力的性能。汽车可配置 ABS、ESP 等，以提高制动时的方向稳定性。

4) 汽车的操纵稳定性

汽车的操纵稳定性是指汽车在行驶过程中，能遵循驾驶员给定的行驶方向行驶，且受各种外部干扰时依然能保持稳定行驶的能力。它包括操纵性和稳定性两方面。

① 汽车的操纵性是指汽车能够确切地响应驾驶者转向指令的能力。

② 汽车的稳定性是指汽车抵抗外界干扰而保持稳定行驶的能力，或汽车受到外界扰动后恢复到原来运动状态的能力。

5) 汽车的行驶平顺性

汽车的行驶平顺性是指汽车在一般行驶速度范围内行驶时，避免因在行驶过程中所产生的振动和冲击，使人感到不舒服、疲劳，甚至损害健康，或者使货物损坏的性能。汽车的行驶平顺性由于主要根据乘员的舒适程度来评价，所以又称为乘坐舒适性。

6) 汽车的排放污染物

汽车排放污染物主要来源于以下三个方面。

① 从排气管排出的发动机燃烧废气。汽油机汽车的主要污染物成分是一氧化碳(CO)、碳氢化合物(HC)、氮氧化合物(NO_x)等。柴油机汽车除了这三种污染物外，还排放颗粒物。

② 曲轴箱排放物。曲轴箱排放物指发动机在压缩和燃烧过程中，从活塞与气缸之间的间隙漏出，再由曲轴箱经通气管排出的气体，其主要成分是 HC。

③ 从油箱、化油器浮子室及油泵接头等处蒸发出的汽油蒸气，其成分是 HC。

大部分汽车排放污染物是通过排气管排出的。

7) 汽车的噪声

在城市中，交通噪声占各种声源的 70%左右，而汽车噪声是城市交通噪声的根源。

汽车的噪声来源于道路所激发的车体结构的振动，轮胎触地所激起的空气振动，车体穿过大气所产生的湍流，发动机的振动和排气、进气，传动系统中的相互运动所激发的振动，制动器与轮圈的摩擦和空调风机的运行等。

汽车的噪声涉及整车方方面面的技术问题，包括发动机的结构、材料、质量分布、工艺水平、装配密封性等。汽车噪声的大小也是衡量汽车质量水平的重要指标。

【任务实施】

一、任务2.1

1. 任务内容

对实训车辆的基本技术参数进行采集。

2. 实施环境

各学习小组实训车辆1辆。

3. 实施步骤

学生分成4组,对分配给本组的车辆的基本技术参数进行采集,完成表2-3。

表2-3 车辆的基本技术参数

<table>
<tr><td colspan="4">车辆主要技术参数</td></tr>
<tr><td>车辆类型</td><td colspan="3">□三厢轿车;□两厢轿车;□微型车;□多功能车(MPV);□越野车(off-road vehicle);□皮卡(pick-up);□运动型多功能车(SUV);□其他</td></tr>
<tr><td>车辆型号</td><td colspan="3"></td></tr>
<tr><td>外形尺寸(长×宽×高)</td><td colspan="3"></td></tr>
<tr><td>设计成员数(包括司机)</td><td colspan="3"></td></tr>
<tr><td>整备质量/kg</td><td colspan="3"></td></tr>
<tr><td>轮胎技术规格</td><td></td><td>前后轮胎胎压/kPa</td><td></td></tr>
<tr><td>驱动方式</td><td colspan="3">□前驱;□后驱;□4WD[□实时;□分时]</td></tr>
<tr><td>发动机装配方式</td><td colspan="3">□横置;□纵置</td></tr>
<tr><td colspan="4">发动机及动力总成系统技术参数</td></tr>
<tr><td>发动机型号</td><td></td><td>气缸数目</td><td></td></tr>
<tr><td>额定转速/(r/min)</td><td></td><td>最低油耗</td><td></td></tr>
<tr><td>额定功率(净功率)/(kW/(r/min))</td><td></td><td>最大扭矩(净功率)/(N·m/(r/min))</td><td></td></tr>
<tr><td>使用机油</td><td></td><td>规定使用汽油辛烷值(RON)</td><td></td></tr>
<tr><td>特殊燃料</td><td colspan="3">□常规汽油;□甲醇汽油;□其他;□无</td></tr>
<tr><td colspan="4">变速箱技术参数</td></tr>
<tr><td>变速箱型式</td><td colspan="3">□5MT;□AT;□CVT;□DCT;□其他</td></tr>
<tr><td>转向助力</td><td colspan="3">□电子动力转向;□液压动力转向</td></tr>
<tr><td>是否有电子防盗器</td><td colspan="3">□是;□否</td></tr>
<tr><td>是否有ABS配置状态</td><td colspan="3">□是;□否</td></tr>
<tr><td>是否有瞬时油耗数据输出功能</td><td colspan="3">□是;□否</td></tr>
<tr><td>汽车仪表水温数据显示输出</td><td colspan="3">□是;□否</td></tr>
</table>

续表

车辆电气附件	
汽车仪表转速显示输出	□是;□否
是否有巡航控制	□是;□否
是否有遥控启动功能	□是;□否

二、任务2.2

为预购轿车的吴先生推荐两款适合他的车型，并按照表2-4所示步骤为其对比介绍推荐车型的各项性能指标。

表2-4　对比介绍推荐车型的性能指标

环　　节	对应项目	具体程序
1	汽车的主要尺寸(结构)参数	对比推荐车型的外廓尺寸、轴距、轮距、前悬、后悬、最小离地间隙、最小转弯半径
2	汽车的质量参数	对比推荐车型的整车装备质量、最大装载质量、最大总质量
3	汽车的性能参数	对比推荐车型的动力性能、燃油经济性、制动性能、操纵稳定性、行驶平顺性、排放污染物、噪声

任务3　汽车的使用寿命

【任务导入】

杨先生有一辆使用了近15年的轿车。他发现近年来，该车每年的行驶里程没有多大的变化，但各项费用逐年增加。为此，他来到该车的汽车售后服务站。该店服务人员马先生接待了他，给他介绍了汽车使用的相关知识。

【任务分析】

在正常使用的过程中，汽车的性能会随着使用时间的延长而有所下降，各项费用也会增加，这是一种比较自然的规律。

【相关知识】

汽车的使用寿命是指从汽车开始使用到不能继续使用之间的总运行年限或总行驶里程。

一、汽车使用寿命的分类

汽车的使用寿命主要可分为技术使用寿命、经济使用寿命和合理使用寿命。

1. 汽车的技术使用寿命

汽车的技术使用寿命是指车辆从开始使用，直至其主要机件达到技术极限状态而不能再继续修理时的总运行年限或总行驶里程。这种技术极限的标志,在结构上表现为零部件的工作尺寸、工作间隙的过大,在性能上常表现为车辆总体的动力状态或燃、润料的极度超耗。

汽车的技术使用寿命主要取决于各部分总成的设计水平、制造质量和合理使用与维修。汽车到达技术使用寿命时,应对车辆做报废处理,其零部件也不能再作备件使用。汽车维修工作做得越好,汽车的技术使用寿命就越长,但一般随着汽车使用时间的延长,汽车维修费用日益增加。

2. 汽车的经济使用寿命

汽车的经济使用寿命是指汽车从开始使用,直至对其进行全面经济分析之后得出汽车已到达经济不合理、使用成本较高时的总运行年限或总行驶里程。

所谓全面经济分析,就是从汽车使用总成本出发,分析车辆制造成本、使用与维修费用、使用者管理开支、车辆当前的折旧及市场价格可能变化等一系列因素,经过分析做出综合的经济评定,并确定其是否经济合理,能否继续使用。

3. 汽车的合理使用寿命

汽车的合理使用寿命是以汽车的经济使用寿命为基础,考虑整个国民经济的发展和能源节约等因素,确定出的符合我国实际情况的使用期限。也就是说,汽车已经到达了经济使用寿命,但是否要更新,还要视国情而定,如更新汽车的来源、更新资金等因素。为此,国家根据上述情况制定出汽车更新的技术政策,考虑国民经济的可能并加以修正,规定车辆更新期限。

汽车的技术使用寿命、经济使用寿命和合理使用寿命三者的关系为

$$技术使用寿命>合理使用寿命\geqslant经济使用寿命$$

二、汽车的经济使用寿命

1. 汽车经济使用寿命的意义

汽车的经济使用寿命是汽车经济使用的理想时期。对于处于此时期的汽车,要合理使用,并及时地更新。使用者在更新车辆时,要在国家政策允许的情况下,以经济使用寿命为依据。因此,研究汽车的使用寿命,主要是研究汽车的经济使用寿命。

国外研究资料表明,在一辆汽车的整个使用时期内,汽车的制造费用占全部使用期内总费用的15%左右,汽车的管理、使用、维修费用占85%左右。如果汽车在长期使用过程中,能保持其管理、使用、维修费用低,则其经济使用寿命将较长;反之,则较短。

许多国家的汽车使用期限完全按经济规律确定,除考虑了车辆本身的运行费用增长外,还考虑了新车型性能的改进和价格下降等因素。

2. 汽车的经济使用寿命常用的评价指标

1)年限

年限指标是指以汽车从开始投入运行到报废的年数作为使用寿命的量标。以年限评价汽车的经济使用寿命时,除考虑运行时间外,还要考虑车辆停驶期间的自然损耗。这种方法虽然比较简单,但是不能真实反映汽车的使用强度和使用条件,造成同年限的车辆差异很大。

2)行驶里程

行驶里程指标是指以汽车从开始投入运行到报废这一期间总的累计行驶里程数作为使用寿命的量标。以行驶里程评价汽车的经济使用寿命反映了汽车的真实使用强度,但不能反映出运行条件和停驶期间的自然损耗。

由于运行条件差异较大,所以交通专业运输车辆的年平均行驶里程相差很大。这样,虽然

使用年限大致相同，但累计行驶里程相差悬殊，因而大多数汽车运输企业以行驶里程作为考核车辆各项指标的基数。但对在用汽车进行鉴定评估时，行驶里程一般作为参考依据。

3）折算年限

折算年限是将汽车总的行驶里程与年平均行驶里程相比所得的年限，即

$$T_{折}=\frac{L_{总}}{L_{平均}}$$

式中 $T_{折}$——折算年限，年；

$L_{总}$——总的累计行驶里程，km；

$L_{平均}$——年平均行驶里程，km/年。

年平均行驶里程是用统计方法确定的，与车辆的技术状况、完好率、平均技术速度和道路条件等因素有关。对于营运汽车，在使用过程中，由于车辆的技术状况、平均技术速度和道路条件等因素不同，其年平均行驶里程的差异较大，但车辆的年平均使用强度基本相同。因此，按折算年限基本上可以在全国范围内取得统一指标。这对于社会专业运输车辆和社会零散运输车辆也是适用的。社会零散运输车辆的管理水平、使用水平、维修水平一般都比较低，所以这些车辆不能按社会专业运输车辆的指标要求，应相对于社会专业运输车辆的使用寿命做适当的修正。

折算年限既反映了车辆的使用情况、使用强度，又考虑了运行条件和某些停驶时间较长车辆的自然损耗。

4）大修次数

汽车在使用过程中，当动力性能和燃油经济性下降到一定程度，已无法用正常的维护和小修方法使其恢复正常技术状况时，就要进行大修。

运输企业除用里程作为量标外，也可用大修次数作为量标。汽车报废截止在第几次大修最经济合算，需权衡买新车的费用、旧车未折完的损失、大修费用和经营费用的损失。

对全国来说，采用折算年限作为量标比采用行驶里程作为量标更为合理些，因为我国地域辽阔，幅员广大，地理、气候、道路条件差异较大，管理水平也有高有低。有些省市，即使是相同的使用年限，而车辆的总行驶里程有长有短，车辆的技术状况也大不相同。为此，采用折算年限作为主要考核指标更为确切。

鉴于上述情况，交通专业运输车辆以折算年限和行驶里程作为汽车经济使用寿命的考核指标，而以折算年限为主；社会专业运输车辆和社会零散运输车辆以折算年限作为汽车经济使用寿命的考核指标。

三、影响汽车经济使用寿命的因素

影响机动车经济使用寿命的因素有车辆的磨损、车辆的来源与使用强度和车辆的使用条件等。

1. 车辆的磨损

车辆的磨损包括有形磨损和无形磨损两个方面。

1）有形磨损

车辆的有形磨损是指车辆在使用过程中本身的消耗，即汽车经过一段时间的使用而产生故障或技术性能下降，如汽车动力性能下降、油耗增加、振动加大等。

车辆的有形磨损主要发生在其使用过程中，称为第一种有形磨损。它产生的原因主要是机件配合副的机械磨损、基础零件的变形、零件的疲劳破坏等。车辆的有形磨损发展到一定程度，

车辆就会出现故障,使维修费用、运行材料费用增高,运输效率降低,若继续使用下去,经济上将不合算。

车辆的有形磨损也发生在汽车的闲置过程中,称为第二种有形磨损。金属件生锈、车身漆面及轮胎等橡胶件老化,或因其他管理不善和缺乏正确的管理而引起的其他损失均属于这种类型的磨损。

车辆的有形磨损主要与其使用成本有关。汽车使用成本的计算公式为

$$C = C_1 + C_2 + C_3 + C_4 + C_5 + C_6 + C_7 + C_8 + C_9$$

式中 C——使用成本;

C_1——燃料费用;

C_2——维护、小修费用;

C_3——大修费用;

C_4——基本折旧费用;

C_5——轮胎费用;

C_6——驾驶员工资费用;

C_7——管理费用;

C_8——养路费;

C_9——其他费用。

其中,$C_5 \sim C_9$ 是与汽车的经济使用寿命无关的因素;当汽车的经济使用寿命确定后,C_4 基本上是一个定值;只有 C_1、C_2、C_3 是随行驶里程(或使用年限)的增加、车况的下降而增加的。因此对 C_1、C_2、C_3 与汽车经济寿命有关的因素进一步分析,从而可按最佳经济效益确定其经济使用寿命。

(1) 汽车的燃料费用。随行驶里程的增加,汽车的技术状况逐渐变差,主要性能不断地下降,燃料和润滑材料消耗不断地增加。

(2) 汽车的维护、小修费用。汽车的维护、小修费用是指汽车在使用过程中,各级维护费用及日常小修费用的总和。它主要由维修过程中实际消耗工时费用和材料费用来确定。随车辆行驶里程的增加,各级维护作业中的附加小修项目和日常小修作业项目的费用随之增加,二者的变化基本上呈如下线性关系。

$$C_2 = a + bL$$

式中 C_2——维护、小修费用;

a——维护、小修费用的初始值;

b——维护、小修费用的增长强度(根据试验统计资料来确定);

L——累计行驶里程。

公式中,b 值是维护、小修费用随行驶里程增加的增长强度,车型不同和使用条件不同,b 值也不相同。维护、小修费用的增长强度 b 常作为确定汽车经济使用寿命的主要依据之一。b 值越大,车辆维护、小修费用随行驶里程增加的速度越快。

(3) 汽车的大修费用。在车辆使用过程中,当其动力性能和燃油经济性下降到一定程度,无法用正常的维护和小修方法使其恢复正常使用状态时,就必须进行大修。

根据国内初步统计表明,新车第一次大修的费用一般为车辆原值的10%左右。以后的大修随里程(或年限)的增长,费用逐渐增加,间隔里程逐渐缩短。

在计算大修费用时,要把某次的大修费用均摊在此次大修至下次大修的间隔里程段内(相当于对大修后间隔里程段的投资)。

2）无形磨损

车辆的无形磨损是指由于技术进步、生产的发展，出现了性能好、生产效率高的新车型，或原车型价格下降等情况，促使在用车辆提前更新。它实际上是旧车型相对新车型的贬值。

同其他设备一样，车辆的价值并不取决于最初的生产耗费，而是取决于再生产所用的生产耗费。在技术进步的同时，这种耗费不断下降。

无形磨损可分为以下两种形式。

(1) 第一种无形磨损。因相同结构(同型车)车辆再生产价值的降低而使现有车辆贬值，称为第一种无形磨损。

汽车制造厂生产技术不断进步，生产工艺不断改进，成本不断降低，劳动生产率不断提高，使生产该车辆的社会必要劳动耗费相应降低，但车辆的结构、动力性能和燃油经济性不变，从而发生车辆贬值，即造成第一种无形磨损。这种无形磨损反映了生产领域中现有车辆的部分贬值。但是车辆本身的技术特性和运输效能并不受到影响，也就是说不涉及它的使用价值。因此，车辆出现第一种无形磨损，不产生提前更换现用车辆的需要，对车辆的使用寿命没有实质性的影响。

技术进步既影响生产企业，也影响修理企业，但对生产企业的影响一般大于对修理行业的影响。另外，车辆本身价值降低的速度比修理成本降低速度快。因此，可能出现修理费用超过合理限度的情况，从而使车辆使用寿命缩短。

(2) 第二种无形磨损。因不断出现更完善、效率更高的车辆(新车型)而使现有车辆贬值，称为第二种无形磨损。

第二种无形磨损是指新车型的出现使原有车型显得技术性能落后，若继续使用原车型的车辆，就会降低运输生产的经济效益的无形磨损。第二种无形磨损的主要特性是它引起旧车型的局部或全部使用价值的损失，使旧车型在有形磨损发展到完全磨损之前，就出现用新车型代替陈旧的现有车辆的必要性，即产生车辆更换问题。但是，这种更换的经济合理性不取决于出现相同技术用途的新型车辆这一事实，而是取决于现有车型的贬值程度，以及在生产中继续使用旧型车辆时经济效果下降的程度。

2. 车辆的来源与使用强度

按使用部门的不同，车辆的来源可归纳为交通专业运输车辆、社会专业运输车辆、社会零散运输车辆、城市出租车辆和城市公共交通车辆等5类。使用者不同，车辆的使用强度差异比较大。使用条件不同，车辆的管理和维修水平也不同。

1）交通专业运输车辆

交通专业运输车辆是指专门从事运输生产的营运车辆。这些车辆是为整个社会服务的，使用条件复杂，使用强度比较大。一般情况下，客车年平均行驶里程为5万千米左右，货车年平均行驶里程为4.5万千米左右。另外，货车拖挂率、实载率均比较高，管理、使用和维修水平也比较高，车辆基础资料齐全。

2）社会专业运输车辆

社会专业运输车辆是指各行各业中专门从事运输的车辆，主要是为本行业的运输生产服务的。商业、粮食、冶金、林业等部门的运输车辆均属于此类。

3）社会零散运输车辆

社会零散运输车辆是指机关、企事业单位和个人的非营运车辆。它主要是为一般零散运输和生活服务的公务、商务用车。这些车辆一般没有专门的管理机构和维修基地，使用情况差异很大。

4）城市出租车辆

城市出租车辆是指城市和乡镇为客运和货运服务的车辆，多集中在大中城市，多以国产轿车、轻型客车从事客运出租经营，以微型、轻型货车从事货运出租经营。

客运出租车辆的使用强度很大。对于轿车，一般年平均行驶里程在10万千米左右。

货运出租车辆的使用强度受货运市场的影响较大。由于车主受利益驱动，车辆经常超载运行，致使车辆机件磨损迅速上升，大大影响车辆使用寿命。另外，这些车辆的管理、使用、维修水平差异也很大。

5）城市公共交通车辆

城市公共交通车辆一般常年服役，不参与二手车交易。

上述车辆中，到二手车交易市场交易较多的是社会零散运输车辆和城市出租车辆。前者的使用强度不大，一般车况较好；后者的使用强度较大，车况较差。

3. 车辆的使用条件

汽车的经济使用寿命除受使用对象的影响外，还受复杂使用条件的影响。我国地域辽阔，各地自然条件差别很大，具体需要考虑的使用条件如下。

1）道路条件

道路对汽车经济使用寿命的影响很大，直接影响车辆技术速度，使年平均行驶里程相差比较大。道路对汽车经济使用寿命的影响因素主要包括道路等级和路面情况两种。

2）特殊使用条件

特殊使用条件主要指一些特殊自然条件和地理环境，如寒冷、沿海、风沙、高原、山区等。在这些特殊使用条件下工作的汽车，经济使用寿命都将缩短。

四、机动车的报废标准

1. 应当强制报废的机动车

《机动车强制报废标准规定》(商务部令2012年第12号)第四条规定，已注册机动车有下列情形之一的应当强制报废。

① 达到《机动车强制报废标准规定》第五条规定使用年限的；

② 经修理和调整仍不符合机动车安全技术国家标准对在用车有关要求的；

③ 经修理和调整或者采用控制技术后，向大气排放污染物或者噪声仍不符合国家标准对在用车有关要求的；

④ 在检验有效期届满后连续3个机动车检验周期内未取得机动车检验合格标志的。

2. 机动车的规定使用年限

《机动车强制报废标准规定》第五条规定，各类机动车使用年限分别如下。

① 小、微型出租客运汽车使用8年，中型出租客运汽车使用10年，大型出租客运汽车使用12年；

② 租赁载客汽车使用15年；

③ 小型教练载客汽车使用10年，中型教练载客汽车使用12年，大型教练载客汽车使用15年；

④ 公交客运汽车使用13年；

⑤ 其他小、微型营运载客汽车使用10年，大、中型营运载客汽车使用15年；

⑥ 专用校车使用15年；

⑦ 大、中型非营运载客汽车(大型轿车除外)使用20年；

⑧ 三轮汽车、装用单缸发动机的低速货车使用9年，装用多缸发动机的低速货车以及微型载货汽车使用12年，危险品运输载货汽车使用10年，其他载货汽车(包括半挂牵引车和全挂牵引车)使用15年；

⑨ 有载货功能的专项作业车使用15年，无载货功能的专项作业车使用30年；

⑩ 全挂车、危险品运输半挂车使用10年，集装箱半挂车20年，其他半挂车使用15年；

⑪ 正三轮摩托车使用12年，其他摩托车使用13年。

对小、微型出租客运汽车(纯电动汽车除外)和摩托车，省、自治区、直辖市人民政府有关部门可结合本地实际情况，制定严于上述使用年限的规定，但小、微型出租客运汽车不得低于6年，正三轮摩托车不得低于10年，其他摩托车不得低于11年。

小、微型非营运载客汽车和大型非营运轿车及轮式专用机械车无使用年限限制。

机动车使用年限起始日期按照注册登记日期计算，但自出厂之日起超过2年未办理注册登记手续的，按照出厂日期计算。

3. 机动车报废的参考里程

《机动车强制报废标准规定》第七条规定，国家对达到一定行驶里程的机动车引导报废。

达到下列行驶里程的机动车，其所有人可以将机动车交售给报废机动车回收拆解企业，由报废机动车回收拆解企业按规定进行登记、拆解、销毁等处理，并将报废的机动车登记证书、号牌、行驶证交公安机关交通管理部门注销：

① 小、微型出租客运汽车行驶60万千米，中型出租客运汽车行驶50万千米，大型出租客运汽车行驶60万千米；

② 租赁载客汽车行驶60万千米；

③ 小型和中型教练载客汽车行驶50万千米，大型教练载客汽车行驶60万千米；

④ 公交客运汽车行驶40万千米；

⑤ 其他小、微型营运载客汽车行驶60万千米，中型营运载客汽车行驶50万千米，大型营运载客汽车行驶80万千米；

⑥ 专用校车行驶40万千米；

⑦ 小、微型非营运载客汽车和大型非营运轿车行驶60万千米，中型非营运载客汽车行驶50万千米，大型非营运载客汽车行驶60万千米；

⑧ 微型载货汽车行驶50万千米，中、轻型载货汽车行驶60万千米，重型载货汽车(包括半挂牵引车和全挂牵引车)行驶70万千米，危险品运输载货汽车行驶40万千米，装用多缸发动机的低速货车行驶30万千米；

⑨ 专项作业车、轮式专用机械车行驶50万千米；

⑩ 正三轮摩托车行驶10万千米，其他摩托车行驶12万千米。

五、汽车的检测

汽车的检测是指为了确定汽车技术状况或工作能力的检查。在汽车使用过程中，随着使用时间的延长(或行驶里程的增加)，其零件逐渐磨损、腐蚀、变形、老化，并出现润滑油变质等现象，致使配合副间隙变大，引起运动松旷、振动、异响、漏气、漏水和漏油等，造成汽车技术性能下降。

汽车的检测包括以下两个方面的检测。

1. 安全环保检测

汽车的安全环保检测是指对汽车实行的定期和不定期安全运行和环境保护方面的检测。其目的是在汽车不解体的情况下,建立安全和公害监控体系,确保车辆具有符合要求的外观容貌和良好的安全性能,限制汽车的环境污染程度,使其在安全、高效和低污染工况下运行。

2. 综合性能检测

汽车的综合性能检测是指对汽车实行的定期和不定期综合性能方面的检测。其目的是在汽车不解体的情况下,确定其工作能力和技术状况,查明故障或隐患部位及原因,对维修车辆实行质量监控,建立质量监控体系,确保车辆具有良好的安全性、可靠性、动力性能、燃油经济性、排气净化性和噪声污染性,从而创造更大的经济效益和社会效益。

【任务实施】

针对顾客使用年限较长的车辆出现的各项费用较高的情况,按照表2-5所示步骤向他做出解释。

表2-5　使用年限较长的车辆各项费用较高的说明

环节	对应项目	具体程序
1	汽车使用寿命的概念	介绍汽车使用寿命的分类
2	汽车的经济使用寿命	介绍汽车经济使用寿命的意义及评价指标,以及影响汽车经济使用寿命的因素
3	汽车的报废	介绍《机动车强制报废标准规定》
4	汽车的检测	介绍安全环保检测和综合性能检测

项目 3

二手车技术状况的鉴定

知识目标

(1) 掌握二手车技术状况静态检查的内容、程序和方法。

(2) 掌握二手车技术状况动态检查的内容、程序和方法。

(3) 掌握二手车技术状况仪器检查的内容、程序和方法。

(4) 掌握常用的汽车检测仪器设备的使用方法。

能力目标

(1) 能对被鉴定评估的二手车的技术状况做出鉴定。

(2) 会使用常用的汽车检测仪器设备。

二手车技术状况的鉴定是二手车鉴定评估工作的基础与关键。其方法主要有静态检查、动态检查和仪器检查等3种。其中,静态检查和动态检查是根据鉴定评估人员的技能和经验对被鉴定评估车辆进行直观、定性的判断,即初步判断被鉴定评估车辆的运行情况是否正常,车辆各部分有无故障及产生故障的可能原因、车辆各总成及部件的新旧程度等;仪器检查是对被鉴定评估车辆的各项技术性能及各总成部件技术状况进行定量、客观的评价,是进行二手车技术等级划分的基础。

静态检查和动态检查在二手车鉴定评估中是必不可少的,是否需要进行仪器检查在实际的鉴定评估中往往视鉴定评估的目的和实际情况而定。

任务1 二手车技术状况的静态检查

【任务导入】

张先生看中了一辆二手车,请二手车鉴定评估师李先生对该车进行鉴定评估。李先生在汽车静止状态下,对二手车进行了检查。

【任务分析】

二手车技术状况的静态检查是指在二手车静态状况下,检查人员凭借技能和经验,辅以简单工具、量具对二手车技术状况进行检查。

【相关知识】

二手车技术状况的静态检查主要包括识伪检查和外观检查两部分内容。其中,识伪检查主要包括鉴别走私车辆、拼装车辆和盗抢车辆等工作;外观检查主要包括鉴别事故车辆、检查发动机舱、检查客舱、检查行李舱和检查底盘。

一、识伪检查

在二手车交易市场中,不可避免地会出现一些走私车辆、拼装车辆和盗抢车辆,如何界定这部分车辆,是一项十分重要且艰难的工作。技术人员必须凭借所掌握的专业知识和丰富的经验,结合有关部门的信息材料,对被鉴定评估车辆进行全面细致的鉴别,将这部分车辆与其他正常车辆区分开,从而促进二手车交易规范、有序地进行。

1. 鉴别走私车辆和拼装车辆

1) 走私车辆

走私车辆是指那些通过走私或非法贸易渠道进口的汽车。这些汽车有的是整车走私,有的是散件走私境内组装,有的甚至是旧车拼装。

图3-1 中华人民共和国进口汽车的商检标志

通过正常贸易渠道进口的车辆,其前风窗玻璃上有图3-1所示的黄色商检标志,符合《中华人民共和国产品质量法》,而且附有中文使用手册和维修手册,有的还有零部件目录,而走私车辆则没有。

有些走私车辆技术状况较好,符合国家有关机动车行驶标准和要求,并且已经通过国家有关执法部门处理,在公安车管部门已注册登记上牌,已取得合法身份,在二手车交易鉴定评估中,应认可这些走私车辆的合法性。这些走私车辆在评估价格上要低于正常状态下的车辆。

2) 拼装车辆

拼装车辆是指使用报废汽车的发动机,前、后桥,变速器,转向机,车架及其他零部件组装的机动车辆。

现代轿车车身大都采用承载式车身,车架号打印在车身上。车身是轿车最重要的基础件,也是最贵的一个零部件。国内许多汽车制造厂为了防止不法分子造假，对汽车车身实行专营，只对特约维修站供应，一般的汽车修理厂是购不到汽车车身的，并且原厂的汽车车身比仿制的汽车车身在价格上要贵得多。因此，一些汽车修理厂的"高手"采用将原车上的车架号割下，再焊在假车车身上的方法拼装车辆，试图混过汽车检验关。

进口汽车的车身进口手续同进口一辆汽车的手续一样。所以，一些进口汽车配件供应商时常将报废车的车身拆下后翻新，再卖给汽车修理厂，从中牟取暴利。

3）走私车辆、拼装车辆的鉴别方法

（1）运用公安车管部门的车辆档案资料，查找车辆来源信息，确定车辆的合法性及来源情况。这是一种直接有效的判别方法。

（2）查看车辆的产品合格证、维护保养手册。对于进口车，必须查验进口产品商检证明书和商检标志。

（3）检查车辆的外观。看外观是否有重新喷过油漆的痕迹，尤其是车顶下风窗玻璃框处要特别注意，因为有一种最常见的走私车辆就是所谓的"割顶"车。走私者在境外从车顶下风窗玻璃框处将汽车切成两部分，分别作为汽车配件走私或进口，然后在境内再将这两部分焊接起来，以达到走私整车的目的。另外，要注意曲线部分的线条是否流畅、大面是否平整，在现有的技术条件下，"割顶"车要想做得天衣无缝还不可能，一般用肉眼仔细观察，用手从车的顶部向下触摸，还是能够发现走私者留下的痕迹的。

（4）查看车辆的内饰。检查车辆的内饰是否平整，内饰压条边沿是否有明显的被手指或其他工具碾压所留下的痕迹。若被手指或其他工具碾压过，车顶部装饰材料上或多或少都会留下弄脏的痕迹。

（5）打开发动机盖，观察发动机室内线路、管路布置是否有条理，是否有重新装配和改装的痕迹；核对发动机号和车辆识别代号的字体和部位。

（6）为了适应我国的交通管理，走私者将右驾改为左驾。将采用自动变速器的车辆右驾改左驾，自动变速器变速杆的保险按钮仍在右侧，通过这一点也可识别是否为走私车辆。

2. 鉴别盗抢车辆

盗抢车辆一般是指公安车管部门已登记上牌的，在使用期内丢失或被不法分子盗窃的，并在公安部门已报案的车辆。由于车辆被盗抢的方式多种多样，所以车辆被盗窃后遗留下来的痕迹会不同。同时，大部分盗抢车辆会经过一定修饰后再卖出。

这类车辆的鉴别方法一般有以下几种。

（1）根据公安车管部门的车辆档案资料，及时掌握车辆情况，防止盗抢车辆进入二手车交易市场。这些车辆从报案到找到这段时期内，公安车管部门将这部分车辆材料锁定，不允许进行车辆过户、转籍等一切交易活动。

（2）根据一般的盗窃手段，主要检查汽车车门锁是否过新，锁芯有无被更换的痕迹；门窗玻璃是否为原厂正品，窗框四周的密封胶部位是否有插入玻璃升降器开门的痕迹；转向盘锁或点火开关是否有被破坏或调换的痕迹。

（3）不法分子急于对有些车辆销赃，为了易于出售盗抢车辆，他们会对车辆有关证件进行篡改和伪造，使盗抢车辆变得面目全非。因此，对盗抢车辆，重点检查以下内容：发动机号和车辆识别代号；钢印周围是否有变形或褶皱现象；钢印正、反面是否有焊接的痕迹。

（4）查看车辆外观是否全身重新喷过油漆，或改变了原车辆颜色。

二、外观检查

二手车外观检查是了解二手车整体技术状况和故障情况的重要手段之一。

外观检查项目基本上可分为两大类:一类是仅做定性规定的检查项目,可进行直观性的检测,即目测检查;另一类是做定量规定的检查项目,需采用仪器设备和客观检查方法做定量分析。

车辆在进行外观检查之前,一般都要进行外部清洗。外观检查项目中,需在底盘下面进行的项目,最好在设有检测地沟及千斤顶或汽车举升器的工位上进行检查。

汽车在使用过程中,随着行驶里程的不断增加,有关零部件将会磨损、腐蚀、变形、老化或受到意外损伤等,导致汽车技术状况不断变坏、动力性能降低、油耗增加、工作可靠性及安全性降低,并会以种种外观症状表现出来,如车体不周正、油漆剥落、驾驶室的覆盖件开裂,前桥、后桥、传动轴、车架和悬架等有明显的弯、扭、裂、断等损伤,以及相关部件的连接螺栓松动或脱落、球销磨损松旷等。这些症状,小则影响车容车貌,大则影响汽车性能和人身安全。尽管现在检测诊断技术非常发达,检测仪器非常先进,但影响汽车性能的很多外部症状仍难以用仪器设备检测出来,需要人工进行观察、体验,或辅以简单仪表进行直观性的检测。外观检查可以帮助检测人员确定检测重点,外观检查结果也有助于对汽车各部的真实技术状况、故障部位及其原因做出正确的判断。

汽车外观检查项目中,有些可以依靠检验人员的技能和经验,通过感官感受和观察进行定性的直观检测,如车辆外部损伤、漏水、漏气、渗油和连接件松动、脱落等;有些项目需要用仪表进行检测。随着检测技术的发展,人们开始运用仪器设备进行车辆的一些外观检测诊断,如转向盘自由转动量、踏板行程,以及漆层厚度、硬度和光泽度等。因此,汽车外观检查可采用人工经验法、仪器仪表测量法,或综合运用这两种方法。

1. 目测检查

二手车鉴定评估中,目测检查的内容大致如下。

1) 车辆标志检查

车辆标志包括车辆的商标、型号、铭牌、发动机型号和出厂编号及底盘型号和出厂编号。

(1) 车辆的商标、型号必须装设在车身的外表面上,保证一眼就能看出来。

(2) 车辆的铭牌应置于车辆前部易于观看之处,其中,客车铭牌应置于车内前门的上方。车辆的铭牌样式如图3-2所示。

图3-2 汽车的铭牌样式

(3) 发动机型号和出厂编号应打印在发动机气缸体侧平面上,而底盘型号和出厂编号应打印在金属车架的易见部位。

车身前部的检查

车身后部的检查

车漆的检查

2) 车身的技术状况检查

轿车和客车的车身在整车中价值权重最大,维修费用也高,故检查车身是技术状况鉴定的重要一环。车身检查从车的前部开始,一般按以下步骤进行。

(1) 检查车身是否因发生碰撞而受损。站在车的前部一角往尾部观察车身各接缝,如出现不直、缝隙大小不一、线条弯曲、装饰条有脱落或新旧不一的情况,说明该车可能出现过事故或修理过。

(2) 检查车门。

① 观察A柱、B柱和C柱处的车门是否呈现为平直流畅的线条,若无波浪(俗称橘子皮)的情形发生,表示此车无大问题。

② 在未打开车门时,可先看车门接缝处是否平整,如果接合的密合度自然、平整,表示此车无大毛病,但不能就此断定此车没问题,需要再打开车门详细查看A柱、B柱和C柱,也就是观看车门框是否规整、流畅,如有类似波浪的情形,表示此车经过钣金修理。

③ 将车门洞密封条揭开,看门框周边线条是否流畅、平整,车门附近是否留有原车接合时的铆钉(焊点)痕迹,留有痕迹则表示此车为原厂车;没有痕迹则表示此车做过油漆修补。

④ 来回开关车门检查车门启闭的顺畅度,无音或开启时极为顺手,表示此车的框架无大问题。

(3) 检查保险杠。检查保险杠有无明显变形、损坏,有无校正、重新补漆的痕迹。道路交通事故中,汽车保险杠是最容易损坏的零部件,通过对保险杠进行认真检查,能够判定被检查车辆是否有过碰撞或发生过交通事故。

(4) 检查车窗。车窗应启闭灵活、关闭严密、锁止可靠、缝隙均匀不松旷;密封胶条应无破损、老化,否则车门、车窗处会漏水。

(5) 检查车身金属零部件的锈蚀情况。主要检查车门、车窗、排水槽、底板、各接缝等处金属零部件的锈蚀情况,如锈蚀严重,说明该车使用状况恶劣,使用年限长。另外,还应注意检查挡泥板、减振器、车灯周围、车门底下和轮舱内是否生锈。

(6) 检查车身油漆(车漆)。

① 查看密封胶条、窗框四周、轮胎和排气管等处是否有多余油漆。如果有,说明该车车身做过油漆修补。

② 用一块磁铁沿车身周围移动,如果遇到某处磁力突然减小的情况,表明该处局部补过灰,做过油漆修补。

③ 当用手敲击车身时,如果遇到某处敲击声明显比其他部位沉闷的情况,表明该处补过灰,做过油漆修补。

④ 查看油漆表面情况。如果漆膜丰满度不足,油漆表面有流痕、不规则的小麻坑和小麻点,或如同微微的波浪一样凹凸不平等,均表示做过油漆修补。

通过上述问题,可以判断一辆车以前被撞面积有多大,以及车身可能受过多大的损伤。

如果发现油漆表面有龟裂现象且车未发生过事故,则说明此车使用时间较长。

(7) 检查后视镜、下视镜、车窗玻璃。汽车必须在左、右各设置一面后视镜,后视镜的安装、调节及视野范围应符合规定。车长大于6 m的平头客车、平头货车车前应设置一面下视镜,下视镜应完好。

车窗玻璃应完好。前风窗玻璃应使用安全玻璃,并贴有国家安全玻璃认证标志。如果没有国家安全玻璃认证标志,表明该车前风窗玻璃被更换过。国家安全玻璃认证标志样式如图3-3所示。如果是车辆原厂的玻璃,标志上会有汽车品牌的标识。

(8) 检查灯光。检查灯光是否齐全、有效,光色、光强是否符合国家标准有关规定。二手车配光性能的好坏,能反映车主对车辆维护的认真程度。

图 3-3 国家安全玻璃认证标志样式

3) 驾驶室和车厢内部检查

(1) 检查座椅。

① 驾驶员座椅和乘员座椅安装应牢固、可靠。检查驾驶员座椅、副驾驶员座椅的调节功能是否有效;检查各座椅配备的安全带是否齐全、有效。

② 查看座椅的新旧程度和座椅表面是否平整、清洁、无破损。如果座椅松动、磨损严重、有凹陷,说明该车常常载人,并经常在高负荷的工况下行驶。

(2) 检查车顶。检查车顶的内篷是否破裂,车辆内部是否有污秽、发霉现象。如果车内有发霉的味道,表明车子可能有泄漏的情况。

(3) 检查地板。

① 检查地毡或地板胶是否残旧,由地毯磨痕推论出该车使用的频繁程度。

② 揭开地毡或地板胶,查看车厢底板是否有潮湿或生锈的痕迹,是否有烧焊的痕迹。

(4) 检查行李舱。

① 检查舱盖防水胶条是否完好、行李舱是否锈蚀。

② 在查看行李舱开口处左右两边的钣金件或与后保险杠的接合处之前,可先翻开行李舱下的地毯,检视该处有无烧焊的痕迹。

③ 检查备用轮胎是否完好,随车工具是否缺损。

(5) 检查仪表盘。查看仪表盘是否为原装;检查仪表盘底部有无更改线束的痕迹;检查要求安装汽车行驶记录仪的车辆是否按要求安装有汽车行驶记录仪,若有,检查汽车行驶记录仪能否正常工作。

(6) 检查里程表。已经行驶的千米数是车辆行驶年龄的参照。一般的家用车每年行驶 1 900～24 000 km。

(7) 检查踏板。

① 检查离合器踏板、制动踏板、加速踏板有无弯曲变形及干涉现象。

② 检查离合器踏板和制动踏板的踏脚胶是否磨损过度。通常一块踏脚胶的寿命是 30 000 km 左右,如果换了新的,则说明此车已行驶 30 000 km 以上。

发动机舱左右侧的检查

③ 坐在车上试试所有踏板有没有弹性,离合器踏板应该有少许空间,同时留心听听踏下踏板时有无异声。

4) 发动机舱检查

(1) 检查发动机罩。

① 仔细查看发动机罩与翼子板的密合度或缝隙是否一致、发动机与挡风玻璃

之间的间隙是否一致或留有原车的胶漆。这些都是检查的重点。

② 发动机罩内的检查更是重点中的重点。打开发动机罩时，先检查一下其内侧，如果有修补油漆的痕迹，表示这片盖板发生过碰撞。

③ 从发动机上方横梁及发动机本体下方的两条纵梁或俗称“内归”的两内侧副梁等处查看，这些地方如无意外，都应留有圆形焊点的痕迹；若焊点的形状、大小不一，表明有可能因遭受过撞击而经过钣金修复。

另外，防水胶条是否平顺亦是判断此车有无受伤的依据。

(2) 检查前纵梁。检查前纵梁是否有新喷漆的痕迹，前纵梁与挡泥板、减振器支座等处的焊点是否规范、均匀。如果有新喷漆的痕迹或焊点不规范、不均匀，说明该车发生过较严重的事故。

5) 发动机的检查

发动机体、变速箱、发动机附件的检查

(1) 检查发动机外部清洁状况。发动机外部有少量油迹和灰尘是正常的，如果灰尘过多，表明车主对车辆维护不认真和车辆使用环境恶劣；如果一尘不染，说明发动机刚刚经过清洁处理。

(2) 检查发动机是否有漏油、漏水之处。该项检查的重点部位包括气门室罩盖垫、曲轴前后油封、凸轮轴前后油封和油底壳垫等。

(3) 检查发动机的机油。

① 检查机油的平面高度。一般机油尺上都有高、低油位的显示标记，如果机油平面在这两个油位之间，则表示正常。检查时，先从发动机上拔出机油尺，擦干净后插入发动机内，再次将机油尺从发动机中拔出，检查机油尺上的油位。如果油位过低，应了解上次更换机油的时间和间隔里程，如果时间和间隔里程正常，说明发动机烧机油；如果机油平面过高，说明发动机严重窜气或漏水。

② 检查机油的颜色。可以拿出一张白纸，拔出机油尺并在纸上擦拭，观察机油颜色和杂质的情况。一般在换过机油后，车辆使用一段时间后机油颜色会变黑，这是正常的；而机油显现其他颜色是不正常的现象。如果发现机油的颜色变灰、变白或有乳化现象，说明机油中混有水，可能是发动机冷却系统和燃烧系统有连通泄漏情况。

③ 检查加油盖。拧下加油盖，将它翻过来观察其底部，这样可以在加油盖底部看到旧油甚至脏油的痕迹。加油盖底部有一层具有一定黏稠度的深色乳状物，还有与油污混合的小水滴，属于不正常的情况，可能是由气缸垫、气缸盖或气缸体损坏导致防冻液渗入机油中造成的。如果有这种情况发生，被污染的机油有可能对发动机内部造成损害，发动机可能需要大修。

(4) 检查发动机水箱及冷却液。检查发动机水箱及冷却液的前提是车辆处于冷车状态下，否则检查人员很容易被溅出的水烫伤。打开水箱盖后，注意观察冷却水面上是否有其他的异物漂浮，如不明的油污、锈蚀的粉屑等。如果发现有油污浮起，表示可能有机油渗入冷却水内；如果发现浮起的异物是锈蚀的粉屑，表示水箱内的锈蚀情况已经很严重。一旦发现上述情况，都表示该车发动机的状况不是很好，需要特别注意。

现代汽车发动机常年使用防冻液作为冷却液。如果冷却液已水化严重，应了解其原因，并分析二手车可能存在的故障，如发动机工作温度过高、发动机漏水、发动机内烧水等；如果冷却液内有油污，一般可认为气缸垫处漏气；如果冷却液混浊，要向车主询问原因，并特别注意发动机的温度。

(5) 检查空气滤清器。打开空气滤清器的盖，看看里面的清洁程度。如果灰尘很多，滤芯很脏，则表示这辆车的使用程度较高，而且该车的前一位车主对车的维护也较差，没有定期更换滤芯。而一辆车的维护差,车况也不会太好。

(6) 检查发动机的主要附件。

① 检查发电机、启动机、分电器、化油器、空调压缩机、转向助力泵等的外观是否正常,是否有漏油、漏水、漏气、漏电现象,是否有松动现象。

② 检查传动带是否有撕裂、磨光、浸油、裂缝、缺齿及老化现象,检查传动带的张紧度,检查传动带的张紧装置、支架等是否有松动现象。

③ 检查冷却液软管、进气软管及真空软管等是否有老化现象。

(7) 检查点火线圈及高压线。观察点火线圈外壳有无破裂、漏油、发热等现象;高压线应清洁、布线整齐、无切割口、无擦伤部位、无裂纹和烧焦处。

(8) 检查火花塞。用火花塞套筒扳手任意拆下一个火花塞,检查该火花塞的技术状况。如果火花塞电极呈灰色,且没有积炭,则表示火花塞工作正常;火花塞出现严重积炭、电极严重烧蚀、绝缘体破裂、漏气、侧电极开裂等情况,均会使点火性能下降,这时需成组更换火花塞。

(9) 检查喷油器。检查喷油器插头、密封圈、油压调节器及真空管路是否良好。

6) 蓄电池检查

蓄电池表面应清洁,无裂纹及电解液渗漏现象;接线柱表面应无严重磨损,无明显腐蚀现象。检查蓄电池标牌,将售出日期与电池寿命(一般为2～3年)进行比较,可算出蓄电池的剩余寿命。

7) 变速箱油检查

① 变速箱油的检查大多是通过油尺进行的。油尺标有最高油位刻度和最低油位刻度,油量在这两个刻度之间就是正常的。如果油位过低,则表示应该加油了,但也可能表示这辆车已有漏油的情况出现。

② 检查变速箱油最重要的是查看油是否变色、有无异味。一般来说,变速箱油呈红色,如果发现变成棕色,则表示该车的变速箱可能发生了故障。如果闻到焦味,表示变速箱磨损严重。

8) 附属装置检查

检查雨刮器、收音机、仪表、反光镜、加热器、灯具、转向信号灯和喷水装置等是否有破损、残缺现象;对附属装置进行动态检验,检查雨刮器、喷水装置、电喇叭、车灯和仪表等的工作是否正常等。

9) 车辆底盘检查

进行车辆底盘检查,需要将车辆开进地沟或具有举升器的工位上。

(1) 检查发动机固定是否可靠,以及发动机与传动系统的连接情况;检查燃油箱及燃油管路是否固定可靠,有无渗油、漏油现象;检查燃油管路与其他部件有无磨蹭现象;检查软管有无老化开裂、磨损等异常现象。

(2) 检查传动轴中间支承轴承及支架、万向节等有无裂纹和松旷现象。

(3) 检查转向节臂、转向横直拉杆有无裂纹、损伤、拼焊现象;检查转向横直拉杆球销是否松旷、连接是否可靠;检查各运动部件在运动中有无干涉、摩擦现象。

(4) 检查车架是否有裂纹和影响车辆正常行驶的变形,螺栓和铆钉不得缺少和松动,车架不得进行焊接加工。

(5) 检查前、后桥有无变形、裂纹。

(6) 检查钢板弹簧有无裂纹、断片和缺片现象,中心螺栓和U形螺栓是否紧固,减振器是否漏油,车架与悬架之间的各拉杆和导杆有无松旷和移位现象。

(7) 检查排气管、消声器是否齐全、固定是否良好、有无破损和漏气现象。

(8) 检查制动总泵、分泵、制动管路有无漏气、漏油现象,软管有无老化开裂、磨损异常等现象。

(9) 检查电气线路。所有电气导线均应捆扎成束、布置整齐、固定卡紧、接头牢固并有绝缘套,在导线穿越孔洞时需装设绝缘套管。线束是否整齐、新旧程度是否一致,可作为判断车辆是否发生过事故的线索。

(10) 检查减振器及悬架系统。可用手在汽车前后左右角分别用力下压,如果放松后汽车车身能回弹,并能自由跳动 2～3 次,说明该减振器和悬架系统正常;如果出现异响或不能自动跳动,则说明该减振器和悬架系统的弹簧等部件工作不良,舒适性较差。

10) 车内电气设备状况检查

检查音响设备、仪表、空调设备等是否齐全、有效。高档客车和轿车的电气设备在整车中价值权重较大,维修费用较高,因此,在检查过程中应认真、慎重。另外,如果制冷效果不好,可能是由制冷剂不足所致,需要清洗冷凝器或更换压缩机。

2. 常用量具检测

1) 车体周正检测

通常要求车体周正,左右对称部位高度差不得大于 40 mm。

在进行车体周正检测时,将被检车辆停放在外观检测工位上,检测人员首先目视检查汽车是否有严重的横向或纵向歪斜现象,然后用高度尺、钢卷尺或水平尺检测左右对称部位高度差是否超过规定值。

车体周正检测的内容包括检查车架和车身是否有较大变形、悬架是否裂断或刚度下降,以及左右轮胎气压搭配是否正常等。

2) 车轮轮胎检测

车轮轮胎检测主要包括对轮胎气压和轮胎磨损的检测。

车轮轮胎是汽车在使用过程中仅次于燃料的一项重要运行消耗材料。胎面磨损严重是车辆需要调校的信号,否则很有可能损坏悬架系统。另外,要确保备胎是可以使用的,并没有损坏或过度磨损。

轮胎年限

车轮轮胎的磨损、破裂和割伤无须使用仪器进行检测,凭简单的深度尺、钢直尺加外观检测便可完成。车轮轮胎不应有异常磨损,当车轮轮胎出现非正常磨损时,表明该车的车轮定位参数不准确或车辆长期超载运行。

测量车轮轮胎花纹的深度需要使用轮胎花纹深度尺。轮胎花纹深度尺有机械式和电子式两种,如图 3-4、图 3-5 所示。

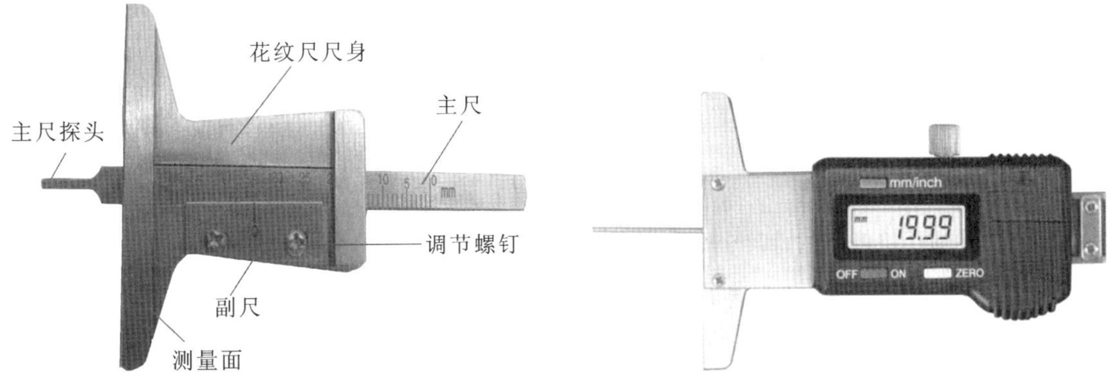

图 3-4 机械式轮胎花纹深度尺　　**图 3-5 电子式轮胎花纹深度尺**

当主尺探头与测量面处于同一平面时,此时深度尺处于“归零”状态。

测量轮胎花纹深度的操作如图3-6所示，具体步骤如下。

(1) 使用前，应先使深度尺“归零”。

(2) 使深度尺垂直于轮胎胎面，将深度探头伸入同一横截面的几个主花纹沟中，测量它们的深度，得出一组数值，从中得出平均数。

进行实际测量时，深度尺的主尺探头应避开花纹沟内的磨损极限标志；如果是新胎，注意使尺身避开胎面上突起的胶瓣。

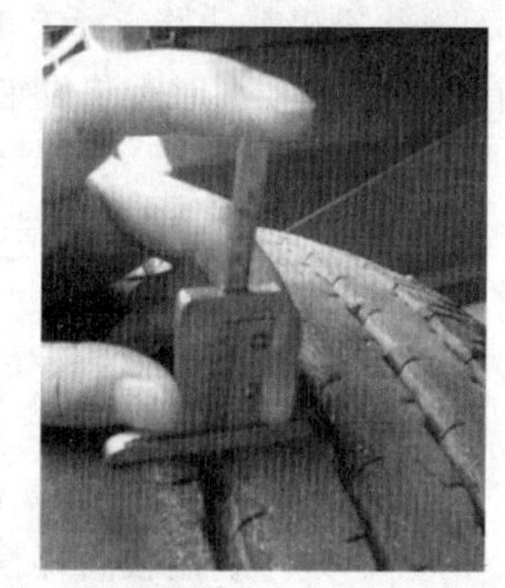

图3-6 测量轮胎花纹深度的操作

《机动车运行安全技术条件》(GB 7258—2017)规定：专用校车和卧铺客车应装用无内胎子午线轮胎，危险货物运输车辆及车长大于9 m的其他客车应装用子午线轮胎。发动机中置且宽高比小于或等于0.9的乘用车不应使用轮胎名义宽度小于或等于155 mm规格的轮胎。若设置了符合本标准11.2.8规定的车内随行物品存放区的公路客车的后轮采用单胎，则后轮的轮胎名义宽度应大于或等于195 mm。

乘用车、挂车轮胎胎冠花纹上的花纹深度应大于或等于1.6 mm，摩托车轮胎胎冠花纹上的花纹深度应大于或等于0.8 mm；其他机动车转向轮的胎冠花纹深度应大于或等于3.2 mm，其余轮胎胎冠花纹深度应大于或等于1.6 mm。

轮胎胎面不应由于局部磨损而暴露出轮胎帘布层。轮胎不应有影响使用的缺损、异常磨损和变形。轮胎的胎面和胎壁上不应有长度超过25 mm或深度足以暴露出轮胎帘布层的破裂和割伤。

轮胎负荷不应大于该轮胎的额定负荷，轮胎气压应符合该轮胎承受负荷时规定的压力。具有轮胎气压自动充气装置的汽车，其自动充气装置应能确保轮胎气压符合出厂规定。

现在大多数车轮轮胎设有磨损标记，一般以花纹中布置的凸点标识。检查时，如果发现磨损标记已磨损，则表明该车轮轮胎需要更换。

3) 车轮横向和径向摆动量检测

车轮横向和径向摆动量的规定如下：总质量小于或等于4.5 t的汽车不得大于5 mm；摩托车和轻便摩托车不得大于3 mm；其他车辆不大于8 mm。

在检测车轮横向和径向摆动量前，用举升器或千斤顶等顶起前桥，然后移动百分表测头，百分表测头水平触到轮胎前端胎冠外侧后，用手前后摆动轮胎，测量其横向摆动量；将百分表移至轮胎上方，使其测头触到胎冠中部，然后用撬杆向上撬动轮胎，测量其径向摆动量。当汽车车轮横向和径向摆动量超过规定值时，汽车行驶时将会引起转向盘抖振，因此应及时对车轮进行检修和调整。

4) 轴距与轴距差检测

测量轴距与轴距差时，车辆应处于直行状态。测量左右轴距差时，应使用铅锤在地面找到轴头中心点，用钢卷尺或轴距尺测量各轴头中心之间的距离。

(1) 对二轴车，可分别在左右两侧前后轴头中心测量其轴距，并取其差值。

(2) 对于三轴车和其他多轴车，可依次测量相邻的轴距，其各段的轴距差都应符合标准限值的要求。

(3) 对于半挂车，测量点为半牵引销轴线和半挂车车轮中心。

(4) 左右轴距差值比的计算公式为

$$\text{左右轴距差值比}=\frac{\text{左右绝对轴距差}}{\text{左右平均轴距}}\times 1\ 000‰$$

左右轴距差的存在意味着汽车各轴之间不平行或车轴对车架纵轴线不垂直，这样会引起车辆直线行驶时，前后轴中心的连线与行驶轨迹的中心线不一致，并造成直线行驶跑偏和制动跑偏。

《机动车运行安全技术条件》(GB 7258—2017)规定，左右轴距差值比不得大于轴距的1.5‰。

对同一车轴左右两侧测得的轴距取平均值，即可将其作为所测两车轴的轴距。如果所测轴距与车辆行驶证或登记证记录不符，则说明车辆可能被擅自改装过。

5）车辆外廓尺寸检测

车辆外廓尺寸检测主要是检查车辆长、宽、高及后悬等是否超出规定的车辆外廓尺寸界限。我国对车辆外廓尺寸界限规定如表 3-1 所示。

表 3-1　车辆外廓尺寸极限　　单位：m

车辆类型	长	宽	高
载货汽车(包括载货越野汽车)	≤12	≤2.5	≤4
整体式客车	≤12		
半挂汽车列车	≤16.5		
全挂汽车列车	≤20		

客车及封闭式车厢(或罐体)的机动车后悬应小于或等于轴距的 65%。在保证安全的情况下，专项作业车和轮式专用机械车的后悬可按客车后悬要求核算，其他机动车后悬应小于或等于轴距的 55%。机动车的后悬均应小于或等于 3.5 m。

采用高度尺或卷尺对车辆的长、宽、高及后悬进行测量，然后看是否超过规定值，测量方法较简单。

如果外廓尺寸与车辆行驶证或登记证记录不符，则说明车辆可能被擅自改装过。

泡水车的鉴别

【任务实施】

一、实施环境

(1) 各学习小组被鉴定评估车辆 1 辆。

(2) 各学习小组常用工具及用品如下。

① 常用的汽车维修工具一套，包括成套的套筒扳手、火花塞扳手、各种旋具、夹钳和轮胎撬棒等。

② 用品，包括手电筒、钢卷尺(5 m)、皮尺(20 m)、铅锤、磁铁、轮胎花纹深度尺、百分表、高度尺、棉纱和纸巾等。

二、实施步骤

(1) 将学生以 6～10 名为单位分成若干学习小组。

(2) 各学习小组结合本任务所学的知识，利用现有的工具及用品，对指定的车辆进行静态检查，并填写表 3-2 所示的车辆技术状况静态检查实训任务工单。

表 3-2　车辆技术状况静态检查实训任务工单

车辆技术状况静态检查实训任务工单			
班级		学号	
姓名		日期	
1. 请描述你所检查的车辆的基本情况 (1) 车辆的类别：__________ (2) 车辆的名称：__________，型号：__________ (3) VIN：__________ (4) 车辆的生产厂家：__________，生产日期：__________ (5) 初次注册登记日期：__________，行驶里程：__________			

续表

2. 识伪检查

(1) 你所检查的车辆是属于走私车辆、拼装车辆、盗抢车辆中的一种吗？□是 □否

你做出上述判断的理由是________________________________

(2) 你所检查的车辆车身是否为更换件？□是 □否

你做出上述判断的理由是________________________________

3. 目测检查

(1) 你所检查的车辆的标志是否合格？□是 □否

你做出上述判断的理由是________________________________

(2) 将你对车身技术状况检查的结果记录在下面。

通过对记录结果的分析，你得出的结论是________________________

(3) 将你对驾驶室和车厢内部状况检查的结果记录在下面。

通过对记录结果的分析，你得出的结论是________________________

(4) 将你对发动机状况检查的结果记录在下面。

通过对记录结果的分析，你得出的结论是________________________

(5) 将你对附属装置检查的结果记录在下面。

通过对记录结果的分析，你得出的结论是________________________

(6) 将你对车辆底盘检查的结果记录在下面。

通过对记录结果的分析，你得出的结论是________________________

续表

(7) 将你对电气设备检查的结果记录在下面。

______

______

______

通过对记录结果的分析，你得出的结论是______

______

4. 常用量具检查

(1) 将你对车身周正检查的结果记录在下面。

______

______

通过对记录结果的分析，你得出的结论是______

______

(2) 将你对轮胎检查的结果记录在下面。

______

______

______

通过对记录结果的分析，你得出的结论是______

______

(3) 将你对车轮摆动量检查的结果记录在下面。

______

______

______

通过对记录结果的分析，你得出的结论是______

______

(4) 将你对车辆外廓尺寸检查的结果记录在下面。

______

______

______

通过对记录结果的分析，你得出的结论是______

______

______

5. 请总结你对车辆静态检查的结论

______

______

______

6. 自我评价(个人技能掌握程度)

□非常熟练　□比较熟练　□一般熟练　□不熟练

教师评语(包括任务工单填写情况、检查方法、熟练程度等，并按等级给出成绩)：

实训记录成绩______ 教师签字______ ______年______月______日

任务2　二手车技术状况的动态检查

【任务导入】

张先生看中了一辆二手车,请二手车鉴定评估师李先生对该车进行鉴定评估。李先生在该车工作状态下对其进行了检查。

【任务分析】

二手车技术状况的动态检查是指在二手车工作状态下,检查人员凭借技能和经验,辅以简单的测量器具对二手车技术状况进行检查。

【相关知识】

二手车技术状况的动态检查是指二手车在工作状态下的检查。通过对二手车各种工况,如发动机启动、怠速、起步、加速、匀速、滑行、强制减速、紧急制动、从低速挡到高速挡的行驶、从高速挡到低速挡的行驶,检查二手车的操纵性能、制动性能、滑行性能、加速性能、噪声和废气排放情况,以鉴定二手车的技术状况。

在二手车技术状况的动态检查过程中,需启动发动机对二手车进行路试,故二手车技术状况的动态检查包括无负荷时的工况检查和路试检查。

一、无负荷时的工况检查

1. 发动机启动状况的检查

在正常情况下,用启动机启动发动机时,应在3次内启动成功。启动时,每次时间不超过5～10 s;再次启动时,要间隔15 s以上。若发动机不能正常启动,则说明发动机的启动性能不好。

发动机曲轴不能转动而导致发动机无法启动的原因主要可能是蓄电池电量不足或启动机工作不良,也可能是发动机运转阻力过大。检查发动机启动阻力时,应拆下全部火花塞或喷油器,人工运转曲轴,检查转动阻力。

如果启动时曲轴能正常转动,但发动机启动仍很困难,对于汽油发动机来说,其原因主要有三个:一是点火系统点火不正时、火花塞火弱或无火;二是燃油系统工作不良,使混合气过稀或过浓;三是气缸压缩压力过低等。对于柴油发动机,除气缸压缩压力过低外,燃油中有水或空气,输油泵、喷油泵、喷油器工作不良,燃油系统管路堵塞等,也都可能导致发动机启动困难。

2. 发动机无负荷时的检查

1) 发动机怠速运转情况检查

怠速工况下,发动机应在规定的转速范围内稳定地运转。如果怠速转速过高或运转不稳定,说明发动机怠速不良。

对于汽油发动机,怠速不良的原因主要有:点火正时、气门间隙、配气正时或怠速调整不当;真空漏气;曲轴箱通风单向阀不密封或卡阻,怠速时不能关闭;废气再循环装置或燃油蒸发排放装置误动作;点火系统或供油系统工作不良;气缸压缩压力过低或各缸压缩压力不一致等。

对于柴油发动机，怠速不良的原因主要有：供油正时、气门间隙、配气正时或怠速调整不当；燃油中有水、气或黏度不符合要求；各缸柱塞、出油阀偶件及喷油器工况不一致，或调速器锈蚀、松旷，弹簧疲劳，供油拉杆对应的拨叉或齿扇松动等，导致各缸喷油量或喷油压力不一致；气缸压缩压力过低或各缸压缩压力不一致等。

发动机怠速运转时，检查各仪表的工作状况和电源系统的充电情况。

2）发动机急加速性检查

在发动机水温、油温正常的情况下，通过改变节气门开度，检查发动机在各种转速下运转是否平稳、改变转速时过渡是否圆滑。迅速踩下加速踏板，发动机由怠速状态猛加速，发动机转速应能迅速由低速到高速，反应灵活，发动机应无“回火”“放炮”现象。当加速踏板踩到底时，迅速释放加速踏板，发动机转速应能迅速由高速到低速，反应灵活，发动机不能怠速熄火。在发动机加速运转过程中，还应检查发动机有无“敲缸”和气门运动噪声。另外，在规定转速下，发动机机油压力应符合有关规定。

3）发动机窜油、窜气检查

打开润滑油加注口，缓缓踩下加速踏板，如果窜气严重，肉眼可以观察到油雾气；如果窜气不严重，可将一张白纸放在距润滑油加注口上方 50 mm 左右处，然后加速，若窜油、窜气，白纸上会有油迹，严重时油迹面积大。

4）发动机排气颜色检查

正常的汽油发动机排出的气体应该是无色的，在严寒的冬季可见白色的水汽；柴油发动机带负荷工作时排出的气体一般是淡灰色的，当负荷较大时，为深灰色。无论是汽油发动机还是柴油发动机，如果排气颜色发蓝，说明机油窜入了燃烧室；对于汽油发动机，如果排气管冒黑烟，说明点火过迟；对于柴油发动机，如果排气管冒黑烟，说明混合气过浓等。

5）检查发动机熄火情况

对于汽油发动机来说，关闭点火开关后，发动机应正常熄火；对于柴油发动机来说，停机装置应灵活有效。

3. 检查转向系统

1）转向盘自由行程检查

将车辆停放在平坦路面上，左右转动转向盘，从中间位置向左或向右时，转向盘游动间隙不应该超过 15°。如果是带助力的车辆，最好在启动发动机后做检查。如果转向盘的间隙过大，就需要对转向系统各部分间隙进行调整，这是需要到修理厂进行的工作。

2）转向系统传动间隙检查

检查转向系统传动间隙时，两手握住转向盘，上、下、左、右摇动转向盘，此时应该没有很松旷之感，如果很松旷，就需要调整转向轴承、横拉杆和直拉杆等，查看有无松旷或螺帽脱落现象。

二、路试检查

车辆路试检查是指通过一定的里程（一般为 20 千米左右）检查车辆的工况。路试检查的内容如下。

1. 传动系统检查

1）离合器检查

正常的离合器应该接合平稳，分离彻底，工作时没有异响、抖动和不正常打滑现象。踏板的自由行程应符合二手车技术条件的有关规定。自由行程过小，一般说明离合器摩擦片磨损严重。另外,踏板力应与该型号车辆的踏板力相适应。各种车辆的踏板力应不大于300 N。

离合器常出现的故障为打滑和分离不彻底,有的还有异响。这些故障会导致像起步困难、行驶无力、爬坡困难、变速器齿轮发出刺耳的撞击声、起步时车身发抖等现象发生。

(1) 检查离合器是否分离不彻底。在发动机怠速状态下,踩下离合器踏板直至几乎触底时,才能切断离合器;或踩下离合器踏板,感到挂挡困难或变速器齿轮出现刺耳的撞击声;或挂挡后不抬起离合器踏板,车子开始行进,均表明该车的离合器分离不彻底。其原因可能是离合器踏板自由行程过大、离合器压盘限位螺钉调整不当、更换的离合器摩擦片过厚、离合器分离杠杆不在同一平面上等。

(2) 检查离合器是否打滑。如果离合器打滑,会出现起步困难、加速无力、重载上坡时有明显打滑甚至发出难闻的气味等现象。例如,在挂上1挡后,慢抬离合器车子没反应,发动机也不熄火,就是离合器打滑的表现。离合器打滑的原因包括:离合器踏板自由行程太小;分离轴承经常压在膜片弹簧上,使压盘总是处于半分离状态;离合器压盘弹簧过软或折断;离合器与飞轮连接的螺丝松动等。

(3) 检查离合器是否有异响。在使用离合器的过程中出现异响也是不正常的。异响大部分都是由离合器内部的零件有损坏(分离轴承磨损严重、轴承回位弹簧过软或折断、膜片弹簧支架有故障等)造成的,这种情况需要进厂修理。

(4) 检查离合器的自由行程。当踩下离合器踏板到3/4时,离合器就应该稳固地接合。检查离合器的自由行程是否合适,可以采用直尺在离合器踏板处测量的方法,先测出离合器踏板最高位置的高度,再测出踩下离合器踏板到感到有阻力时的高度,两个数值的差就是该车离合器的自由行程数值。如果离合器的自由行程不符合要求,就需要及时调整。

2) 变速器检查

从起步挡到高速挡,再由高速挡至低速挡,检查变速器是否够轻便、灵活,是否有异响,互锁和自锁装置是否有效,是否有乱挡现象,加、减车速是否有跳挡现象。同时需注意,换挡时变速器不得与其他部件干涉。

自动变速器的车辆在平坦的路面起步一般不要踩加速踏板,如果需要踩加速踏板才能起步,说明自动变速器保养不好,或已到保修里程;检查自动变速器是否有换挡迟滞现象,自动变速的车辆换挡时应该无明显的感觉,如果感觉车辆在加减速时有明显的发"冲"现象,说明自动变速器保养不好,或已到大修里程。

3) 传动轴检查

路试检查中,将汽车加速至40～60 km/h,迅速抬起加速踏板,检查有无明显的金属撞击声。传动轴及中间轴承应正常工作,无松旷、异响。

4) 驱动桥检查

差速器、主减速器应工作正常、无异响。

2. 制动性能检查

1) 制动性能检测的技术要求

《机动车运行安全技术条件》(GB 7258—2012)规定,机动车行车制动性能和应急制动性能检验应在平坦、硬实、清洁、干燥且轮胎与地面间的附着系数大于或等于0.7的混凝土或沥青路面上进行。检验时发动机应与传动系统分离。

机动车在规定制动初速度下的制动距离和制动稳定性要求如表3-3所示,应急制动性能要求如表3-4所示。

表 3-3 机动车在规定制动初速度下的制动距离和制动稳定性要求

机动车类型	制动初速度/(km/h)	满载检验制动距离要求/m	空载检验制动距离要求/m	试验通道宽度/m
三轮汽车	20	≤5.0		2.5
乘用车	50	≤20.0	≤19.0	2.5
总质量不大于 3 500 kg 的低速货车	30	≤9.0	≤8.0	2.5
其他总质量不大于 3 500 kg 的汽车	50	≤22.0	≤21.0	2.5
铰接客车、铰接式无轨电车、汽车列车(乘用车列车除外)	30	≤10.5	≤9.5	3.0①
其他汽车、乘用车列车	30	≤1	≤9.0	3.0①
两轮普通摩托车	30	≤7.0		—
边三轮摩托车	30	≤8.0		2.5
正三轮摩托车	30	≤7.5		2.3
轻便摩托车	20	≤4.0		—
轮式拖拉机运输机组	20	≤6.5	≤6.0	3.0
手扶变型运输机	20	≤6.5		2.3

①:对车宽大于 2.55 m 的汽车和汽车列车,试验通道宽度为"车宽+0.5 m"。

表 3-4 机动车应急制动性能要求

机动车类型	制动初速度/(km/h)	制动距离/m	充分发出的平均减速度/(m/s^2)	允许操纵力应不大于/N	
				手 操 纵	脚 操 纵
乘用车	50	≤38.0	≥2.9	400	500
客车	30	≤18.0	≥2.5	600	700
其他汽车(三轮汽车除外)	30	≤20.0	≥2.2	600	700

2)制动性能检查

(1)检查行车制动。汽车起步后,首先点一下制动踏板,检查是否有制动;然后将车加速至 20 km/h做一次紧急制动,检查制动是否可靠,有无跑偏、甩尾现象;最后将车加速至 50 km/h,先用点制动踏板的方法检查汽车是否立即减速、跑偏,再用紧急制动的方法检查制动距离和跑偏量。

① 制动跑偏很可能是由同一车桥上的两个车轮制动力不等或者制动力不能同时作用在两个车轮上导致的。其具体原因包括轮胎气压不一致、制动鼓(盘)与摩擦片间隙不均匀、摩擦片有油污和制动蹄片弹簧损坏等。若车辆出现制动跑偏,应根据产生原因在修理厂加以维修。

② 如果制动减速度很小,制动距离又很长,说明该车的制动性能不佳。其原因可能是摩擦片与制动鼓(盘)的间隙很大、制动踏板自由行程过大、制动油管内有空气、制动总泵或分泵有故障或制动油管漏油等。车辆在这种情况下需要到修理厂维修。

③ 如果在行车中出现制动失效,不能使车辆减速或停止,该车必须大修。其原因可能是制动液渗漏或制动总泵和分泵有严重故障。

试车时,发现踏下制动踏板的位置很低,连续踩几脚后,踏板才逐渐升高,但仍感觉比较软,这很可能是由制动管路内有空气所导致的;第一脚踩下制动踏板制动失灵,再继续踩制动踏板制动效果良好,说明制动踏板自由行程过大,或摩擦片与制动鼓(盘)的间隙过大。

总之,凡是制动性能不佳的车辆,都必须进厂修理。制动性能不佳也必然影响车辆的身价。

(2) 检查驻车制动(手刹)。在坡路上拉紧手刹后出现溜车,说明驻车制动有故障。其原因可能是手制动器拉杆调整过长、摩擦片与制动鼓(盘)间隙过大或有油污、摩擦片磨损严重或打滑、制动鼓(盘)与摩擦片接触不良等。驻车制动故障也是需要在修理厂解决的。

对于施加于驻车制动操纵装置的力,手操纵时,座位数小于或等于9个的载客汽车应不大于400 N,其他车辆应不大于600 N;脚操纵时,座位数小于或等于9个的载客汽车应不大于500 N,其他车辆应不大于700 N。

驻车制动控制装置的安装位置应适当,且其操纵装置应有足够的储备行程(开关类操作装置除外),一般应在操纵装置全行程的2/3以内产生规定的制动性能;驻车制动机构装有自动调节装置时,允许在全行程的3/4以内,达到规定的制动性能。棘轮式制动操纵装置应保证在达到规定的驻车制动性能时,操纵杆往复拉动次数不超过3次。

(3) 检查制动系统辅助装置。对于装备气压制动系统的二手车,当制动系统的气压低于400 kPa时,其气压报警装置应发出报警信号。对于装备有弹簧储能制动器的二手车,当制动系统的气压低于400 kPa时,其弹簧储能制动器自锁装置应正常有效。

3. 转向操纵性检查

在宽敞路段,在二手车行驶过程中检查其操作稳定性。

在一宽敞的路段,以15 km/h的速度驾驶二手车,左、右圈转向,看转向是否灵活、轻便,有无回正力矩;松开转向盘,看是否跑偏;高速行驶时,看是否有跑偏、摆振现象。一般转向系统的路试检查内容如下。

1) 转向盘沉重检查

在路试二手车时,做几次转弯测试,检查在转动转向盘时是否感到很沉重。如果感到沉重,原因可能是横拉杆、前车轴、车架有弯曲变形,前轮的定位不准确,轮胎气压不足,转向节轴承缺油。对于有助力的二手车,在行进中如果感到转向盘沉重,就可能是有故障了。其原因可能是油路中有空气,油泵压力不足,驱动皮带打滑,动力缸、安全阀等漏油。

2) 摆振检查

在路试二手车时,前轮摆动、转向盘抖动的现象称为摆振。其可能的原因是转向系统的轴承过松、横拉杆球头磨损松旷、轮毂轴承松旷、车架变形、前束过大。

3) 跑偏检查

在路试中,挂空挡松开转向盘时出现跑偏现象,有可能是由以下原因导致的:悬架系统故障,其中一侧的减振器漏油;螺旋弹簧故障;前轮定位不好;两边的轴距不准确;车架出过碰撞事故而变形;车轮胎压不等。

4) 转向噪声检查

转向时,如果动力转向系统出现噪声,很可能是由以下原因造成的:油路中有空气;储油罐油面过低;油路堵塞;油泵噪声。

4. 动力性能检查

通过道路试验分析汽车的动力性能,其结果接近实际情况。汽车动力性能在道路试验中的检测项目一般有高挡加速时间、起步加速时间、最高车速、陡坡爬坡车速、长坡爬坡车速。有时为了评价汽车的拖挂能力,也进行汽车牵引力的检测。另外,有时为了分析汽车动力的平衡问题,采用高速滑行试验测定滚动阻力系数和空气阻力系数。

道路试验会受到道路条件、风向、风速、驾驶技术等因素的影响,且这些因素的可控性差,同时还需要按规定条件选用和建造专门的道路等。

小客车动力性能最常见的评价指标是从静止状态加速至 100 km/h 所需时间和最高车速。其中,前者是最具意义的动力性能评价指标,也是国际流行的小客车动力性能评价指标。

1) 汽车的加速性能检查

汽车起步后,加速行驶,猛踩加速踏板,检查汽车的加速性能。各种汽车设计的加速性能不尽相同。就轿车而言,一般发动机排量越大,加速性能越好。有经验的二手车鉴定评估师熟悉各种常见车型的加速性能,通过路试能够检查出被检汽车的加速性能与该型号正常的汽车加速性能之间的差距。

2) 汽车的爬坡性能检查

检查汽车在相应的坡道上,使用相应的挡位时的动力性能是否与经验值相近,感觉是否正常。

3) 汽车的最高车速检查

检查汽车是否能够达到原设计车速,如果达不到,估计一下差距。

5. 机械传动效率检查

在平坦的路面上进行滑行试验。在机动车运行到 50 km/h 时,踏下离合器踏板,将变速器挡杆挂空挡滑行挡,根据经验,通过滑行距离估计汽车底盘传动系统的传动效率,以判定传动系统的技术状况。

6. 传动系统与行驶系统的动平衡检查

汽车在任何车速下都不应抖动。如果汽车在某一车速范围内抖动,说明汽车的传动系统或行驶系统的动平衡有问题,应检查轮胎、传动轴、悬架、间隙等。

三、动态试验后的检查

1. 各部件温度检查

检查冷却液、润滑油的温度,冷却液的温度不应高于 90 ℃,发动机润滑油的温度不应高于 95 ℃,齿轮油温度不应高于85 ℃;检查运动机件过热情况,查看轮毂、制动鼓、变速器壳、传动轴、中间轴承、驱动桥壳等的温度,不应有过热现象。

2. 渗漏现象检查

在发动机运转及停车时,水箱、水泵、缸体、缸盖、暖风装置及所有连接部位不得有明显渗水、漏水现象。汽车连续行驶距离不小于 10 km,停车 5 min 后观察,不得有明显渗油、漏油现象。另外,汽车不得有漏气现象。对于气压制动汽车,在气压升至 600 kPa 且不使用制动的情况下,停止空气压缩机 3 min 后,气压的降低值不应大于 10 kPa。在气压为 600 kPa 的情况下,将制动踏板踩到底,待气压稳定后观察 3 min,气压的降低值不应大于 20 kPa。对于液压制动二手车,在保持踏板力为 700 N 达到 1 min 时,制动踏板应没有缓慢向前移动的现象。

【任务实施】

一、实施环境

(1) 各学习小组被鉴定评估车辆 1 辆。

(2) 各学习小组常用工具及用品,包括手电筒、钢板尺(300 mm)、踏板力计、皮尺(100 m)、转向参数测试仪等。

二、实施步骤

(1) 将学生以3～5名为单位分成若干学习小组。

(2) 各学习小组结合本任务所学的知识,利用现有的工具及用品,在指导教师的带领下,对指定的车辆进行动态检查,并填写表3-5所示车辆技术状况动态检查实训任务工单。

表3-5 车辆技术状况动态检查实训任务工单

车辆技术状况动态检查实训任务工单			
班级		学号	
姓名		日期	

1. 请描述你所检查的车辆的基本情况

(1) 车辆的类别:________

(2) 车辆的名称:________,型号:________

(3) VIN:________

(4) 车辆的生产厂家:________,生产日期:________

(5) 初次注册登记日期:________,行驶里程:________

2. 无负荷工况检查

1) 发动机能否顺利启动? □能 □否

如果不能顺利启动,请描述你的检查诊断过程及得出的结论________

2) 发动机怠速运转检查

(1) 怠速运转是否平稳? □是 □否

如果运转不平稳,请说明现象,并分析可能存在的故障原因________

(2) 怠速运转时,各仪表的指示是否正常? □是 □否

如果不正常,请说明故障仪表的名称,并分析可能存在的故障________

3) 发动机加、减速检查

故障现象描述及可能存在的故障分析________

4) 是否有发动机窜油、窜气的现象? □是 □否

如果有窜油、窜气的现象,请分析可能存在的故障________

5) 发动机排气颜色为________色,说明________

续表

6）发动机熄火是否正常？□是 □否

7）转向系统检查

(1) 转向盘自由行程是否正常？□是 □否

如果不正常，可能存在的故障有________________

____

____

(2) 转向系统间隙是否正常？□是 □否

如果不正常，可能存在的故障有________________

____

____

3. 路试检查

1）离合器的检查

将你对离合器检查的结果记录在下面。

____

____

____

通过对记录结果的分析，可能存在的故障有________________

____

2）变速器的检查

将你对变速器检查的结果记录在下面。

____

____

____

通过对记录结果的分析，可能存在的故障有________________

____

3）传动轴及驱动桥的检查

将你对传动轴及驱动桥检查的结果记录在下面。

____

____

____

通过对记录结果的分析，可能存在的故障有________________

____

4）制动性能的检查

将你对制动性能检查的结果记录在下面。

____

____

____

通过对记录结果的分析，可能存在的故障有________________

____

5）转向操纵性的检查

将你对转向操纵性检查的结果记录在下面。

____

____

____

续表

通过对记录结果的分析,可能存在的故障有________________

____

6）动力性能的检查

将你对动力性能检查的结果记录在下面。

____

____

____

通过对记录结果的分析,可能存在的故障有________________

____

7）机械传动效率的检查

将你对滑行试验的结果记录在下面。

____

____

通过对记录结果的分析,你得出的结论是________________

____

8）传动系统与行驶系统动平衡的检查

将你对传动系统与行驶系统动平衡检查的结果记录在下面。

____

____

通过对记录结果的分析,你得出的结论是________________

____

9）动态试验后的检查

将你对动态试验后检查的结果记录在下面。

____

____

通过对记录结果的分析,你得出的结论是________________

____

4. 自我评价(个人技能掌握程度)

□非常熟练　　□比较熟练　　□一般熟练　　□不熟练

教师评语(包括任务工单填写情况、检查方法、熟练程度等,并按等级给出成绩):

实训记录成绩________教师签字________ ________年____月____日

任务3　二手车技术状况的仪器检查

【任务导入】

张先生看中了一辆二手车,请二手车鉴定评估师李先生对该车进行鉴定评估。李先生对该二手车进行了仪器检查。

【任务分析】

二手车技术状况的仪器检查是对二手车各技术性能及各总成、部件的技术状况进行定量、客观、更高层次鉴定的方法。它主要用于对被鉴定评估二手车用动态检查性能把握不准和不熟悉,并且对鉴定评估准确性要求较高的情况,常用于较高档的车型和司法鉴定评估。

【相关知识】

二手车技术状况的好坏是由二手车的各种性能参数决定的。这些性能参数反映了二手车在特定性能方面的情况,涉及二手车的行驶安全性、能源消耗情况、对环境的影响情况等。二手车技术状况的仪器检查采用特定的检测仪器和特定的试验方法获得这些参数的具体值,然后对比相应的法规和标准,以评定二手车性能。

技术状况是正确评估二手车价格的基本依据,而且良好的技术状况也是保障二手车行驶安全的根本。因此,获得二手车的技术状况,并评判二手车的技术状况是否达到要求,是每一个二手车鉴定评估师必须做到的。

由于二手车鉴定评估机构很难建立自己的检测线,所以二手车技术状况的仪器检查一般需依托汽车综合性能检测站按规定的技术要求进行作业。二手车鉴定评估人员并不需要对具体项目的检测设备和检测方法十分清楚地了解,但必须能够对检测结果进行合理的技术分析,以对二手车做出准确的评价。

一、汽车的动力性能检测

汽车动力性能的好坏直接影响汽车运输效率的高低。汽车的动力性能是汽车最重要的基本性能之一。汽车在使用一定时期后,技术状况会发生变化,汽车的动力性能也会发生变化。汽车技术状况不良首先表现为动力性能不足,燃料消耗增大。汽车动力性能的检测方法有道路试验和室内台架试验两大类。室内台架试验不受客观条件的影响,测试条件易于控制,所以在汽车综合性能检测站得到广泛应用。

1. 汽车动力性能室内台架试验

汽车动力性能室内台架试验的方式主要是用发动机无外载测功仪检测发动机功率,用汽车底盘测功机检测汽车底盘的最大输出功率、最高车速和加速能力。

室内台架试验不受气候、驾驶技术等客观条件的影响,只受测试仪本身测试精度的影响,测试条件易于控制,所以汽车综合性能检测站广泛采用汽车动力性能室内台架试验。

1) 汽车底盘最大输出功率的检测

通过汽车底盘测功机检测车辆的最大底盘驱动功率,用以评定车辆的技术状况等级。

汽车底盘测功试验台(见图 3-7)通常由滚筒装置、加载装置、惯性模拟装置、测量和辅助装置等 4 大部分组成。

汽车底盘最大输出功率检测方法如下。

(1) 在检测动力性能之前,必须按汽车底盘测功机说明书的规定进行试验前的准备:具有台架举升器者,台架举升器应处于升状态;无台架举升器者,滚筒必须锁定;车轮轮胎表面不得夹有小石子或其他坚硬之物。

(2) 汽车底盘测功机控制系统、道路模拟系统、引导系统、安全保障系统等必须工作正常。

图 3-7　汽车底盘测功试验台

(3) 在动力性能检测过程中,汽车控制方式为恒速控制,车速达到设定车速(误差为±2 km/h)并稳定5 s后,计算机方能读取车速与驱动力数值,并计算汽车底盘最大输出功率。

(4) 输出检测结果。

2) 发动机功率的检测

发动机功率的检测方法有有负荷测功法和无负荷测功法两种。其中,有负荷测功法需要将发动机从汽车上卸下,不利于就车检测,但测量的功率精度较高;无负荷测功法又称为动态测功法,是利用发动机无外载测功仪检测发动机功率的一种方法,使用方便,检测快捷。

发动机功率具体检测方法如下。

(1) 启动发动机并预热至正常状态,同时接通发动机无外载测功仪电源,连接传感器。

(2) 按仪器使用说明书进行操作。

(3) 从测功仪上读取或换算成发动机的输出功率值。

3) 数据的处理

(1) 检测数据的处理。目前,汽车底盘测功机显示的数值,有的是功率吸收装置吸收功率的数值,有的是驱动轮输出的汽车底盘最大输出功率的数值。对于显示功率吸收装置所吸收功率数值的,在进行检测结果的数据处理时,必须增加汽车在滚筒上滚动阻力消耗的功率、台架机械阻力消耗的功率及风冷式功率吸收装置的风扇所消耗的功率,计算公式为

汽车底盘最大输出功率=功率吸收装置所吸收的功率+滚动阻力所消耗的功率+台架机械阻力所消耗的功率+风冷式功率吸收装置冷却风扇所消耗的功率

(2) 检测发动机最大输出功率的数据的处理。由于用汽车底盘测功机测得的是汽车底盘最大输出功率,而发动机最大输出功率为

发动机最大输出功率=发动机附件消耗功率+传动系统消耗功率+汽车底盘最大输出功率

所以,在测得汽车底盘最大输出功率之后,应增加传动系统消耗功率及发动机附件消耗功率,然后才可确定发动机最大输出功率。若该汽车发动机额定功率为净功率,不包括发动机附件消耗功率,则处理后发动机最大输出功率为

发动机最大输出功率=传动系统消耗功率+汽车底盘最大输出功率

用发动机无外载测功仪测得的发动机功率为净功率。若该汽车发动机的额定功率为总功率,而不是净功率,则所测得的功率应加上发动机附件消耗功率后才可与额定功率相比较。

2. 发动机气缸密封性检测

发动机气缸密封性是由气缸活塞组、气门与气门座及气缸盖、气缸体、气缸垫和相关零件保

证的。发动机长期使用，会使气缸活塞组零件磨损，气门与气门座磨损、烧蚀，气缸盖、气缸体的密封面翘曲，使气缸的漏气量增加，密封性下降，从而导致发动机功率下降，油耗增加。因此，为了保证发动机的正常工作，需对发动机气缸密封性进行检测。通常，通过检测气缸压缩压力来评价气缸密封性。

发动机的热效率和平均指示压力与气缸压缩终了的压力有密切关系。影响气缸压缩终了的压力的因素有气缸活塞组的密封性、气门与气门座的密封性及气缸垫的密封性等。因此，通过测量气缸压缩终了的压力，可以间接地判断上述部位的技术状况。

二、转向系统检测

转向系统是汽车底盘的主要组成部分之一，它的技术状况对汽车操纵稳定性和高速行驶的安全性具有直接影响。利用仪器设备对方向盘的自由行程和转向力等参数进行检测，可诊断出转向系统技术状况的好坏。

1. 转向系统性能参数要求

《机动车运行安全技术条件》(GB 7258—2017)对转向力和方向盘自由转动量要求如下。

(1) 机动车在平坦、硬实、干燥和清洁的水泥或沥青道路上行驶，以 10 km/h 的速度在 5 s 之内沿螺旋线从直线行驶过渡到直径为 25 m 的车辆通道圆行驶，施加于方向盘外缘的最大切向力应小于或等于 245 N。

(2)对于机动车方向盘的最大自由转动量：最高设计车速大于或等于 100 km/h 的机动车，应小于或等于 15°；三轮汽车，应小于或等于 35°；其他机动车，应小于或等于 25°。

(3)汽车(三轮汽车除外)的方向盘应设置于左侧，其他机动车的方向盘不应设置于右侧；专项作业车、教练车按需要可设置左、右两个方向盘。装有两个后轮、有驾驶室的正三轮摩托车如果使用方向盘转向，则方向盘中心立柱距车辆纵向中心平面的水平距离应小于或等于 200 mm；其他摩托车不应使用方向盘转向。

2. 方向盘转向力的检测

操纵稳定性良好的汽车，必须有适度的转向轻便性。如果转向沉重，不仅增加驾驶员的劳动强度，而且会因不能及时正确转向而影响行车安全。转向轻便性可用一定行驶条件下作用在方向盘上的转向力(即作用在方向盘外缘的最大切向力)来表示。采用转向参数测量仪可以测得转向力及对应的转角。

转向力的检测可按转向轻便性试验进行。转向轻便性试验一般有原地转向力试验、低速大转角(8 字行驶)转向力试验、转弯转向力试验等。转向力具体可参照有关国家标准的规定进行检测。

3. 方向盘自由转动量的检测

方向盘自由转动量是指汽车保持直线行驶位置不动的情况下，左右晃动方向盘时的自由转动量(游动角度)。方向盘自由转动量是一个综合诊断参数，当其超过规定值时，说明从方向盘至转向轮的传动链中一处或几处出现配合松旷。方向盘自由转动量过大，将造成驾驶员工作紧张，并影响行车安全。转向参数测量仪或转向测力仪一般都具有测量方向盘转角的功能，可以用来检测方向盘自由转动量。当方向盘自由转动量超过规定值时，可借助汽车悬架转向系统间隙检测仪进一步检查诊断，直至查出松旷、磨损部位。

三、汽车制动性能检测

汽车制动性能检测有台试检验和道路试验检验两种。根据《机动车运行安全技术条件》

(GB 7258—2017)规定，当汽车经台试检验后对其制动性能有质疑时，可用道路试验检验，并以满载路试的检验结果为准。

台试检验的检测项目主要有制动力、制动力平衡要求、车轮阻滞力和制动协调时间。制动性能路试检验的检测项目主要有制动距离、充分发出的平均减速度、制动稳定性、制动协调时间和驻车制动坡度。

1. 台试制动性能检验

1）台试制动性能检验的技术要求

《机动车运行安全技术条件》(GB 7258—2017)对台试检验制动力的要求如表3-6所示。

表3-6　台试检验制动力要求

机动车类型	制动力总和与整车重量的百分比/(%)		轴制动力与轴荷[①]的百分比/(%)	
	空　载	满　载	前　轴[②]	后　轴[②]
三轮汽车	—		—	≥60[③]
乘用车、其他总质量不大于3 500 kg的汽车	≥60	≥50	≥60[③]	≥20[③]
铰接客车、铰接式无轨电车、汽车列车	≥55	≥45	—	—
其他汽车	≥60[④]	≥50	≥60[③]	≥50[⑤]
挂车	—	—	—	≥55[⑥]
普通摩托车	—	—	≥60	≥55
轻便摩托车	—	—	≥60	≥50

①:用平板式制动检验台检验乘用车、其他总质量不大于3 500 kg的汽车时应按左右轮制动力最大时刻所分别对应的左右轮动态轮荷之和计算。

②:机动车(单车)纵向中心线中心位置以前的轴为前轴，其他轴为后轴；挂车的所有车轴均按后轴计算；用平板式制动检验台测试并装轴制动力时，并装轴可视为一轴。

③:空载和满载状态下测试均应满足此要求。

④:对于重质量不大于整备质量的1.2倍的专项作业车，制动力总和与整车重量的百分比应大于或等于50%。

⑤:满载测试时，对于后轴制动力与轴荷的百分比不做要求；空载用平板式制动检验台检验时，后轴制动力与轴荷的百分比应大于或等于35%；总质量大于3 500 kg的客车，空载用反力滚筒式制动检验台测试时后轴制动力与轴荷的百分比应大于或等于40%，用平板式制动检验台检验时后轴制动力与轴荷的百分比应大于或等于30%。

⑥:满载状态下测试时，轴制动力与轴荷的百分比应大于或等于45%。

2）行车制动性能检验要求

(1) 汽车、汽车列车在制动检验台上测出的制动力应符合表3-6的要求；对空载检验制动力有质疑时，可按表3-6规定的满载检验制动力要求进行检验。

(2) 检验时，对制动踏板力或制动气压的要求如下。

① 满载检验时。

a. 气压制动系统：气压表的指示气压≤额定工作气压。

b. 液压制动系统：踏板力，乘用车，≤500 N；其他机动车，≤700 N。

② 空载检验时。

a. 气压制动系统：气压表的指示气压≤750 kPa。

b. 液压制动系统：踏板力，乘用车，≤400 N；其他机动车，≤450 N。

③ 摩托车(正三轮摩托车除外)检验时,踏板力应小于或等于 350 N,手握力应小于或等于 250 N。

④ 正三轮摩托车检验时,踏板力应小于或等于 500 N。

⑤ 三轮汽车和拖拉机运输机组检验时,踏板力应小于或等于 600 N。

(3) 制动力平衡要求。在制动力增长的全过程中同时测得的左右轮制动力差的最大值与在全过程中测得的该轴左右轮最大制动力中大者(当后轴制动力小于该轴轴荷的 60%时为与该轴轴荷)之比,对于新注册车和在用车,应分别满足表 3-7 的要求。

表 3-7　新注册车和在用车制动力平衡要求

机动车	前轴	后轴	
		轴制动力大于或等于该轴轴荷的 60%时	轴制动力小于该轴轴荷的 60%时
新注册车	≤20%	≤24%	≤8%
在用车	≤24%	≤30%	≤10%

(4) 制动协调时间要求。液压制动汽车的制动协调时间应小于或等于 0.35 s,气压制动汽车的制动协调时间应小于或等于 0.60 s,铰接客车、铰接式无轨电车的制动协调时间应小于或等于 0.80 s。

(5) 进行制动力检验时,汽车、汽车列车各车轮的阻滞力均应小于或等于轮荷的 10%。

3) 驻车制动性能检验要求

当采用制动检验台检验汽车和正三轮摩托车驻车制动装置的制动力时,机动车空载使用驻车制动装置,驻车制动力的综合应大于或等于在测试状态下整车重量的 20%,但总质量为整备质量 1.2 倍以下的机动车驻车制动力的综合应大于或等于 15%。

2. 台试制动性能检验方法

1) 用反力式滚筒制动检验台检测

反力式滚筒制动检验台如图 3-8 所示。反力式滚筒制动检验台的滚筒表面应干燥,没有松散物质及油污。检测时,驾驶员将车辆驶上滚筒,位置摆正,变速器置于空挡,启动滚筒,急踩制动踏板,使车辆停住,测取各轮制动力、每轴左右轮在制动力增长全过程中的制动力差、制动协调时间、车轮阻滞力和驻车制动力等参数值,并记录车轮是否抱死。

图 3-8　反力式滚筒制动检验台

在测量制动力时,为了获得足够的附着力以避免车轮抱死,允许在车辆上增加足够的附加质量或施加相当于附加质量的作用力,附加质量或作用力不计入轴荷;也可采取防止车轮移动的措施,如加三角垫块或采取牵引等方法,来避免车轮抱死。

2）用平板式制动检验台检验

平板式制动检验台如图 3-9 所示。平板制动检验台的平板表面应干燥，没有松散物质及油污。检测时，驾驶员以 5～10 km/h 的速度将车辆对正平板台并驶上平板，置变速器于空挡，急踩制动踏板，使车辆停住，测得各轮制动力、每轴左右轮在制动力增长全过程中的制动力差、制动协调时间、车轮阻滞力和驻车制动力等参数值。

图 3-9　平板式制动检验台

3. 路试制动性能检验方法

路试路面应是平坦、坡度不超过 1%、干燥和清洁的水泥或沥青路面；轮胎与路面之间的附着系数不小于 0.7，风速不大于 5 m/s；在试验路面上，应画出标准中规定的制动稳定性要求的相应宽度试车道的边线；被测车辆沿着试车道的中线行驶至高于规定的初速度后，置变速器于空挡；当滑行到规定的初速度时，急踩制动踏板，使车辆停住，用速度计、五轮仪或用其他测试方法测量车辆的制动距离、车辆充分发出的平均减速度与制动协调时间。充分发出的平均减速度应在测得公式中相关参数后通过计算确定。

制动性能路试检测项目的技术要求应符合国家标准的规定。

四、车轮的侧滑检测

为保证汽车转向车轮无横向滑移地直线滚动，要求车轮外倾角与车轮前束有适当的配合。否则，车轮就可能在直线行驶过程中产生侧滑现象。当侧滑现象严重时，将破坏车轮的附着条件，使车轮丧失定向行驶能力，并导致轮胎异常磨损。在车辆年度审检中，应用侧滑检验台对车辆侧滑量进行检测。转向轮横向侧滑量检验如图 3-10 所示。

图 3-10　转向轮横向侧滑量检验

不同型号的侧滑检验台，使用方法有所区别，应根据使用说明书制定操作规程。使用时，一般都应进行以下工作。

1）检测前的准备

（1）在不通电的情况下，检查仪表指针是否指在零位上；接通电源，晃动滑动板，待滑动板停止后，查看指针是否仍在零位或数据显示仪表上的侧滑量数值是否为零。如果发现失准，对于指针式仪表，可以用零点调整电位计或游丝零点调整钮对仪表校零；对于数显式仪表，可按下校准键，调节调零电阻，使侧滑量显示值为零，或按复位键清零。

（2）检查侧滑检验台及周围场地有无机油、石子、泥污等杂物。如果有，清除干净。

（3）检查各种导线有无因损伤而造成接触不良的部位，必要时应进行修理或更换。

（4）被检测车轮胎气压应符合出厂的规定值。

（5）检查并清除轮胎上的油污、水渍和嵌入的石子、杂物等。

2）检测步骤

（1）松开滑动板的锁止手柄，接通电源。

（2）汽车以3～5 km/h的低速（速度过高会因台板的惯性力和仪表的动态响应迟滞而影响测量精度；速度过低也会引起失真误差）垂直地使被测车轮通过滑动板。

（3）当被测车轮从滑动板上完全通过时，查看指示仪表，读取最大值，记下滑动板的运动方向，即区别滑动板是向内滑动还是向外滑动。

（4）检测结束后，锁止滑动板，切断电源。

当检测结果不符合侧滑量要求时，应分析原因。当超出侧滑量要求较小时，一般可以通过调整排除；当超出侧滑量要求较大时，要更换部分零件，甚至需要校正车身才能排除。明确超差原因，可以估算排除超差现象所需费用。

3）检测时的注意事项

（1）不允许超过额定吨位的汽车驶入侧滑检验台，以防压坏或损伤易损机件。

（2）不允许汽车在侧滑检验台上转向或制动，否则会影响测量精度和侧滑检验台的使用寿命。

（3）前驱汽车在测试时，不应该突然加油、收油或踏离合器踏板，这样会改变前轮受力状态和定位角，造成测量误差。

五、四轮定位检测

由于汽车行驶速度越来越高，汽车的操纵稳定性对汽车安全越来越重要。汽车不仅具有前轮定位参数要求，有些高速客车和轿车还具有后轮外倾角和后轮前束等参数要求。这些定位参数的变化会使汽车操纵稳定性下降，同时增加轮胎的异常磨损和造成某些零部件过早疲劳损伤。

例如，主销后倾角过大时，转向沉重，驾驶员容易疲劳；主销后倾角过小时，汽车直线行驶时容易产生前轮摆振现象，方向盘摇摆不定，方向自动回正能力下降；当左、右车轮的主销后倾角不相等或前、后桥不平行时，汽车会出现行驶跑偏现象，大大降低汽车的操纵稳定性并使驾驶员容易疲劳。

使用四轮定位仪对定位参数进行检测和调整，可增加汽车行驶时的安全性，增强操纵稳定性，减少轮胎磨损，减小悬架系统和行驶系统部分零部件的疲劳损伤，降低燃油消耗等。

因为各种汽车的四轮定位参数不尽相同，可调参数也不尽相同，所以在检测汽车四轮定位前，必须先查阅被鉴定评估二手车生产厂的四轮定位参数标准，确定哪些参数是可调的，哪些参数是不可调的。一般也可通过维修手册或四轮定位仪内存查阅。

专业的二手车鉴定评估人员在拿到四轮定位检测不合格的报告后，通常会同被鉴定评估二手车的专业维修人员对不合格项目进行认真分析。四轮定位修理中，通常的修理方法包括调整、更换部分零部件和车身校正。有多种原因造成不合格的项目一般还需进行现场检验，根据现场检验结果,分析最大和最小原因,拟定维修方案,确定被鉴定评估二手车恢复到四轮定位合格可能所需的费用范围。

四轮定位仪检测的项目包括前轮前束值/角(前轮前束角/前张角)、前轮外倾角、主销后倾角、主销内倾角、后轮前束值/角(后轮前束角/前张角)、后轮外倾角、轮距、轴距、左右轴距差、转向20°时的前张角、推力角等。

六、前照灯技术状况检测

前照灯是汽车在夜间或在能见度较低的条件下,为驾驶员提供行车道路照明的重要设备,也是驾驶员发出警示,进行联络的灯光信号装置。所以,前照灯必须有足够的发光强度和正确的照射方向。在行驶过程中,汽车受到振动,可能使前照灯部件的安装位置发生变动,从而改变光束的正确照射方向,同时灯泡在使用过程中会逐步老化,反射镜也会受到污染而使聚光的性能变差,导致前照灯的亮度不足。这些变化,都会使驾驶员对前方道路情况的辨认不清,或在与对面来车交会时造成对方驾驶员眩目等,从而导致事故的发生。因此,前照灯的发光强度和光束的照射方向被列为机动车运行安全检测的必检项目。

1. 汽车前照灯的技术要求

《机动车运行安全技术条件》(GB 7258—2017)中对汽车前照灯提出以下技术要求。

1) 前照灯远光光束发光强度最小值要求

前照灯远光光束发光强度最小值要求如表3-8所示。

表3-8 前照灯远光光束发光强度最小值要求

机动车类型		发光强度最小值/cd					
		新注册车			在用车		
		一灯制	二灯制	四灯制①	一灯制	二灯制	四灯制①
三轮汽车		8 000	6 000	—	6 000	5 000	—
最高设计车速小于70 km/h的汽车		—	10 000	8 000	—	8 000	6 000
其他汽车		—	18 000	15 000	—	15 000	12 000
普通摩托车		10 000	8 000	—	8 000	6 000	—
轻便摩托车		4 000	3 000	—	3 000	2 500	—
拖拉机运输机组	标定功率>18 kW	—	8 000	—	—	6 000	—
	标定功率≤18 kW	6 000②	6 000	—	5 000②	5 000	—

①:四灯制是指前照灯具有四个远光光束;采用四灯制的汽车其中两只对称的灯达到两灯制的要求时视为合格。

②:允许手扶拖拉机运输机组只装用一只前照灯。

2) 前照灯光束照射的位置要求

在空载车状态下,汽车、摩托车前照灯近光光束照射在距离10 m的屏幕上,近光光束明暗截止线转角或中点的垂直方向位置,对近光光束透光面中心(基准中心,下同)高度小于或等于1 000 mm的机动车,应不高于近光光束透光面中心所在水平面以下50 mm的直线且不低于近光光束透光面中心所在水平面以下300 mm的直线;对近光光束透光面中心高度大于1 000 mm的机动车,应不高于近光光束透光面中心所在水平面以下100 mm的直线且不低于近光光束透光面中心所在水平面以下 350 mm 的直线。除装用一只前照灯的三轮汽车和摩托车外，前照灯近光光束明暗截止线转角或中点的水平方向位置，与近光光束透光面中心所在垂直面相比，向左偏移应小于或等于 170 mm，向右偏移应小于或等于 350 mm。

在空载状态下，轮式拖拉机运输机组前照灯近光光束照射在距离 10 m 的屏幕上，近光光束中点的垂直位置应小于或等于 0.7H（H 为前照灯近光光束透光面中心的高度），水平位置向右偏移应小于或等于 350 mm 且不应向左偏移。

在空载状态下，对于能单独调整远光光束的汽车、摩托车前照灯，前照灯远光光束照射在距离 10 m 的屏幕上，其发光强度最大点的垂直方向位置，应不高于远光光束透光面中心所在水平面（高度值为 H）以上 100 mm 的直线且不低于远光光束透光面中心所在水平面以下 0.2H 的直线。除装用一只前照灯的三轮汽车和摩托车外，前照灯远光发光强度最大点的水平位置，与远光光束透光面中心所在垂直面相比，左灯向左偏移应小于或等于 170 mm 且向右偏移应小于或等于 350 mm，右灯向左和向右偏移均应小于或等于 350 mm。

2. 汽车前照灯的检测

汽车前照灯检测方法有屏幕检测法和前照灯检测仪检测法（见图 3-11）两种。

图 3-11 前照灯检测仪检测法

屏幕检测法就是在屏幕上检查。检查用场地应平整，屏幕与场地应垂直。检测应在被检验车辆空载、轮胎气压正常、乘坐一名驾驶员的条件下进行。将车辆停置于屏幕前，并与屏幕垂直，使前照灯基准中心距屏幕 10 m，在屏幕上确定与前照灯基准中心离地面距离等高的水平基准线，以及以车辆纵向中心平面在屏幕上的投影线为基准确定的左右前照灯基准中心位置线，分别测量左右远近光束的水平、垂直照射方位的偏移值。

前照灯检测仪检测法是指将被检验车辆按规定距离与前照灯校正仪对置，从前照灯校正仪的屏幕上分别测量左右远近光束的水平、垂直照射方位的偏移值。

目前，各汽车检测机构和维修企业通常使用前照灯检测仪检测法。

专业的二手车鉴定评估人员在拿到前照灯检测不合格的报告后，通常要对不合格项目进行认真分析。在前照灯修理中，通常的修理方法包括调整、更换前照灯底座和前照灯及校正前照灯框架。由于高档进口车前照灯底座、前照灯价格较高，所以更应检验，以确定修理方法和相应的修理费用。

七、汽车排气污染检测

1. 汽车排气污染物的主要成分

汽车排气污染物的主要成分是一氧化碳（CO）、碳氢化合物（HC）、氮氧化合物（NO_x）、硫化物(主要是 SO_2)、颗粒物(炭烟)及其他有害物质。如果使用含铅汽油,排气中的污染物还包括含铅化合物。汽车排气污染中,CO、HC、NO_x 和颗粒物主要来源于汽车尾气,少部分来自曲轴箱窜气,其中部分 HC 还来自油箱及整个供油系统的蒸发与滴漏。

在相同工况下,汽油机 CO、HC 和 NO_x 的排放量比柴油机大。排放控制法规对汽油机排气中 CO、HC 和 NO_x 的排放量做了规定。柴油机对空气的污染比汽油机小,排放的污染物主要是颗粒物(炭烟),所以排放控制法规对柴油机排气中颗粒物和 NO_x 的排放量做了规定。

2. 汽车排气污染物的检测标准

随着汽车保有量的增加,汽车排气污染物造成的环境污染情况日趋严重。为了控制汽车排气污染物对生态环境的危害,世界各国政府相继制定了汽车排气污染物的限值标准。我国也制定了国家标准,如《轻型汽车污染物排放限值及测量方法(中国第六阶段)》(GB 18352.3—2016)。

3. 汽车排放污染物的检测

环保检测站进行汽车尾气检测如图 3-12 所示。测定汽油机汽车排放污染物的仪器有非分散式红外线分析仪、氢火焰离子化检测器分析仪和化学发光分析仪等;测定柴油机汽车排放污染物的仪器有滤纸式烟度计和消光烟度计等。环保检测站一般多采用非分散式红外线分析仪和滤纸式烟度计来分别测量汽油机汽车、柴油机汽车排放污染物的排放状况。

图 3-12 环保检测站进行汽车尾气检测

汽油机汽车的排放污染物测定方法分多工况法、等速工况法和怠速法等 3 种。汽车综合性能检测站主要以单怠速法测量汽油机汽车的排放污染物。

1) 汽油机汽车排放污染物测定前的准备工作

在进行汽车排放污染物检测时,必须做好检测前的准备工作,包括测量仪器的准备和被测车辆的准备。

(1) 测量仪器的准备。仪器使用前先接通电源预热 30 min 以上,然后进行相关部位的检查,接着从仪器上取出采样导管进行校正,吸进清洁空气,用零点调整旋钮调整零位,再把测定器附属的标准气体从标准气体注入口注入,用标准气体校正旋钮,使指示值符合校正基准值。注入标准气体时,应关闭仪器上的泵开关。

一氧化碳测定器以标准气体储气瓶里的一氧化碳浓度作为校正基准值;而碳氢化合物测定器由于在标准气体里采用丙烷(C_3H_8)气体,所以需通过换算公式求出正己烷(C_6H_{14})的值作为校正基准,换算公式为

$$\text{校正基准值}=\text{标准气体(丙烷)浓度}\times\text{换算系数(正己烷换算值)}$$

接通简易校正开关,对于有校正位置刻度线的仪器,可用标准调整旋钮把仪表指针调到标

准刻度线位置;对于没有校正位置刻度线的仪器,要在标准气校正后立即进行简易校正,使仪器指针与标准气校正后的指示值重合。检查采样探头和导管内是否有残留 HC。如果管内壁吸附残留 HC 过多,仪表指针偏离零点太多,要用压缩空气或布条等清洁采样探头和导管。

(2) 被测车辆的准备。按规定转速使被测车辆的发动机怠速运转,并使发动机达到规定热车温度。

2) 汽油机汽车排放污染物的测定

将废气分析仪的量程开关放在最大挡,使被测车辆以 70%的额定转速运转 60 s 后,降至规定怠速转速,插入采样导管,深度等于 400 mm;边看指示针边变换量程转换开关,选择合适的排气气体浓度挡位,维持 1.5 s 后,读取 30 s 内的最高值和最低值,取其平均值作为测量结果。

4. 柴油机汽车烟度计的使用方法

1) 测定前的准备工作

(1) 仪器的准备。首先进行仪器检查,然后接通烟度计电源预热 5 min 以上,并检查来自空气压缩机的空气压力,使之符合规定要求。将校正用的标准纸即烟度卡对着检测部分,用指示调零旋钮将指示计校正到符合标准纸的污染度表示值。

(2) 被测车辆的准备。以制造厂规定的怠速预热发动机,并使之达到规定测量温度,同时在加速踏板上安装好踏板开关。

2) 柴油机汽车排气烟度测试

(1) 启动发动机,并加速 2~3 次,吹净排气管和消声器中的烟尘。

(2) 发动机怠速运转 5~6 s,并进行空气清扫 2~3 s。

(3) 踩住踏板开关,并迅速将加速踏板踩踏到底且持续 4 s。

(4) 放开加速踏板 11 s,同时读数并走纸,再用压缩空气清扫 3~4 s,调整吸入泵,并连续按步骤(3)的方法操作 4 次,取后 3 次读数的平均值。

【任务实施】

在对张先生的二手车做仪器检查前,可先从表 3-9 所示几个方面为张先生简明扼要介绍车辆的仪器检查。

表 3-9 二手车技术状况仪器检查的内容及程序

环节	对应项目	具体程序
1	准备工作	汽车仪器检查的项目内容
2	汽车的动力性能检查	用室内台架试验的方法
3	转向系统的检测	用仪器设备对方向盘的自由行程和转向力等参数进行检测
4	汽车制动性能检测	① 用反力式滚筒制动检验台对汽车的制动性能进行检测; ② 用平板式制动检验台对汽车制动性能进行检测
5	车轮的侧滑检测	用侧滑检验台进行汽车侧滑的检测
6	四轮定位检测	用四轮定位仪检测车轮定位参数
7	前照灯技术状况检测	用前照灯检测仪检查前照灯的发光强度和照射方向
8	汽车排气污染检测	用测量仪器检测汽车排放污染物

项目 4
二手车的评定估算

知识目标

(1) 了解二手车成新率的概念及意义。

(2) 了解二手车价值评估的基本方法。

能力目标

(1) 能计算二手车的成新率。

(2) 能应用合适的方法估算二手车的价值。

任务 1 二手车成新率的计算方法

【任务导入】

张先生想了解他的轿车还有多少价值，找到二手车鉴定评估师李先生对他的轿车的新旧程度做了评估。

【任务分析】

在用车的剩余使用价值与车辆的技术质量、市场认可度、使用时间、行驶里程、维护保养、是否发生过事故等因素有关。

【相关知识】

二手车成新率是反映二手车新旧程度的指标。二手车成新率表示二手车的功能或使用价值占全新机动车的功能或使用价值的比率，也可以理解为二手车的现时状态与其全新状态的比率。二手车的现时状态一般指现时的新旧程度，汽车全新状态之后的变旧程度即实体性贬值率。二手车成新率与实体性贬值率之间的关系为

成新率＝1－实体性贬值率

在二手车鉴定评估的实践中，重置成本法是二手车价值评估的常选办法。成新率是重置成本法的一项重要指标，如何科学、准确地确定该项指标是二手车评估中的重点和难点。常用的成新率估算方法有使用年限法、行驶里程法、部件鉴定法、整车观测法、综合分析法和综合成新率法等 6 种。

一、使用年限法

1. 使用年限法的计算方法

根据二手车折旧方法的不同，估算二手车成新率时使用年限法又分为两种，即等速折旧法和加速折旧法。

1）等速折旧法

等速折旧法也称年平均折旧法，是指将二手车的转移价值平均摊配于其使用年限中，计算公式为

$$C_Y=\frac{Y_g-Y}{Y_g}\times 100\%$$

式中 C_Y——使用年限成新率；

Y——二手车实际已使用年数，年；

Y_g——车辆规定的使用年限，年。

2）加速折旧法

加速折旧法又分为年份数求和法和双倍余额递减法两种。

（1）年份数求和法。年份数求和法是指每年的汽车折旧额可用车辆现值减去残值的差额乘一个逐年变化的递减系数来确定的一种方法，计算公式为

$$C_Y = \left[1 - \frac{2\sum_{n=1}^{Y}(Y_g + 1 - n)}{Y_g(Y_g + 1)}\right] \times 100\%$$

式中　C_Y—— 使用年限成新率；

n—— 车辆在使用期限内某一确定年度；

Y—— 二手车实际已使用年数，年；

Y_g—— 车辆规定的使用年限，年。

在汽车使用早期成新率下降较快，此时使用年份数求和法估算成新率基本上与汽车的实际使用状况相适应。

(2) 双倍余额递减法。双倍余额递减法是指在不考虑汽车残值的情况下，用直线法折旧率的两倍作为汽车的折旧率乘以逐年递减的汽车年初净值，得出各年应提折旧额的方法。

直线法折旧率是规定的使用年限的倒数，即 $1/Y_g$，它反映了汽车在整个使用期内具有相同的折旧比率。直线法折旧率的两倍充分体现了在汽车使用早期车辆贬值较多的情况。

余额递减是指任何年的折旧额用现有车辆重置成本乘以在车辆整个寿命期内恒定的折旧率，接着用车辆重置成本减去该年折旧额作新的重置成本，下一年重复这一做法，直到折旧总额分摊完毕。

双倍余额递减法的计算公式为

$$C_Y = \left[1 - \frac{2\sum_{n=1}^{Y}\left(1 - \frac{2}{Y_g}\right)^{n-1}}{Y_g}\right] \times 100\%$$

式中　C_Y—— 使用年限成新率；

n—— 车辆在使用期限内某一确定年度；

Y—— 二手车实际已使用年数，年；

Y_g—— 车辆规定的使用年限，年。

为使车辆累计折旧额在规定使用年限内分摊完毕，在汽车使用的最后两年中，折旧计算方法改为平均年限法，即在汽车规定使用年限的最后两年，将汽车的账面余额除以 2 作为最后两年的平均折旧，这是双倍余额递减法的补充变通处理。

2. 规定使用年限与已使用年数

1) 规定使用年限

汽车规定使用年限是指《机动车强制报废标准若干规定》中对被鉴定评估二手车规定的使用年限。对于标准中无报废年限规定的车辆，在进行成新率计算时，规定使用年限通常取 15 年。

2) 已使用年数

已使用年数是代表汽车运行量和工作量的一种计量方法。这种计量方法是以汽车正常使用为前提的，包括正常的使用时间和使用强度。对于汽车来说，它的经济使用寿命指标既有规定使用年限，同时也有作为运行量计量单位的行程里程数。从理论上讲，综合考虑已使用年数和行驶里程要符合实际一些，即汽车的已使用年数应采用折算年数，即

$$折算年数 = \frac{总的累计行驶里程}{年平均行驶里程}$$

这种使用年数表示方法既反映了汽车的使用情况(包括管理水平、使用水平和维护保养水平)、使用强度，又反映了运行条件和某些停驶时间较长的汽车的自然损耗。但在实践操作中，很难找到总的累计行驶里程和年平均行驶里程这一组数据，所以已使用年数一般取该车从新车

在公安交通管理机关注册登记日起至评估基准日所经历的时间。

在使用等速折旧法的实际计算中，一般以月为单位计算实际已使用年数和规定使用年限，即将年数换算成月数。而在使用加速折旧法的实际计算中，将已使用年数和规定使用年限按年数计算，不足一年部分按十二分之几折算。等速折旧法一般仅用于价值不高的二手车价格评估。

3. 使用年限法计算成新率的前提条件

使用年限法计算成新率的前提条件是车辆在正常使用条件下，按正常使用强度（年平均行驶里程）使用。我国各类汽车年平均行驶里程如表4-1所示。

表4-1 我国各类汽车年平均行驶里程

汽车类别	年平均行驶里程/($\times 10^4$ km)
微型、轻型货车	3～5
中型、重型货车	6～10
私家车	1～3
公务、商务用车	3～6
出租车	10～15
租赁车	5～8
旅游车	6～10
中、低档长途客运车	8～12
高档长途客运车	15～25

利用使用年限法计算得到的成新率实际上反映的是车辆的时间损耗及时间折旧率，与车辆的日常使用强度和车况无关。

另外，汽车按年限折旧只能采用加速折旧的方法，不能采用等速折旧的方法。二手车的市场价格也呈加速折旧的态势。通常，25万元以上的汽车采用年份数求和法较好，25万元以下的汽车采用双倍余额递减法较好。

二、行驶里程法

1. 行驶里程法的计算方法

汽车行驶里程的长短较为准确地反映了汽车的使用情况，间接地指出了二手车成新率的高低。汽车行驶里程成新率的计算公式为

$$C_S=\frac{S_g-S}{S_g}\times 100\%$$

式中 C_S——行驶里程成新率；

S——车辆实际累计行驶里程，km；

S_g——车辆规定的行驶里程，km。

2. 累计行驶里程与规定行驶里程

1）累计行驶里程

二手车累计行驶里程是指被鉴定评估二手车从开始使用到评估基准时点所行驶的总里程。

2）规定行驶里程

车辆规定行驶里程是指《机动车强制报废标准规定》中规定的该车型的行驶里程。

行驶里程较使用年限更真实地反映了二手车的使用强度及使用过程中实际的物理损耗。它反映了二手车使用强度对其成新率的影响。总的行驶里程越大，车辆的实际有形损耗也越大。

3. 行驶里程法计算成新率的前提条件

行驶里程法计算成新率的前提条件是车辆里程表的记录必须是原始的，不能被人为更改。由于里程表容易被人为变更，因此，在实际应用中，较少直接采用此方法计算二手车的成新率。

三、部件鉴定法

1. 部件鉴定法的计算方法

部件鉴定法也称技术鉴定法，是指二手车鉴定评估人员在确定二手车各组成部分技术状况的基础上，按各组成部分对整车的重要性和价值量的大小加权评分，最后确定成新率的一种方法，计算公式为

$$C_b = \sum_{i=1}^{n} (c_i \times \beta_i)$$

式中 C_b—— 使用部件鉴定法所得的二手车成新率；

c_i—— 二手车第 i 项部件的成新率；

β_i—— 二手车第 i 项部件的价值权重系数。

2. 部件鉴定法的计算步骤

(1) 确定二手车各主要总成、部件，再根据各部分的制造成本占整车制造成本的比重，确定其价值权重系数 $\beta_i(i=1,2,\cdots,n)$。表4-2、表4-3所示分别为国内常见传统汽车(较少电子设备)各部分的价值权重参考表、普通轿车各部分的价值权重参考表。

表4-2　国内常见传统汽车(较少电子设备)各部分的价值权重参考表

序　号	车辆各主要总成、部件名称	价值权重/(%)		
		轿　车	客　车	货　车
1	发动机及离合器总成	26	27	25
2	变速器及万向传动装置总成	11	10	15
3	前桥、前悬架及转向系统总成	10	10	15
4	后桥及后悬架总成	8	11	15
5	制动系统	6	6	5
6	车架	2	6	6
7	车身	26	20	9
8	电气仪表	7	6	5
9	轮胎	4	4	5
合计/(%)		100	100	100

表 4-3 普通轿车各部分的价值权重参考表

序号	系统名称	权重/(%)	系统部件组成及权重/(%)
1	车身工程	21.2	车身,16.7;乘员保护,2.7;车身玻璃,1.8
2	内饰	10.8	车窗保护膜,1.5;座椅,3.5;仪表,5.8
3	动力总成	29.3	发动机及离合器总成,16.2;燃料系统,2.7;车身系统,1.8;变速器总成,8.6
4	底盘	18.5	车桥、驱动轴,5.9;轮毂轮胎,2.7;悬挂,3.6;转向,3.4;制动,2.9
5	电子设备	14.5	电子与电器,12.2;音响,2.3
6	空调暖风	5.7	空调制冷,3.5;暖风,2.2

(2) 以全新车辆对应的各总成、部件功能为满分(100 分),从功能完全丧失为零分,再根据被鉴定评估二手车各相应总成、部件的技术状态估算出成新率 $c_i(i=1,2,\cdots,n)$。

(3) 将各总成、部件估算出的成新率与价值权重系数相乘,得到各总成、部件的权重成新率 $(c_i\times\beta_i)(i=1,2,\cdots,n)$。

(4) 将各总成、部件的权重成新率相加,即得出被鉴定评估二手车的成新率。

不同种类、档次的车辆,各组成部分对整车的重要性及其价值占整车的比重各不相同,有些类型的车辆之间相差还很大。因此,表 4-2、表 4-3 只能供二手车鉴定评估人员参考,不可作为唯一标准。在实际评估时,应根据被鉴定评估二手车各部分价值量占整车价值的比重,调整各部分的权重。

3. 部件鉴定法的特点及适用范围

采用部件鉴定法计算成新率,由于汽车种类繁多,所用技术日新月异,各组成部分的权重难以掌握,因此比较费时费力,但采用部件鉴定法所得的评估值更接近客观实际,可信度高。它既考虑了二手车实体性损耗,同时也考虑了二手车维修或换件等追加投资使车辆价值发生的变化。这种方法一般用于价值较高的二手车评估。

四、整车观测法

整车观测法是指二手车鉴定评估人员采用人工观察的方法,辅以简单的仪器检测,判定被鉴定评估二手车的技术等级,以确定其成新率的一种方法。整车观测法观察和检测的技术指标主要包括二手车的现时技术状态、使用时间及行驶里程、主要故障经历及大修情况、整车外观和完整性等。二手车技术状况的分级和成新率评估可参考表 4-4。

表 4-4 二手车技术状况的分级和成新率评估参考表

车况等级	新旧情况	有形损耗率/(%)	技术状况描述	成新率/(%)
1	使用不久	0~10	刚使用不久,行驶里程一般为(3~5)×10^4 km,在用状态良好,能按设计要求正常使用	90~100
2	较新车	11~35	使用 1 年以上,行驶 15×10^4 km 左右,一般没有经过大修,在用状态良好,故障率低,可随时出车使用	65~89

续表

车况等级	新旧情况	有形损耗率/(%)	技术状况描述	成新率/(%)
3	旧车	36~60	使用4~5年,发动机或整车经过一次大修,大修较好地恢复了原设计性能,在用状态良好,外观中度受损,恢复情况良好	40~64
4	老旧车	61~85	使用5~8年,发动机或整车经过两次大修,动力性能、燃油经济性、工作可靠性都有所下降,外观油漆脱落受损,金属件锈蚀明显;故障率上升,维修费用、使用费用明显上升,但车辆符合《机动车运行安全技术条件》,在用状态一般或较差	15~39
5	待报废处理车	86~100	基本到达规定使用年限,通过《机动车运行安全技术条件》检查,能使用但不能正常使用,动力性能、燃油经济性、可靠性下降,燃料费用、维修费用、大修费用增长速度快,车辆收益与支出基本持平,排放污染和噪声污染达到极限	15以下

表4-4中所示数据是判定二手车成新率的经验数据,只能供二手车鉴定评估人员参考,不能作为唯一标准。由于该法对二手车技术状况的评判是采用人工观察方法进行的,所以成新率的估值是否客观、实际取决于二手车鉴定评估人员的专业水准和评估经验。

整车观测法简单易行,但其判断结果没有部件鉴定法准确,一般用于初步估算中、低档二手车的价格,或作为综合分析法的辅助手段,用来确定车辆的技术状况调整系数。

五、综合分析法

1. 综合分析法的计算方法

综合分析法是以使用年限法为基础,综合考虑车辆总体技术状况、车辆维护保养及外观、车辆制造质量与国别、车辆工作性质及车辆使用条件等多种因素对二手车价值的影响,以调整系数形式确定成新率的一种方法,计算公式为

$$C_F = C_Y \times K$$

式中 C_F——综合成新率;

C_Y——使用年限成新率;

K——综合调整系数。

2. 综合调整系数

影响二手车成新率的主要因素有车辆总体技术状况、车辆维护保养及外观、车辆制造质量与国别、车辆工作性质(用途)、车辆使用条件(行驶路况)等5个,可采用表4-5推荐的综合调整系数,并用加权平均的方法进行调整。

表4-5 二手车成新率综合调整系数参考表

序号	影响因素	因素分级	调整系数	权重/(%)
1	车辆总体技术状况	好	1.0	30
		较好	0.9	
		一般	0.8	
		较差	0.7	
		差	0.6	

续表

序　号	影响因素	因素分级	调整系数	权重/(%)
2	车辆维护保养及外观	好	1.0	25
		较好	0.9	
		一般	0.8	
		较差	0.7	
3	车辆制造质量与国别	进口车	1.0	20
		国产名牌	0.9	
		国产非名牌	0.8	
4	车辆工作性质(用途)	私用	1.0	15
		公务、商用	0.9	
		营运	0.7	
5	车辆使用条件(行驶路况)	较好	1.0	10
		一般	0.9	
		较差	0.8	

根据被鉴定评估二手车是否需要进行项目修理或换件维修，综合调整系数有以下两种确定方法。

(1) 二手车无须进行项目修理或换件时，可直接采用表4-5所推荐的调整系数，应用下式进行计算。

$$K = K_1 \times 30\% + K_2 \times 25\% + K_3 \times 20\% + K_4 \times 15\% + K_5 \times 10\%$$

式中　K——综合调整系数；

K_1——车辆总体技术状况调整系数；

K_2——车辆维护保养及外观调整系数；

K_3——车辆制造质量与国别调整系数；

K_4——车辆工作性质调整系数；

K_5——车辆使用条件调整系数。

(2) 二手车需要进行项目修理、换件，或需要进行大修时，可采用"一揽子"评估方法，综合考虑确定表4-5所列因素的影响。所谓"一揽子"评估方法，就是指综合考虑修理后对二手车成新率估算值的影响，直接确定一个合理的综合调整系数，从而进行价值评估的一种方法。

需要说明的是，表4-5中的因素分级和调整系数只是一个参考，实际确定综合调整系数时，应根据具体情况做适当的调整，但各因素的调整系数取值不要超过1，综合调整系数计算结果也不会超过1。

3. 调整系数的选取

1) 车辆总体技术状况调整系数 K_1

车辆总体技术状况调整系数是在对车辆技术状况鉴定的基础上对车辆进行分级，然后取调整系数来修正车辆的成新率。车辆总体技术状况调整系数取值范围为0.6～1.0，总体技术状况好取上限，反之取下限。

2) 车辆维护保养及外观调整系数 K_2

车辆维护保养及外观调整系数反映了使用者对车辆使用、维护和保养的水平。不同的使用者,对车辆使用、维护和保养的实际执行情况差别较大,因而直接影响到车辆的使用寿命和成新率。车辆维护保养及外观调整系数取值范围为0.7～1.0,维护保养及外观好取上限,反之取下限。

3) 车辆制造质量与国别调整系数 K_3

确定该系数时,应了解被鉴定评估二手车是国产车还是进口车,以及进口国别。若是国产车,还应了解它是名牌产品还是一般产品。一般来说,以正规手续进口的车辆质量优于国产车辆,名牌产品优于一般产品,但又有较多例外,故在确定此系数时应较慎重。对依法没收领取牌证的走私车辆,车辆制造质量与国别调整系数建议视同国产名牌产品。车辆制造质量与国别调整系数取值范围为0.8～1.0。

4) 车辆工作性质调整系数 K_4

车辆工作性质不同,车辆的繁忙程度也不同,使用强度亦不同。一般,车辆根据工作性质可分为私人工作和生活用车,机关企事业单位的公务和商务用车,从事旅客、货运、城市出租的营运用车。以普通小轿车为例,一般来说,私人工作和生活用车每年最多行驶约 3×10^4 km,公务和商务用车每年不超过 6×10^4 km,而有些营运用车每年行驶高达 15×10^4 km。可见,工作性质不同,车辆的使用强度差异很大。车辆工作性质调整系数取值范围为0.7～1.0,使用强度小取上限,反之取下限。

5) 车辆使用条件调整系数 K_5

我国地域辽阔,各地自然条件差别很大,造成车辆的使用条件也不同,对车辆成新率带来一定的影响。车辆使用条件可分为道路使用条件和特殊环境使用条件两种。

(1) 道路使用条件。道路可分为好路、中等路和差路3类。好路指国家道路等级中的高速公路,即一、二、三级道路,好路率在50%以上;中等路指符合国家道路四级等级的道路,好路率为30%～50%;差路指国家等级以外的路,好路率在30%以下。

(2) 特殊环境使用条件。特殊环境使用条件主要指特殊自然条件,包括寒冷、沿海、风沙和山区等地区。

车辆使用条件调整系数取值范围为0.8～1.0,应根据车辆实际使用条件适当取值。如果车辆长期在道路条件为好路和中等路上行驶时,车辆使用条件调整系数分别取1和0.9;如果车辆长期在差路或特殊环境使用条件下工作,车辆使用条件调整系数取0.8。

4. 综合分析法的特点及适用范围

综合分析法较为详细地考虑了影响二手车价值的各种因素,并用一个综合调整系数指标来调整二手车成新率,评估值准确度较高,因而适用于具有中等价值的二手车评估。它是目前二手车鉴定评估最常用的方法之一。

六、综合成新率法

1. 综合成新率法的计算方法

用使用年限法、行驶里程法和部件鉴定法计算二手车成新率只根据单一因素考虑了二手车的新旧程度,是不完全的,也是不完整的。为了全面地反映二手车的新旧状态,可以采用综合成新率法来计算成新率。

综合成新率法采用定性和定量分析的方法,综合多种单一因素对二手车成新率的估算结

果，并分别赋予不同的权重，计算加权平均成新率。它可以尽量减小使用单一因素成新率计算给评估结果带来的误差，计算公式为

$$C_Z = C_1 \cdot \alpha_1 + C_2 \cdot \alpha_2$$

式中 C_Z——综合成新率；

C_1——二手车理论成新率；

C_2——二手车现场查勘成新率；

α_1、α_2——权重系数，$\alpha_1 + \alpha_2 = 1$。

权重系数的取值要求二手车鉴定评估人员根据被鉴定评估二手车的实际情况而定。

2. 二手车理论成新率 C_1

二手车理论成新率包括用使用年限法和行驶里程法计算的成新率，是根据二手车实际使用的时间和行驶里程经计算而得的，是对二手车成新率的定量计算结果，一般不能人为改变。实际计算中，可将使用年限成新率和行驶里程成新率加权平均得到二手车理论成新率，计算公式为

$$C_1 = C_Y \times 50\% + C_S \times 50\%$$

式中 C_Y——使用年限成新率；

C_S——行驶里程成新率。

3. 二手车现场查勘成新率 C_2

二手车现场查勘成新率是由二手车鉴定评估人员根据现场查勘情况而确定的一个综合评价值。它的具体确定步骤是：二手车鉴定评估人员先对二手车做技术状况现场查勘（包括静态检查和动态检查），得出鉴定评价意见，然后对整车和重要部件分别做综合评分，累加评分，结果就是二手车现场查勘成新率。

可见，二手车现场查勘成新率是一个定性与定量相结合的结果。

4. 权重系数

权重系数的确定要根据实际情况。如果二手车理论成新率的计算中包含了使用年限成新率和行驶里程成新率，则两个权重系数通常各取 50%。如果二手车理论成新率计算中缺少某项，则可以将 α_1 适当调小（如 40%），而将 α_2 适当调大（如 60%）。

必须指出的是，被鉴定评估二手车理论成新率和现场查勘成新率的权重分配、使用年限成新率和行驶里程成新率的权重分配，要综合考虑被鉴定评估二手车的类型、使用状况、维修保养状况，科学、合理地确定权重分配，这与二手车鉴定评估人员的实践工作经验和专业判断能力有很大的关系，需要二手车鉴定评估人员在实践中注意学习和总结。

七、计算实例

张先生于 2010 年 3 月购买了一辆奥迪 A6L 2005 款 2.4 L 舒适型轿车用于做生意用。该车于 2014 年 10 月在武汉进行二手车交易。已知，2014 年 4S 店中该车的售价为 46 万元；该车技术等级评定为 2 级，无重大事故痕迹；该车车漆属原厂车漆，光泽度较好，有少数划痕；该车维护保养较好，路试车况较好；该车行驶里程为 11×10^4 km。试用综合分析法计算成新率。

解 (1) 该车初次登记日为 2010 年 3 月，评估基准日为 2014 年 10 月，则已使用年数 Y = 56 个月，规定使用年限为 15 年，Y_g = 180 个月。

(2) 综合调整系数 K 的确定。

根据表4-5,确定各项调整系数如下。

① 该车技术状况较好,车辆总体技术状况调整系数为 $K_1=0.9$。

② 该车维护保养较好,车辆维护保养及外观调整系数为 $K_2=0.9$。

③ 该车为进口名牌车,车辆制造质量与国别调整系数为 $K_3=1.0$。

④ 该车为私人用车,车辆工作性质调整系数为 $K_4=1.0$。

⑤ 该车主要在市内行驶,使用条件一般,车辆使用条件调整系数 $K_5=0.9$。

根据公式

$$K=K_1\times 30\%+K_2\times 25\%+K_3\times 20\%+K_4\times 15\%+K_5\times 10\%$$

得综合调整系数为

$$K=0.9\times 30\%+0.9\times 25\%+1.0\times 20\%+1.0\times 15\%+0.9\times 10\%=0.935$$

(3) 计算综合成新率 C_F。

$$C_F=C_Y\times K=(1-Y/Y_g)\times K\times 100\%=(1-56/180)\times 0.935\times 100\%=64.41\%$$

【任务实施】

一、实施环境

各学习小组被鉴定评估车辆1辆。

二、实施步骤

(1) 将学生以3~5名为单位分成若干学习小组。

(2) 各学习小组了解车辆的基本信息,明确车辆的基本配置,根据之前对车辆技术状况检查的结果,结合本任务所学的知识,选择成新率的计算方法计算成新率,并填写表4-6所示车辆成新率计算实训任务工单。

表4-6 车辆成新率计算实训任务工单

车辆成新率计算实训任务工单			
班级		学号	
姓名		日期	
1. 车辆的基本信息			
2. 车辆基本配置			
3. 车辆技术状况检查的结果			

续表

4. 选择成新率的计算方法 ______ ______ 计算成新率：
教师评语(包括任务工单填写情况、计算方法的选择、计算过程等，并按等级给出成绩)：
实训记录成绩______教师签字______ ______年______月______日

任务2　二手车的计算评估

【任务导入】

张先生想卖掉他的轿车，但不知道能卖个什么价位。他将车开到二手车交易市场，向二手车鉴定评估师李先生请教。二手车鉴定评估师李先生在对该车进行鉴定的基础上，做出价值评估，给出了建议销售价格。

【任务分析】

作为二手车鉴定评估师，需要了解二手车评估基本方法的理论依据与评估步骤，以及各自的适用原则与特点，并能根据具体情况选用恰当的评估方法，以对二手车进行准确的价值评估。

【相关知识】

一、现行市价法

现行市价法又称市场法、市场价格比较法，是指通过比较被鉴定评估车辆与最近售出类似车辆的异同，并将类似车辆的市场价格进行调整，从而确定被鉴定评估车辆价值的一种评估方法。

现行市价法是较为直接、简单的一种评估方法。它的基本原理是通过市场调查，选择一辆或几辆与被鉴定评估车辆相同或类似的车辆作为参照车辆，分析参照车辆的结构、配置、功能、性能、新旧程度、地区差别、交易条件及成交价格等，并与被鉴定评估车辆一一对照比价，找出两者的差别及差别反映在价格上的差额，经过调整，计算出被鉴定评估车辆的价格。

1. 现行市价法的适用原则

运用现行市价法对二手车进行价格评估必须满足以下前提条件。

(1) 需要有一个充分发育、活跃的二手车交易市场，有充分的参照车辆可取，即要有二手车交易的公开市场,在这个市场上有众多的卖者和买者,能公平交易等,以排除交易的偶然性和特殊性。在二手车交易市场中成交的二手车可以准确反映市场行情,评估结果更公平、合理,双方可以接受。

(2) 参照车辆和被鉴定评估车辆可比较的指标、技术参数等资料是可收集到的,并且价值影响因素明确,可以量化。

运用现行市价法,首先,要能够找到与被鉴定评估车辆相同或类似的参照车辆,并且参照车辆是近期的、可比的。所谓近期,即指参照车辆交易时间与车辆评估基准日相差时间相近,一般在一个季度之内。所谓可比,即指车辆在规格、型号、功能、性能、内部结构、新旧程度及交易条件等方面不相上下。然后,要确定参照车辆的数量,按照现行市价法的通常做法,参照车辆一般要在3辆以上。因为运用现行市价法进行二手车价格评估,二手车的价位高低在很大程度上取决于参照车辆的成交价格水平,而参照车辆的成交价格不仅仅是参照车辆自身市场价值的体现,还受买卖双方交易地位、交易动机、交易时限等因素的影响。因此,在评估中除了要求参照车辆与被鉴定评估车辆在功能、交易条件和成交时间上有可比性外,还要考虑参照车辆的数量。

2. 现行市价法评估的计算方法

运用现行市价法确定单辆车的价值通常采用直接法和类比法。

1) 直接法

直接法是指在市场上能找到与被鉴定评估车辆完全相同的车辆,并将其市场成交价格直接作为被鉴定评估车辆评估价格的一种方法。所谓完全相同,是指车辆型号、使用条件和技术状况相同,生产和交易时间相近。寻找这样的参照车辆一般来讲是比较困难的。如果参照车辆与被鉴定评估车辆类别相同、主参数相同、结构性能相同,只是生产序号不同,并只做局部改动,交易时间也相近,也可作为直接评估过程中的参照车辆。直接法评估公式为

$$P=P'$$

式中 P——评估值,元;

P'——参照车辆的市场成交价格,元。

2) 类比法

类比法是指评估车辆时,在公开市场上找不到与之完全相同的车辆,但能找到与之相类似的车辆,以此为参照车辆,并根据车辆技术状况和交易条件的差异,在参照车辆市场成交价格的基础上做出相应调整,进而确定被鉴定评估车辆评估价格的一种方法。所选参照车辆在评估基准日上与被鉴定评估车辆越近越好,若实在无近期的参照车辆,也可以选择相对远期的参照车辆,再做日期修正。类比法评估公式为

$$P= P'+P_1+P_2$$

或

$$P= P'K$$

式中 P——评估值,元;

P'——参照车辆的市场成交价格,元;

P_1——被鉴定评估车辆比参照车辆优异的价格差额,元;

P_2——参照车辆比被鉴定评估车辆优异的价格差额,元;

K——差异调整系数。

3) 类比法评估的步骤

运用类比法评估汽车价值,应按下列步骤进行:考察被鉴定评估车辆→选取参照车辆→对

被鉴定评估车辆和参照车辆之间的差异进行比较、量化和调整→汇总各因素差异量化值，求出被鉴定评估车辆的评估值。

（1）考察被鉴定评估车辆。收集被鉴定评估车辆的相关资料，内容包括车辆的类别、名称、型号和技术性能参数、生产厂家和出厂年月、用途、目前使用情况和实际技术状况、尚可使用的时间等，为市场数据资料的收集及参照车辆的选择提供依据。

（2）选取参照车辆。根据收集到的被鉴定评估车辆资料，按照可比性原则，从二手车交易市场上寻找可类比的参照车辆，参照车辆应在两辆以上。车辆的可比因素主要包括以下9个。

① 车辆型号和生产厂家。

② 车辆用途(即是私家车还是公务用车，是乘用车还是商务用车等)。

③ 车辆使用年数和行驶里程。

④ 车辆实际技术性能和技术状况。

⑤ 车辆所处地区。由于地区经济发展不平衡，人们收入水平存在差别，所以在不同地区的二手车交易市场，相同车辆的价格会有较大的差别。

⑥ 市场状况。市场状况指的是二手车交易市场是低迷还是复苏、繁荣，车源是丰富还是匮乏，车型涵盖面如何，交易量如何，新车价格趋势如何等。

⑦ 交易动机和目的。交易动机和目的指车辆出售是以清偿还是以淘汰转让为目的，买方是获利转手倒卖还是购买自用。不同交易动机和目的下的交易，作价往往有较大的差别。

⑧ 成交数量。单辆交易与成批交易的价格会有一定差别。

⑨ 成交时间。国家经济、金融和交通政策及市场供求关系会随时发生一些变化，市场行情也会随之变化，从而引起二手车价格的波动。所以，应选用近期成交的车辆作为类比对象。

（3）对被鉴定评估车辆和参照车辆之间的差异进行比较、量化和调整。

对被鉴定评估车辆和参照车辆之间的差异进行分析、比较，并进行适当的量化后调整为可比因素。被鉴定评估车辆和参照车辆的主要差异及量化体现在以下方面。

① 结构性能的差异及量化。汽车型号、结构上的差异都会集中反映到汽车的功能和性能的差异上，功能和性能的差异可通过功能和性能对汽车价格的影响进行估算(量化调整值＝结构性能差异值×成新率)。例如，对同类型的汽油机汽车而言，电喷发动机相对于化油器发动机要贵3 000～5 000元；对营运汽车而言，主要表现为生产能力、生产效率和运营成本等方面的差异，可利用收益现值法对其进行量化、调整。

② 销售时间的差异及量化。在选择参照车辆时，应尽可能选择评估基准日的成交车辆，以免去销售时间差异的量化；若参照车辆的交易时间在评估基准日之前，可采用价格指数法将销售时间差异量化并进行调整。

③ 新旧程度的差异及量化。被鉴定评估车辆与参照车辆在新旧程度上存在一定的差异时，要求二手车鉴定评估人员能够对二者做出基本判断，确定被鉴定评估车辆和参照车辆的成新率后，以参照车辆的价格乘以被鉴定评估车辆与参照车辆成新率之差，即可得到两者新旧程度的差异量[新旧程度差异量＝参照车辆价格×(被鉴定评估车辆成新率－参照车辆成新率)]。

④ 销售数量的差异及量化。销售数量会对二手车成交单价产生影响。当被鉴定评估车辆是成批交易时，以单辆汽车作为参照车辆是不合适的；而当被鉴定评估车辆只有一辆时，以成批汽车作为参照车辆也是不合适的。销售数量的不同会造成成交价格的差异，必须对此差异进行分析，适当调整被鉴定评估车辆的价值。

⑤ 付款方式的差异及量化。二手车交易，绝大多数为现款交易，一些经济较活跃的地区已出现二手车的银行按揭销售。银行按揭二手车与一次性付款二手车的价格差异体现在两个方

面:一是银行的贷款利息,贷款利息按贷款年限确定;二是汽车按揭保险费,不同保险公司的汽车按揭保险费率不完全相同,会有一些差异。

(4) 汇总各因素差异量化值,求出被鉴定评估车辆的评估值。

将各可比因素差异的调整值以适当的方式加以汇总,并据此对参照车辆的市场成交价格进行调整,从而确定被鉴定评估车辆的评估值。

3. 现行市价法的特点

1) 优点

(1) 现行市价法能够客观反映二手车目前的市场情况,评估的参数、指标直接从市场获得,评估值能反映市场现实价格。

(2) 评估结果易于被各方面理解和接受。

2) 缺点

(1) 现行市价法需要以公开及活跃的市场作为基础,然而我国二手车交易市场还处于起步阶段,发育不完全、不完善,寻找车辆有一定的困难。

(2) 可比因素多而复杂。即使是同一个生产厂家生产的同一型号的产品,且同一天登记,由不同的车主使用,由于使用强度、使用条件、维护水平等多种因素的作用,车辆的实体损耗、新旧程度都各不相同。

4. 评估实例

2010年2月,某人在沈阳二手车交易市场预购一辆宝来1.6 L自动挡轿车,二手车鉴定评估人员收集了两辆参照车辆的技术经济参数。该车及参照车辆的技术经济参数如表4-7所示。试用现行市价法对预购车辆进行评估。

表4-7 被鉴定评估车辆与参照车辆的有关技术经济参数

序号	技术经济参数	参照车辆A	参照车辆B	被鉴定评估车辆
1	车辆型号	宝来1.8 L手动挡(豪华型)	宝来1.6 L手动挡(基本型)	宝来1.6 L自动挡(基本型)
2	销售条件	公开市场	公开市场	公开市场
3	行驶里程	12×10^4 km	15×10^4 km	13×10^4 km
4	初次登记年月	2004年6月	2004年2月	2005年3月
5	规定使用年限	15年	15年	15年
6	交易时间	2008年4月	2009年10月	2010年2月
7	已使用年限	3年10个月	5年8个月	4年11个月
8	技术状况	良好	良好	良好
9	交易地点	沈阳	沈阳	沈阳
10	付款方式	现款	现款	现款
11	成新率	74%	60%	待确定
12	物价指数	1	1.03	1.03
13	交易数量/辆	1	1	1
14	交易价格	10.8万元	8.8万元	待评估

解 (1) 技术状况鉴定。

① 静态检查。启动发动机,运转平稳,无明显异响;表面无明显划痕,车内设备齐全并且功能良好,车辆内部干净整洁。

② 动态检查。经过试驾,被鉴定评估车辆的动力性能良好,爬坡有力,综合性能良好。

(2) 确定被鉴定评估车辆的成新率。

根据以上检测结果,分析认为,该车整体技术状况良好,使用年数与技术状况相吻合,故可采用使用年限法计算成新率,即

$$C_Y=\frac{Y_g-Y}{Y_g}\times100\% = \frac{180-59}{180}\times100\% = 67\%$$

(3) 以参照车辆 A 为参照车辆做各项差异量化及调整。

① 结构性能差异的量化及调整。参照车辆 A 为豪华型,被鉴定评估车辆为基本型,评估基准时点该项结构价格差异为 8 000 元。该项量化调整值为

$$-8\ 000\ 元\times67\% = -5\ 360\ 元$$

② 销售时间差异的量化及调整。参照车辆 A 成交时物价指数为 $I_0=1$,被鉴定评估车辆评估时物价指数为 $I_1=1.03$,故该项物价指数调整值为

$$I=\frac{I_1}{I_0}=\frac{1.03}{1}=1.03$$

③ 新旧程度差异的量化及调整。该项调整值为

$$108\ 000\ 元\times(67\%-74\%) = -7\ 560\ 元$$

④ 销售数量和付款方式无差异,不用量化和调整。

⑤ 以参照车辆 A 为参照车辆时,被鉴定评估车辆的评估值 P_1 为

$$P_1=(108\ 000-5\ 360-7\ 560)元\times1.03=97\ 932.4\ 元$$

(4) 以参照车辆 B 为参照车辆做各项差异量化及调整。

① 结构性能差异的量化及调整。参照车辆 B 为手动挡,被鉴定评估车辆为自动挡,评估基准日的该项结构价格差异为 10 000 元。该项量化调整值为

$$10\ 000\ 元\times67\% = 6\ 700\ 元$$

② 新旧程度差异的量化及调整。该项调整值为

$$88\ 000\ 元\times(67\%-60\%)=6\ 160\ 元$$

③ 销售时间、数量和付款方式无差异,不用量化和调整。

④ 以参照车辆 B 为参照车辆时,被鉴定评估车辆的评估值 P_2 为

$$P_2=88\ 000\ 元+6\ 700\ 元+6\ 160\ 元=100\ 860\ 元$$

由于两辆参照车辆与被鉴定评估车辆的交易地点相同,且成新率、已使用年数、交易时间等参数均接近,故可采用算术平均法计算被鉴定评估车辆的评估值 P,即

$$P=\frac{P_1+P_2}{2}=\frac{97\ 932.4\ 元+100\ 860\ 元}{2}=99\ 396.2\ 元$$

二、收益现值法

收益现值法是将被鉴定评估车辆在剩余寿命期内的预期收益用适当的折现率折现为评估基准日的现值,并以此确定评估价格的一种方法。

汽车的价格评估一般很少采用收益现值法,但对一些特定目的、有特许经营权的汽车,人们购买的目的往往不是车辆本身,而是车辆获利的能力。因此,对于营运车辆的评估,采用收益现

值法比较合适。

1. 收益现值法的适用原则

收益现值法通常是在继续使用假设前提下运用的,因此应用收益现值法对被鉴定评估车辆进行价格评估必须同时满足以下前提条件。

(1) 被鉴定评估车辆必须是经营性车辆,具有继续经营的能力,并不断获得收益。

(2) 继续经营的预期收益可以预测而且必须能够用货币金额来表示。

(3) 影响被鉴定评估车辆未来经营风险的各种因素能够转化为数据加以计算,体现在折现率中。

由以上应用前提可知,运用收益现值法进行评估是以车辆投入使用后连续获利为基础的。在二手车的交易中,人们购买二手车的目的往往不在于车辆本身,而在于车辆获利的能力。

2. 收益现值法的计算方法

1) 收益现值法的计算模型

用收益现值法计算评估值,实际上就是对被鉴定评估车辆未来预期收益进行折现的过程。被鉴定评估车辆的评估值等于剩余寿命期内各期的收益现值之和,基本计算公式为

$$P=\sum_{t=1}^{n}\frac{A_t}{(1+i)^t}=\frac{A_1}{(1+i)^1}+\frac{A_2}{(1+i)^2}+\cdots+\frac{A_n}{(1+i)^n}$$

当 $A_1=A_2=\cdots=A_n=A$ 时,即 t 从 $1\sim n$ 未来收益都为 A 时,则有

$$P=A\left[\frac{1}{1+i}+\frac{1}{(1+i)^2}+\cdots+\frac{1}{(1+i)^n}\right]$$

$$=A\,\frac{(1+i)^n-1}{i\,(1+i)^n}$$

式中 P——评估值;

A_t——未来第 t 个收益期的预期收益额,收益期有限时(机动车的收益期是有限的),A_t 中还包括车辆的残值,一般估算时残值忽略不计;

n——收益年期(剩余经济寿命年限);

i——折现率;

t——收益期,一般以年计。

另外,式中 $\frac{1}{(1+i)^t}$ 称为现值系数,$\frac{(1+i)^n-1}{i\,(1+i)^n}$ 称为年金现值系数。

2) 收益现值法评估的步骤

(1) 调查了解营运车辆的经营行情和消费结构,收集有关营运车辆的收入和费用资料。

(2) 充分调查了解被鉴定评估车辆的情况(包括技术状况)。

(3) 根据调查、了解的结果,预测被鉴定评估车辆的预期收益。

(4) 估算运营费用。

(5) 估算预期净收益。

(6) 选用适当的折现率。

(7) 确定被鉴定评估车辆的评估值。

3) 收益现值法中各评估参数的确定

(1) 预期收益额的确定。预期收益额是指使用车辆带来的未来收益期望值,是通过预测分析获得的。无论对于所有者还是对于购买者,判断某车辆是否有价值,首先应判断该车辆是否会带来收益。对车辆收益的判断,不仅仅是看现在的收益能力,更重要的是预测未来的收益

能力。

为了估算方便，一般将所得税后利润记为预期收益额。为了避免计算错误，一般应列出车辆在剩余寿命期内的现金流量表。

(2) 剩余经济寿命年限的确定。剩余经济寿命年限指从评估基准日到车辆到达报废的年限。如果剩余经济寿命年限估计得过长，就会高估车辆的价格；反之，则会低估车辆的价格。因此，必须根据车辆的实际状况对车辆剩余经济寿命做出正确的评定。

(3) 折现率的确定。折现作为一个时间优先的概念，认为将来的收益或利益会随着收益时间推迟的程度系统地降低。从折现率本身来说，它是一种特定条件下的收益率，说明车辆取得该项收益的水平。因此，在收益一定的情况下，收益率越高，意味着单位资产增值越高；相反，所有者拥有的资产价值就越低，即折现率越高，车辆评估值越低。

折现率必须谨慎确定，因为它的微小差异会带来评估值很大的差异。确定折现率，不仅应有定性分析，还应采用定量方法。折现率与利率不完全相同：利率是资金的报酬，折现率是管理的报酬；利率只表示资产(资金)本身的获利能力，而与使用条件、占用者和使用用途没有直接联系，而折现率与车辆及所有者的使用效果有关。一般来说，折现率应包含无风险利率、风险报酬率和通货膨胀率。

每个行业、每个企业都有具体的资金收益率。因此，利用收益现值法对二手车进行评估，在选择折现率时，应该进行本企业、本行业历年收益率指标的对比分析。而且，最后选择的折现率应该不低于国家债券或银行存款的利率。

3. 收益现值法的特点

1) 优点

(1) 收益现值法与投资决策相结合，容易被交易双方接受。

(2) 收益现值法能真实和较准确地反映车辆本金化的价格。

2) 缺点

(1) 预期收益额和折现率及风险报酬率的预测难度大。

(2) 收益现值法受较强的主观判断和未来不可预见因素的影响较大。

4. 评估实例

某出租车公司拟购置一辆桑塔纳普通轿车作为出租车经营使用，该车各项数据及情况如下。

(1) 评估基准日：2004 年 12 月 15 日。

(2) 初次登记日期：2001 年 12 月。

(3) 技术状况正常。

(4) 每年营运天数：350 天。

(5) 每天毛收入：500 元。

(6) 日营业所得税：50 元。

(7) 每天燃油、润滑油费用：120 元。

(8) 每年日常维修保养费用：6 000 元。

(9) 每年保险费及各项规费：12 000 元。

(10) 营运证使用费用：18 000 元。

(11) 两名驾驶员的工资及保险费：60 000 元。

试用收益现值法求其评估值。

解 (1) 预期年收入:350 ×500 元=175 000 元。

(2) 预计年各项支出。

① 税费:350 ×50 元=17 500 元。

② 油费:350 ×120 元=42 000 元。

③ 维修、保养费用:6 000 元。

④ 保险费及规费:12 000 元。

⑤ 营运证使用费用:18 000 元。

⑥ 驾驶员工资、保险费:60 000 元。

(3) 年总支出:(17 500 +42 000 +6 000+12 000+18 000 +60 000)元=155 500 元。

(4) 年收入:(175 000−155 500)元=19 500 元。

根据当时银行储蓄和贷款利率、债券和行业收益等情况,确定资金预期收益率为 10%、风险报酬率为 5%,而折现率为资金预期收益率与风险报酬率之和,即 $i=15\%$。已使用年数为 3 年,出租车的规定使用年限是 8 年,故未来可使用的年限 $n=5$ 年,假定每年的年收益额相同,即 $A=19\ 500$ 元=1.95 万元,则评估值为

$$P=A\ \frac{(1+i)^n-1}{i\ (1+i)^n}=1.95\ \text{万元}\times\frac{(1+0.15)^5-1}{0.15\times(1+0.15)^5}=6.54\ \text{万元}$$

三、重置成本法

重置成本法是指在现时条件下将重新购置一辆全新状态的与被鉴定评估车辆相同的车辆所需的全部成本(即完全重置成本,简称重置全价)减去该被鉴定评估车辆的各种陈旧贬值后的差额作为被鉴定评估车辆现时价格的一种评估方法。

重置成本法的理论依据是任何一个消费者在购买某项资产时,他所愿意支付的价钱绝对不会超过具有同等效用的全新资产的最低成本。如果该项资产的价格比重新建造或购置全新状态的同等效用的资产的最低成本高,投资者肯定不会购买这项资产,而会去新建或购置全新的资产。也就是说,待评估资产的重置成本是其价格的最大可能值。

1. 重置成本法的适用原则

应用重置成本法对二手车进行价值评估必须同时满足以下前提条件。

(1) 购买者不改变被鉴定评估车辆的用途。

(2) 被鉴定评估车辆的实体特征、内部结构及功能效用必须与假设重置的全新车辆具有可比性。

(3) 被鉴定评估车辆必须是可以再生的、可以复制的。不能再生、复制的被鉴定评估车辆不能采用重置成本法。

(4) 被鉴定评估车辆随着时间的推移,因各种因素而产生的贬值可以量化,否则就不能运用重置成本法进行评估。

重置成本法作为一种二手车评估的方法,是从能够重新取得被鉴定评估车辆的角度来反映二手车的交换价值的。只有在被鉴定评估车辆处于继续使用状态下取得被鉴定评估车辆的全部费用,才能构成其交换价值的内容。

2. 重置成本法的计算方法

1) 重置成本法的计算模型

重置成本法的常用计算方法有以下两种。

方法 1:车辆评估值=重置成本全价−实体性贬值−功能性贬值−经济性贬值

方法2：　　　　车辆评估值＝重置成本全价×成新率

方法1是重置成本法评估二手车最基本的模型。它综合考虑了二手车的现行市场价格和各种影响二手车价值量变化(贬值)的因素，让人信服，易于被人接受。但由于造成这些贬值的影响因素较多且有一定的不确定性，所以难以准确地确定二手车的贬值。

方法2以成新率综合考虑了各种贬值对二手车价值的影响，是一种定性和定量相结合的评估方法，比较符合中国人评判二手物品的思维模式，且具有收集便捷、操作简单易行、评估理论更贴近机动车实际工作状况、易于被人接受等优点，因而是目前市场上应用较广的一种评估方法。

2）重置成本法评估的步骤

(1)调查、了解、收集资料。

调查、了解被鉴定评估车辆实体特征等基本资料，以及被鉴定评估车辆新车售价。

(2)求取重置成本。

根据被鉴定评估车辆实体特征等基本情况，用现时(评估基准日)市价估算其重置成本。

(3)确定实体性贬值。

(4)确定功能性贬值。

(5)确定经济性贬值。

(6)求评估值。

3. 重置成本法的基本要素及其确定方法

1）重置成本及其确定

重置成本是指购买一辆全新的与被鉴定评估车辆相同的车辆所支付的最低金额。按重新购置车辆所用的材料、技术的不同，重置成本可分为复原重置成本(简称复原成本)和更新重置成本(简称更新成本)。复原重置成本是指用与被鉴定评估车辆相同的材料、制造标准、设计结构和技术条件等，以现时价格复原购置相同的全新车辆所需的全部成本。更新重置成本是指利用新型材料、新技术标准、新设计等，以现时价格购置相同或相似功能的全新车辆所支付的全部成本。一般情况下，在进行重置成本计算时，如果同时可以取得复原重置成本和更新重置成本，应选用更新重置成本；如果不存在更新重置成本，则再考虑用复原重置成本。

在资产评估中，重置成本的估算有多种方法。对于二手车评估来说，一般采用重置核算法和物价指数法两种方法。

(1)重置核算法。

重置核算法也称直接法，它是按被鉴定评估车辆的成本构成，以现行市价为标准，计算被鉴定评估车辆重置成本全价的一种方法。也就是将车辆按成本构成分成若干组成部分，先确定各组成部分的现时价格，然后相加得出被鉴定评估车辆的重置成本全价。

重置成本的构成可分为直接成本和间接成本两个部分。直接成本是指可以直接构成车辆成本的支出部分。具体来说，它是现行市价的买价加上运输费、购置附加费、消费税、人工费等。间接成本是指购置车辆发生的管理费、专项贷款发生的利息、注册登记手续费等。以直接法取得的重置成本，无论是国产车辆还是进口车辆，应尽可能采用国内现行市场价作为车辆评估的重置成本全价。

(2)物价指数法。

物价指数法是在二手车原始成本基础上，通过现时物价指数确定其重置成本的一种方法，计算公式为

$$车辆重置成本=车辆原始成本\times\frac{车辆评估时物价指数}{车辆购买时物价指数}$$

或

$$车辆重置成本=车辆原始成本\times(1+物价变动指数)$$

当被鉴定评估车辆已停产,或是进口车辆,无法找到现时市场价格时,物价指数法是一种很有用的方法,但应用时必须注意,一定要先检查被鉴定评估车辆的账面购买原价。如果购买原价不准确,则不能用物价指数法。

物价指数要尽可能选用有法律依据的国家统计部门或物价管理部门以及政府机关发布和提供的数据,不能选用无依据、来源不明的数据。

2) 车辆的实体性贬值及其确定

车辆的实体性贬值是指由于使用和自然力损耗导致的贬值。实体性贬值的估算一般可采取以下3种方法。

(1) 观察法。观察法也称成新率法,是指二手车鉴定评估人员根据自己的专业知识和工作经验,通过对二手车实体各主要部件进行观察,以及使用仪器测量等方式进行技术鉴定,并综合分析车辆的设计、制造、使用、磨损、维护、修理、改装情况和经济寿命等因素,将被鉴定评估车辆与全新状态相比较,考察由于使用磨损和自然损耗对资产的功能、使用效率带来的影响,从而判断被鉴定评估车辆的实体性贬值的一种方法。它的数学公式表达为

$$车辆的实体性贬值=重置成本\times有形损耗率$$

(2) 使用年限法。使用年限法指通过确定被鉴定评估车辆已使用年数与车辆规定使用年限的比率来判断其实体性贬值率(程度),进而估测资产的实体性贬值的方法。它的数学公式表达为

$$车辆的实体性贬值=(重置成本-残值)\times\frac{已使用年数}{规定使用年限}$$

式中,残值是指被鉴定评估车辆在报废时净回收的金额,在鉴定评估中一般忽略不计。

(3) 修复费用法。修复费用法也称功能补偿法,是指通过确定被鉴定评估车辆恢复原有的技术状态和功能所需要的费用补偿,来直接确定二手车有形损耗的一种方法。这种方法常用于交通事故车辆的评估。

3) 车辆的功能性贬值及其确定

车辆的功能性贬值包括一次性功能贬值和营运性功能贬值两种。

(1) 一次性功能贬值的确定。一次性功能贬值属无形损耗的范畴,是指由于技术陈旧、功能落后导致二手车相对贬值。对目前在市场上能购买到的且有制造厂家继续生产的全新车辆,一般采用市场价即可认为该车辆的一次性功能贬值已包含在市场价中了。

在实际评估时经常遇到的情况是被鉴定评估车辆是现已停产或国内自然淘汰的车辆,这样就没有实际的市场价,只有采用参照车辆的价格用类比法来估算。参照车辆一般采用替代型号的车辆。替代型号的车辆的功能通常比原车辆有所改进和增加,其价格通常会比原车辆的价格高(功能性贬值大时,也有价格更降低的)。因此,在与参照车辆比较,用类比法对原车辆进行价值评估时,一定要了解参照车辆在功能方面改进或提高的情况,再按其功能变化情况测定原车辆的价值,总的原则是被替代的旧型号车辆价格应低于新型号的价格。这种价格有时相差很大。评估这类车辆的主要方法是设法取得该车型的市场现价或类似车型的市场现价。

(2) 营运性功能贬值的确定。营运性功能贬值是由于技术进步,出现了新的、性能更优的车辆,原车辆的功能相对新车型已经落后而引起的价值贬值。具体表现为原车辆在完成相同工作任务的前提下,在燃油料、人力、配件材料等方面的消耗增加,形成了一部分超额运营成本。

确定营运性功能贬值的步骤如下。

① 选定参照车辆,并与参照车辆对比,找出营运成本有差别的内容和差别的量值。

② 确定原车辆尚可继续使用的年限。

③ 查明应上缴的所得税率及当前的折现率。

④ 通过计算超额收益或成本降低额,最后计算出营运性功能贬值。

4）车辆的经济性贬值

车辆的经济性贬值是指由于外部经济环境变化所造成的车辆贬值。外部经济环境包括宏观经济政策、市场需求、通货膨胀、环境保护等。经济性贬值是由于外部环境而不是车辆本身或内部因素所引起的达不到原有设计的获利能力造成的贬值。外界因素对车辆价值的影响客观存在而且相当大,所以在二手车评估中不可忽视。

4. 重置成本法的特点

1）优点

(1) 比较充分地考虑了车辆的损耗,评估结果更公平合理。

(2) 在不易计算车辆未来收益或难以取得二手车交易市场参照物的条件下可以广泛应用。

(3) 是一种容易被双方接受的评估方法。

2）缺点

(1) 工作量大,确定成新率时主观因素的影响较大。

(2) 经济性贬值不易准确计算。

(3) 对于已经停产或自然淘汰的车型,难以准确地确定其重置成本。

5. 评估实例

某公司2008年4月购得一辆萨拉-毕加索2.0 L轿车作为公务用车使用,并于2010年12月在北京进行二手车交易。已知,该车技术等级良好,无事故痕迹,无须进行修理;维护保养好,路试车况好;行驶里程为7×10^4 km;该车的现时价格为15.38万元。试用重置成本法计算该车评估值。

解　该车已使用年数为2.5年,$Y=30$月,由于是公务用车,其规定使用年限为15年,$Y_g=180$月。

(1) 确定重置成本。

$$B=15.38\text{ 万元}$$

(2) 计算成新率。

$$C_Y=\frac{Y_g-Y}{Y_g}\times100\%=\frac{180-30}{180}\times100\%=83\%$$

(3) 确定综合调整系数。

① 该车技术等级好,$K_1=1.0$。

② 该车维护保养好,$K_2=1.0$。

③ 该车为国产名牌车,$K_3=0.9$。

④ 该车为公务用车,$K_4=0.9$。

⑤ 该车作为公务用车经常在市区行驶,使用等级高,$K_5=1.0$。

综合调整系数为

$$\begin{aligned}K &= K_1\times30\%+K_2\times25\%+K_3\times20\%+K_4\times15\%+K_5\times10\% \\ &= 1.0\times30\%+1.0\times25\%+0.9\times20\%+0.9\times15\%+1.0\times10\% \\ &=0.965\end{aligned}$$

(4) 计算评估值。

$$P=B\times C_Y\times K$$
$$=15.38\text{ 万元}\times 0.83\times 0.965=12.32\text{ 万元}$$

四、清算价格法

清算价格法是指以清算价格为标准对二手车进行价格评估的一种方法。所谓清算价格,是指企业由于破产或其他原因,要求在一定的期限内将车辆变现,在企业清算之日预期出卖车辆可收回的快速变现价格。

清算价格法在原理上基本与现行市价法相同,所不同的是迫于停业或破产,清算价格往往远远低于现行市场价格。这是由于企业被迫停业或破产,债权人或所有权人急于收回资金,将车辆拍卖或出售。

1. 清算价格法的适用原则

清算价格法适用于企业破产、抵押、停业清理等情况下要售出的车辆。

1) 企业破产

当企业或个人因经营不善造成严重亏损从而不能清偿到期债务时,企业应依法宣告破产,法院以其全部财产依法清偿其所欠的债务,不足部分不再清偿。

2) 抵押

抵押是以所有者资产作为抵押物进行融资的一种经济行为,是合同当事人一方用自己特定的财产向对方保证履行合同义务的担保形式。提供财产的一方为抵押人,接受抵押财产的一方为抵押权人。抵押人不履行合同时,抵押权人有权将抵押财产在法律允许的范围内变卖,从变卖抵押物价款中优先获得赔偿。

3) 停业清理

停业清理是指企业由于经营不善导致严重亏损而临近破产的边缘或因其他原因将无法继续经营下去,为弄清财物现状,对全部财产进行清点、整理和查核,为经营决策(破产清算或继续经营)提供依据,以及因资产损毁、报废而进行清理、拆除等的经济行为。

在以上 3 种经济行为中,若有车辆进行评估,可以清算价格为标准进行。

以清算价格法评估车辆价格的前提条件有以下 3 个。

(1) 以具有法律效力的破产处理文件或抵押合同及其他有效文件作依据。

(2) 车辆在市场上可以快速出售变现。

(3) 所卖收入足以补偿因出售车辆导致的附加支出总额。

2. 清算价格法的计算方法

1) 清算价格法的计算模型

清算价格法的计算方法主要有以下 3 种。

(1) 现行市价折扣法。现行市价折扣法是指对被清理车辆,首先在二手车交易市场上寻找一个与之相适应的参照车辆,然后根据快速变现原则估定一个折扣率,并据以确定其清算价格的一种方法。

例如:对于一辆捷达轿车,经调查,在二手车交易市场上其成交价为 4 万元,折价 20%可以当即出售,则该车辆的清算价格为

$$4\text{ 万元}\times(1-20\%)=3.2\text{ 万元}$$

(2) 模拟拍卖法。模拟拍卖法也称为意向询价法,是指根据向被鉴定评估车辆的潜在购买

者询价的办法取得市场信息，最后经二手车鉴定评估人员分析确定被鉴定评估车辆清算价格的一种方法。用这种方法确定的清算价格受供需关系的影响很大，要充分考虑供需关系影响的程度。

例如：对于一辆旧桑塔纳普通型轿车，二手车鉴定评估人员经过对五个有购买意向的经纪人询价，得到的价格分别为4.5万元、4.6万元、4.7万元、4.8万元、4.6万元，价格差异不大，二手车鉴定评估人员确定该车辆的清算价格为4.6万元。

(3) 竞价法。竞价法是指由法院按照法定程序(破产清算)或由卖方根据评估结果提出一个拍卖的底价，在公开市场上由买方竞争出价，谁出的价格高就卖给谁的一种方法。

2) 清算价格法评估的步骤

(1) 调查、了解、收集资料。

进行市场调查，收集被鉴定评估车辆或类似车辆清算拍卖的价格资料。

(2) 分析、验证价格资料的科学性和可靠性。

(3) 逐项对比分析被鉴定评估车辆与参照车辆的差异及其程度，包括实物差异、市场条件差异、时间差异和区域差异等。

(4) 根据差异程度及其他影响因素，一般采用市场比较法、重置成本法、收益现值法或综合运用几种方法的组合来确定被鉴定评估车辆的评估底价。

(5) 根据相关因素确定快速变现系数。

影响快速变现系数的因素如下。

① 被鉴定评估车辆的市场接受程度(是通用车型还是专用车型，如运钞车就比一般的小客车难以变现)。

② 车辆的欠费情况(欠费较多的车辆只能变换用途拆零出售，价格相对较低)。

③ 拍卖时限。变现时间的长短影响快速变现系数：变现时间越短，快速变现系数越小。

通常，快速变现系数小于1，但对用重置成本法年限计算成新率的离报废年限只剩2～3年的通用型车辆，如车况较好，则快速变现系数可能略大于1。

(6) 确定被鉴定评估车辆的清算价格。

被鉴定评估车辆清算价格的计算公式为

被鉴定评估车辆的清算价格＝评估底价×快速变现系数(或折扣率)

3. 影响清算价格的主要因素

在二手车评估中，影响清算价格的主要因素包括破产形式、债权人处置车辆的方式、清理费用、拍卖时限、公平市价和参照车辆的价格等。

(1) 破产形式。如果企业丧失车辆处置权，出售车辆的一方无讨价还价的可能，那么以买方出价决定车辆售价；如果企业未丧失车辆处置权，出售车辆的一方尚有讨价还价的余地，那么由双方议价决定车辆售价。

(2) 债权人处置车辆的方式。债权人需按抵押时的合同契约规定处置车辆，如公开拍卖或收为己有。

(3) 清理费用。在破产等情况下评估车辆价格时应对清理费用及其他费用给予充分的考虑。

(4) 拍卖时限。一般来说，拍卖时限长，售价会略高，反之略低。这是由快速变现原则的作用决定的。

(5) 公平市价。公平市价是指车辆交易成交双方都满意的价格。在清算价格中，卖方满意的价格一般不易求得。

(6) 参照车辆的价格。参照车辆的价格是指在市场上出售的相同或类似车辆的价格。一般来说,参照车辆的价格高,被鉴定评估车辆出售的价格就会高;反之,则低。

4. 清算价格法的特点

清算价格法仅限于在某些特定条件下使用,即在评估企业破产车辆、抵押车辆、无主车辆、走私车辆、被盗车辆、抵税车辆、罚没车辆等需要快速变现、拍卖的车辆时使用。

5. 评估实例

某法院欲在近期内将其扣押的一辆江淮康铃 68 马力(1 马力=735.5 W)轻型载货汽车拍卖。至评估基准日止,该汽车已使用了 1 年 6 个月,车况与其新旧程度相符。试评估该车的清算价格。

解　根据被鉴定评估车辆的实际情况和所掌握的资料,首先利用重置成本法确定车辆在公平市场条件下的评估价格,然后根据市场调查,按一定的折扣率确定汽车的清算价格。

(1) 确定被评估车辆重置成本全价。

根据市场调查,全新的该型车目前的售价为 5.5 万元。根据相关规定,购置该型车时,要缴纳 10%的车辆购置附加费和 3%的货运附加费,故被鉴定评估车辆的重置成本全价为

$$B=55\ 000\text{ 元}\times(1+10\%+3\%)=62\ 150\text{ 元}$$

(2) 确定被鉴定评估车辆的成新率。

被鉴定评估车辆的价值不高,且车辆的技术状况与其新旧程度相符,可使用使用年限法确定其成新率。

根据相关标准规定,被鉴定评估车辆的使用年限为 10 年,折合为 120 个月。该车已使用年限为 1 年 6 个月,折合为 18 个月,故被鉴定评估车辆的成新率为

$$C_Y=\left(1-\frac{Y}{Y_g}\right)\times 100\%=\left(1-\frac{18}{120}\right)\times 100\%=85\%$$

(3) 确定被鉴定评估车辆在公平市场条件下的评估值。

根据调查和了解,被鉴定评估车辆的功能性损耗及经济性损耗均很小,可忽略不计。在公平市场条件下,该车的评估值为

$$P=B\times C_Y=62\ 150\text{ 元}\times 85\%\approx 52\ 828\text{ 元}$$

(4) 确定折扣率。

根据市场调查,折扣率取 75%时,可在清算日内出售车辆,故确定折扣率为 75%。

(5) 确定被鉴定评估车辆的清算价格。

被鉴定评估车辆的清算价格为

$$52\ 828\text{ 元}\times 75\%\approx 39\ 621\text{ 元}$$

【任务实施】

一、任务 2.1

1. 任务内容

运用现行市价法对实训车辆进行评估。

2. 实施环境

各学习小组被鉴定评估车辆 1 辆。

3. 实施步骤

（1）将学生以 2～4 名为单位分成若干学习小组。

（2）各学习小组运用现行市价法评估车辆：考察被鉴定评估车辆→选取参照车辆→对被鉴定评估车辆和参照车辆之间的差异进行比较、量化和调整→汇总各因素差异量化值，求出被鉴定评估车辆的评估值→填写表 4-8 所示运用现行市价法评估车辆实训任务工单。

表 4-8　运用现行市价法评估车辆实训任务工单

<table>
<tr><td colspan="4">运用现行市价法评估车辆实训任务工单</td></tr>
<tr><td>班级</td><td></td><td>学号</td><td></td></tr>
<tr><td>姓名</td><td></td><td>日期</td><td></td></tr>
<tr><td colspan="4">1. 现行市价法是指______
______
______
______
2. 现行市价法的基本原理是______
______
______
3. 运用现行市价法对二手车进行价格评估必须满足的前提条件有：
（1）______
______
______
（2）______
______
______
4. 现行市价法的特点：______
______
______</td></tr>
<tr><td colspan="4">运用现行市价法对本组实训车辆进行评估：</td></tr>
<tr><td colspan="4">教师评语（包括任务工单填写情况、分析的准确性、计算的正确性等，并按等级给出成绩）：

实训记录成绩______教师签字______　______年____月____日</td></tr>
</table>

二、任务 2.2

1. 任务内容

运用收益现值法对实训车辆进行评估。

2. 实施环境

各学习小组被鉴定评估车辆1辆。

3. 实施步骤

(1) 将学生以2～4名为单位分成若干学习小组。

(2) 各学习小组运用收益现值法评估车辆:调查了解营运车辆的经营行情及消费结构,收集有关营运车辆的收入和费用资料→充分调查了解被鉴定评估车辆的情况(包括技术状况)→根据调查、了解的结果预测被鉴定评估车辆的预期收益→估算运营费用→估算预期净收益→选用适当的折现率→确定被鉴定评估车辆评估值→填写表4-9所示运用收益现值法评估车辆实训任务工单。

表4-9 运用收益现值法评估车辆实训任务工单

运用收益现值法评估车辆实训任务工单			
班级		学号	
姓名		日期	

1. 收益现值法是指________________________________

2. 运用收益现值法对二手车进行价格评估必须满足的前提条件有:

(1)________________________________

(2)________________________________

(3)________________________________

3. 确定收益现值法中的各评估参数:

(1) 预期收益额:________________________________

(2) 剩余经济寿命年限:________________________________

(3) 折现率:________________________________

4. 收益现值法的特点:________________________________

续表

运用收益现值法对本组实训车辆进行评估：
教师评语(包括任务工单填写情况、分析的准确性、计算的正确性等，并按等级给出成绩)： 实训记录成绩__________教师签字__________ __________年_____月_____日

三、任务 2.3

1. 任务内容

运用重置成本法对实训车辆进行评估。

2. 实施环境

各学习小组被鉴定评估车辆 1 辆。

3. 实施步骤

(1) 将学生以 2～4 名为单位分成若干学习小组。

(2) 各学习小组运用重置成本法评估车辆：调查、了解、收集资料→求取重置成本→确定实体性贬值→确定功能性贬值→确定经济性贬值→确定评估值→填写表 4-10 所示运用重置成本法评估车辆实训任务工单。

表 4-10 运用重置成本法评估车辆实训任务工单

运用重置成本法评估车辆实训任务工单			
班级		学号	
姓名		日期	
1. 重置成本法是指____________________ ____________________ ____________________			
2. 运用重置成本法对二手车进行价格评估必须满足的前提条件有： (1)____________________ ____________________ (2)____________________ ____________________ (3)____________________ ____________________			

续表

(4)______

______

3. 重置成本的估算方法：

(1) 重置核算法是指______

______

(2) 物价指数法是指______

______

4. 二手车的贬值：

(1) 实体性贬值是指______

______

(2) 功能性贬值是指______

______

(3) 经济性贬值是指______

______

5. 重置成本法的特点：______

______

______

运用重置成本法对本组实训车辆进行评估：

教师评语(包括任务工单填写情况、分析的准确性、计算的正确性等,并按等级给出成绩)：

实训记录成绩______教师签字______ ______年______月______日

四、任务 2.4

1. 任务内容

运用清算价格法对实训车辆进行评估。

2. 实施环境

各学习小组被鉴定评估车辆 1 辆。

3. 实施步骤

(1) 将学生以 2～4 名为单位分成若干学习小组。

(2) 各学习小组运用清算价格法评估车辆：调查与被鉴定评估车辆相同或类似的车辆的清算拍卖价格→对比被鉴定评估车辆与参照车辆的差异及程度→确定评估底价→确定快速变现

系数→确定被鉴定评估车辆评估值→填写表 4-11 所示运用清算价格法评估车辆实训任务工单。

表 4-11 运用清算价格法评估车辆实训任务工单

运用清算价格法评估车辆实训任务工单			
班级		学号	
姓名		日期	

1. 清算价格法是指____

2. 清算价格法适用于____

3. 清算价格法的计算方法：

(1) 现行市价折扣法是指____________________________________

(2) 模拟拍卖法是指____

(3) 竞价法是指____

4. 决定清算价格的主要因素包括：________________________________

5. 清算价格法的特点：____

运用清算价格法对本组实训车辆进行评估：

教师评语(包括任务工单填写情况、分析的准确性、计算的正确性等,并按等级给出成绩)：

实训记录成绩__________教师签字__________ __________年______月______日

项目 5
二手车鉴定评估实务

知识目标

(1) 了解二手车鉴定评估的基本流程。

(2) 掌握二手车鉴定评估时所需核查的证件。

(3) 掌握二手车现时技术状况所需检查的内容。

(4) 理解如何选择适当的评估方法。

(5) 掌握二手车鉴定评估报告书的基本要求和基本内容。

能力目标

(1) 能正确描述二手车鉴定评估的基本流程。

(2) 能在二手车鉴定评估师的指导下规范地进行二手车的鉴定评估。

(3) 能够撰写二手车鉴定评估报告。

对二手车进行鉴定评估时,必须遵守鉴定评估的工作程序。二手车鉴定评估工作程序,也称为二手车鉴定评估操作程序,是指二手车鉴定评估机构在承接具体的车辆鉴定评估业务时,从接受立项、受理委托、完成鉴定评估任务,直至出具二手车鉴定评估报告全过程的具体步骤和工作环节。二手车鉴定评估工作程序具体的工作步骤为:前期准备工作—现场鉴定工作—评定估算工作—撰写二手车鉴定评估报告。

任务1 二手车鉴定评估前期准备工作

【任务导入】

赵先生计划卖掉自己的标致206轿车，他来到二手车交易市场的二手车鉴定评估机构，欲对自己的轿车进行鉴定评估。二手车鉴定评估机构的前台接待人员接待了赵先生，并开展了鉴定评估车辆的前期准备工作。

【任务分析】

进行二手车鉴定评估前需要做鉴定评估的前期准备工作，主要包括业务洽谈、签订二手车鉴定评估委托书和拟订二手车鉴定评估作业方案等。

【相关知识】

一、业务洽谈

业务洽谈是承接鉴定评估业务的第一步。与车主洽谈的主要内容有车主基本情况、车辆情况、委托鉴定评估的意向和时间要求等。通过业务洽谈，要完成以下工作。

1）了解车主基本情况

车主即二手车所有人，是指车辆所有权的单位或个人。接受委托前，二手车鉴定评估机构应了解委托者是否是车主，是否具有车辆处置权，同时，还应了解车主单位（或个人）的名称、隶属关系和所在地等。

2）了解车主要求鉴定评估的目的

鉴定评估的目的是鉴定评估所服务的经济行为的具体类型，二手车鉴定评估机构一般根据鉴定评估的目的来选择计价标准和鉴定评估方法。一般来说，委托二手车交易市场的大多数鉴定评估业务是属于交易类业务，车主要求评估价格的目的大都是以评估价格作为买卖双方成交的参考底价。

3）了解鉴定估价对象及其基本情况

需要了解的内容如下。

① 二手车的类别，即是乘用车还是商用车等。

② 二手车的名称、型号、生产厂家和出厂日期。

③ 二手车初次注册登记日期和行驶里程。

④ 新车来历。了解新车是市场上购买的，是走私罚没处理的，还是捐赠免税车。

⑤ 车籍，即车辆牌证发放地。

⑥ 使用性质，即是公务用车、商务用车，还是专业运输车、出租营运车。

⑦ 手续是否齐全，是否通过年检。

4）明确委托评估意向

了解清楚上述基本情况以后，二手车鉴定评估机构就可以做出是否接受委托的决定了。如果二手车鉴定评估机构接受委托，就要签订二手车鉴定评估委托书。

对于存在疑问或鉴定评估数量较多的业务,在签订二手车鉴定评估委托书之前,二手车鉴定评估机构应实地考察鉴定评估对象的情况。实地考察的目的是了解鉴定评估的工作量、工作难易程度和车辆现时状态(在用、已停放很久不用、在修或停驶待修)。

二、签订二手车鉴定评估委托书

二手车鉴定评估委托书是受托方与委托方对各自权利和义务的协定,是一项经济合同性质的契约。

二手车鉴定评估委托书必须符合国家法律、法规和资产评估行业的管理规定。涉及国有资产占有单位要求申请立项的二手车鉴定评估业务,应由委托方提供国有资产管理部门关于鉴定评估立项申请的批复文件,经核实后,二手车鉴定评估机构方能接受委托,与委托方签署二手车鉴定评估委托书。

二手车鉴定评估委托书样式如表5-1所示。接待人员应通过询问委托方(或车主)并根据委托人携带的车辆资料(如登记证书、行驶证、购车发票等),认真填写二手车鉴定评估委托书,并经双方签字后,将其中的一份送与委托方,另一份由受托方保存。

表5-1　二手车鉴定评估委托书

委托书编号:__________

委托方名称(姓名):　　　　　　法人代码证(身份证)号:

鉴定评估机构名称:　　　　　　法人代码证:

委托方地址:　　　　　　　　　鉴定评估机构地址:

联系人:　　　　　　　　　　　电话:

因 □交易 □典当 □拍卖 □置换 □抵押 □担保 □咨询 □司法裁决(在□处填√)需要,委托人与受托人达成委托关系,对号牌号码为________,车辆类型为________,车架号(VIN)为________的车辆进行技术状况鉴定并出具评估报告书,于____年__月__日前完成。

委托评估车辆基本信息

<table>
<tr><td rowspan="7">车辆情况</td><td colspan="2">厂牌型号</td><td colspan="2"></td><td>使用用途</td><td>营运 □
非营运 □</td></tr>
<tr><td colspan="2">总质量/座位/排量</td><td colspan="2"></td><td>燃料种类</td><td></td></tr>
<tr><td colspan="2">初次登记日期</td><td colspan="2">年　月　日</td><td>车身颜色</td><td></td></tr>
<tr><td colspan="2">已使用年限</td><td>年　个月</td><td colspan="2">累计行驶里程/万公里</td><td></td></tr>
<tr><td colspan="2">大修次数</td><td>发动机/次</td><td></td><td>整车/次</td><td></td></tr>
<tr><td colspan="2">维修情况</td><td colspan="4"></td></tr>
<tr><td colspan="2">事故情况</td><td colspan="4"></td></tr>
<tr><td colspan="2" rowspan="2">价值反映</td><td>购置日期</td><td colspan="2">年　月　日</td><td>原始价格/元</td><td></td></tr>
<tr><td>车主报价/元</td><td colspan="4"></td></tr>
</table>

备注:

委托方：(签字、盖章)　　　　　　　　受托方：(签字、盖章)

(二手车鉴定评估机构盖章)

年　月　日　　　　　　　　　　年　月　日

(1) 委托方保证所提供的资料客观真实，并负法律责任。

(2) 仅对车辆进行鉴定评估。

(3) 评估依据：《机动车运行安全技术条件》《二手车鉴定评估技术规范》等。

(4)评估结论仅对本次委托有效，不做他用。

(5) 鉴定评估人员与有关当事人没有利害关系。

(6) 委托方如对评估结论有异议，可于收到二手车鉴定评估报告之日起10日内向受托方提出，受托方应给予解释。

三、拟订二手车鉴定评估作业方案

二手车鉴定评估机构前台接待人员(或负责人)在与委托人签订二手车鉴定评估委托书之后，即编制二手车鉴定评估作业方案，并将编制好的二手车鉴定评估作业方案及二手车鉴定评估委托书一起交给拟定的责任二手车鉴定评估师。编制二手车鉴定评估作业方案，可参考如下样例进行。

二手车鉴定评估作业方案

一、委托方与车辆所有方简介

委托方：×××。

委托方联系人：×××；联系电话：×××××××××××。

二、鉴定评估目的

根据委托方的要求，本项目鉴定评估目的(在□处填√)：

□交易　□转籍　□拍卖　□置换　□抵押　□担保　□咨询　□司法裁决

三、鉴定评估对象

被鉴定评估车辆的厂牌型号：×××；号牌号码：×××。

四、鉴定评估基准日

鉴定评估基准日：××××年××月××日。

五、拟定鉴定评估方法(在□处填√)

□重置成本法　□现行市价法　□收益现值法　□其他

六、拟定鉴定评估人员

责任二手车鉴定评估师：×××

协助二手车鉴定评估人员：×××

七、现场工作计划

责任二手车鉴定评估师组织相关人员，于××××年××月××日××时前，参照各项工作的参考时间，完成下列工作。

(1) 证件核对：×分钟。

(2) 鉴定二手车现时技术状况。静态检查与动态检查：×分钟。仪器检查：送×××检测站(注:此项工作视具体车辆情况而定)×小时。

(3) 车辆拍照:×分钟。

(4) 评定估算:×小时。

(5) 撰写二手车鉴定评估报告:×小时。

八、鉴定评估作业程序

按照接受委托、验证、现场查勘、评定估算和提交报告的程序进行。

九、拟定提交鉴定评估报告的时间

××××年××月××日。

【任务实施】

(1) 两名学生自由组合为一个小组,分别扮演委托人、二手车鉴定评估机构前台接待人员,模拟业务接待洽谈现场,进行二手车委托评估业务洽谈,完成表5-1所示二手车鉴定评估委托书。

(2) 学生根据业务洽谈的记录,填写二手车鉴定评估业务洽谈实训任务工单(见表5-2)。

表5-2 二手车鉴定评估业务洽谈实训任务工单

二手车鉴定评估业务洽谈实训任务工单			
班级		学号	
姓名		日期	

1. 请描述你所了解到的车主基本情况。

____

____

____

2. 请描述车主要求鉴定评估的目的。

____

____

____

3. 请描述委托鉴定评估二手车的基本情况。

(1) 二手车的类别:______________________________

(2) 二手车名称:______________;型号:______________

(3) 二手车产生厂家:______________;生产日期:______________

(4) 二手车初次注册登记日期:______________;行驶里程:______________

(5) 新车来历:______________________________

(6) 车籍:______________________________

(7) 使用性质:______________________________

(8) 手续是否齐全(如果手续不齐全,请记录缺少的相关材料种类):______________

____

(9) 是否进行了年检(如果没有进行年检,请记录原因):______________

____

4. 请记录你还了解到的其他信息。

____

____

____

续表

5. 是否达成委托鉴定评估意向？ □是（请记录车主要求的鉴定评估时限及期望的价格） ____________________ □否（如果未达成委托鉴定评估意向，请记录原因） ____________________
教师评语（包括任务工单填写情况、与客户沟通情况、语言表达等，并按等级给出成绩）： ____________________ ____________________ ____________________ ____________________ ____________________ ____________________ 实训记录成绩________ 教师签字________ ______年____月____日

任务2 二手车现场鉴定工作

【任务导入】

根据二手车鉴定评估作业方案安排，责任二手车鉴定评估师李先生及协助二手车鉴定评估人员小刘对赵先生的标致206轿车进行了现场鉴定工作。

【任务分析】

现场鉴定工作主要按照二手车鉴定评估作业表中的项目进行，主要内容包括检查核对证件、鉴定二手车现时技术状态和车辆拍照。

【相关知识】

一、检查核对证件

检查核对证件是指检验被鉴定评估车辆的证件资料。这些证件资料包括法定证件和税费资料两类。二手车鉴定评估人员如果对这些证件资料有疑问，应向委托方提出，由委托方向发证机关（单位）索取证明材料，或自行向发证机关（单位）查询核实。

1. 检查核对法定证件

法定证件主要有机动车来历证明、机动车行驶证、机动车登记证书、机动车号牌、道路运输经营许可证、机动车安全技术检验合格证标志等。

1）检查核对机动车来历证明

通过检查核对机动车来历证明，可以及时发现该车是否合法、是否为涉案车辆。同时，二手车鉴定人员应登录公安机关交通管理部门全国被盗抢汽车查询系统，确认车辆是否为盗抢车辆。应杜绝盗抢车辆、走私车辆、拼装车辆和报废车辆的非法交易，避免二手车交易市场成为非法车辆销赃的场所，切实维护消费者的合法权益。

机动车来历证明主要包括以下几个方面。

(1) 在国内购买的机动车，来历凭证可分为新车来历凭证和二手车来历凭证。从国外购买的机动车，其来历凭证是该车销售单位开具的销售发票及其翻译文本。

① 新车来历凭证是指经国家工商行政管理机关验证(加盖工商验证章)的机动车销售统一发票。机动车销售统一发票票样如图5-1所示。

② 二手车来历凭证是指经国家工商行政管理机关验证(加盖工商验证章)的二手车销售统一发票。二手车销售统一发票票样如图5-2所示。

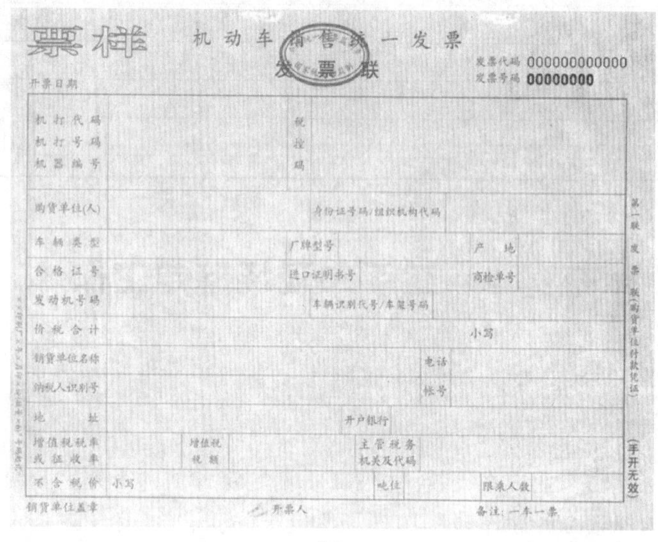

票样 机动车销售统一发票

发票联

发票代码 000000000000
发票号码 00000000

开票日期

机打代码 机打号码 机器编号		税控码			
购货单位(人)		身份证号码/组织机构代码			
车辆类型		厂牌型号		产地	
合格证号		进口证明书号		商检单号	
发动机号码		车辆识别代号/车架号码			
价税合计				小写	
销货单位名称				电话	
纳税人识别号				账号	
地址		开户银行			
增值税税率或征收率		增值税税额		主管税务机关及代码	
不含税价	小写	吨位		限乘人数	

销货单位盖章　开票人　备注：一车一票

第一联 发票联(购货单位付款凭证)

(手开无效)

(a)

票样 机动车销售统一发票

抵扣联

发票代码 000000000000
发票号码 00000000

开票日期

机打代码 机打号码 机器编号		税控码			
购货单位(人)		身份证号码/组织机构代码			
车辆类型		厂牌型号		产地	
合格证号		进口证明书号		商检单号	
发动机号码		车辆识别代号/车架号码			
价税合计				小写	
销货单位名称				电话	
纳税人识别号				账号	
地址		开户银行			
增值税税率或征收率		增值税税额		主管税务机关及代码	
不含税价	小写	吨位		限乘人数	

销货单位盖章　开票人　备注：一车一票

第二联 抵扣联(购货单位扣税凭证)

(手开无效)

(b)

图5-1　机动车销售统一发票票样

票样　机动车销售统一发票

报税联

发票代码 000000000000
发票号码 00000000

开票日期

机打代码 机打号码 机器编号		税控码			
购货单位(人)		身份证号码/组织机构代码			
车辆类型		厂牌型号		产地	
合格证号		进口证明书号		商检单号	
发动机号码		车辆识别代号/车架号码			
价税合计				小写	
销货单位名称				电话	
纳税人识别号				账号	
地址		开户银行			
增值税税率或征收率		增值税税额		主管税务机关及代码	
不含税价	小写	吨位		限乘人数	

销货单位盖章　开票人　备注：一车一票

第三联 报税联（车购税征收单位留存）　（手开无效）

(c)

票样　机动车销售统一发票

注册登记联

发票代码 000000000000
发票号码 00000000

开票日期

机打代码 机打号码 机器编号		税控码			
购货单位(人)		身份证号码/组织机构代码			
车辆类型		厂牌型号		产地	
合格证号		进口证明书号		商检单号	
发动机号码		车辆识别代号/车架号码			
价税合计				小写	
销货单位名称				电话	
纳税人识别号				账号	
地址		开户银行			
增值税税率或征收率		增值税税额		主管税务机关及代码	
不含税价	小写	吨位		限乘人数	

销货单位盖章　开票人　备注：一车一票

第四联 注册登记联（车辆登记单位留存）　（手开无效）

(d)

票样　机动车销售统一发票

记帐联

发票代码 000000000000
发票号码 00000000

开票日期

机打代码 机打号码 机器编号		税控码			
购货单位(人)		身份证号码/组织机构代码			
车辆类型		厂牌型号		产地	
合格证号		进口证明书号		商检单号	
发动机号码		车辆识别代号/车架号码			
价税合计				小写	
销货单位名称				电话	
纳税人识别号				账号	
地址		开户银行			
增值税税率或征收率		增值税税额		主管税务机关及代码	
不含税价	小写	吨位		限乘人数	

销货单位盖章　开票人　备注：一车一票

第五联 记帐联（销货单位记帐凭证）　（手开无效）

(e)

续图 5-1

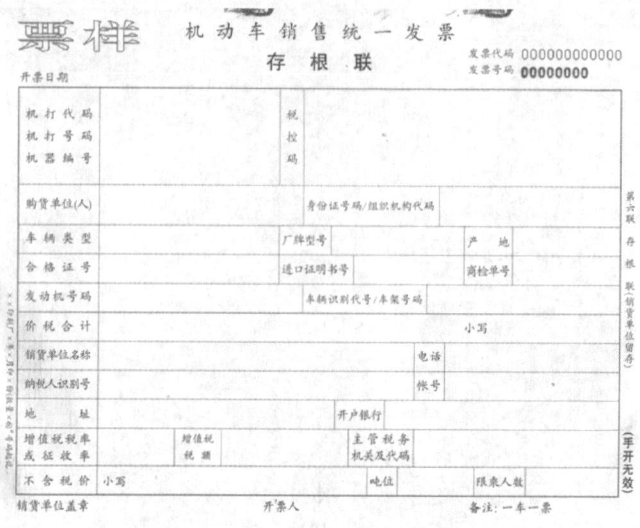

票样　机动车销售统一发票

存根联

发票代码 000000000000
发票号码 00000000

开票日期

机打代码
机打号码
机器编号
税控码

购货单位(人)　身份证号码/组织机构代码

车辆类型　厂牌型号　产地

合格证号　进口证明书号　商检单号

发动机号码　车辆识别代号/车架号码

价税合计　小写

销货单位名称　电话

纳税人识别号　帐号

地址　开户银行

增值税税率或征收率　增值税税额　主管税务机关及代码

不含税价　小写　吨位　限乘人数

销货单位盖章　开票人　备注：一车一票

第六联 存根联（销货单位留存）

（手开无效）

(f)

续图 5-1

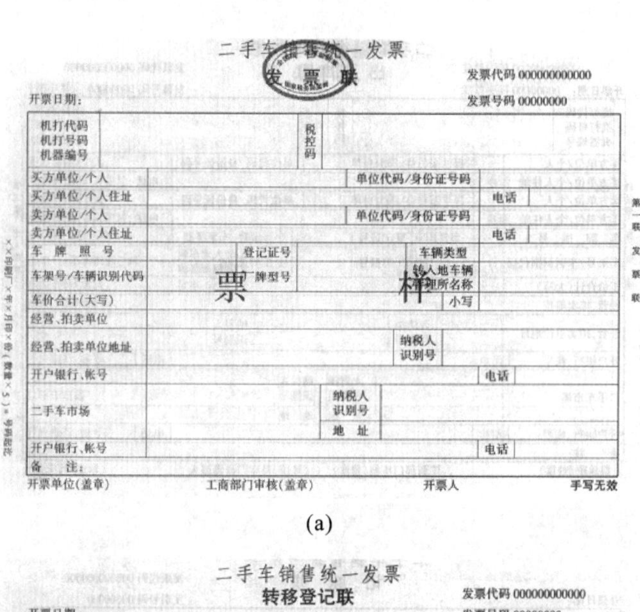

二手车销售统一发票

发票联

发票代码 000000000000
发票号码 00000000

开票日期：

机打代码
机打号码
机器编号
税控码

买方单位/个人　单位代码/身份证号码

买方单位/个人住址　电话

卖方单位/个人　单位代码/身份证号码

卖方单位/个人住址　电话

车牌照号　登记证号　车辆类型

车架号/车辆识别代码　厂牌型号　转入地车辆管理所名称

车价合计(大写)　小写

经营、拍卖单位

经营、拍卖单位地址　纳税人识别号

开户银行、帐号　电话

二手车市场　纳税人识别号　地址

开户银行、帐号　电话

备注：

开票单位(盖章)　工商部门审核(盖章)　开票人　手写无效

第一联 发票联

票　样

(a)

二手车销售统一发票

转移登记联

发票代码 000000000000
发票号码 00000000

开票日期：

机打代码
机打号码
机器编号
税控码

买方单位/个人　单位代码/身份证号码

买方单位/个人住址　电话

卖方单位/个人　单位代码/身份证号码

卖方单位/个人住址　电话

车牌照号　登记证号　车辆类型

车架号/车辆识别代码　厂牌型号　转入地车辆管理所名称

车价合计(大写)　小写

经营、拍卖单位

经营、拍卖单位地址　纳税人识别号

开户银行、帐号　电话

二手车市场　纳税人识别号　地址

开户银行、帐号　电话

备注：

开票单位(盖章)　工商部门审核(盖章)　开票人　手写无效

第二联 转移登记联

票　样

(b)

图 5-2　二手车销售统一发票票样

二手车销售统一发票
出入库联

发票代码 000000000000
发票号码 00000000

开票日期:

机打代码 机打号码 机器编号		税控码			
买方单位/个人			单位代码/身份证号码		
买方单位/个人住址				电话	
卖方单位/个人			单位代码/身份证号码		
卖方单位/个人住址				电话	
车 牌 照 号		登记证号		车辆类型	
车架号/车辆识别代码		厂牌型号		转入地车辆管理所名称	
车价合计(大写)				小写	
经营、拍卖单位					
经营、拍卖单位地址			纳税人识别号		
开户银行、帐号				电话	
二手车市场		纳税人识别号			
		地 址			
开户银行、帐号				电话	
备 注:					

开票单位(盖章) 工商部门审核(盖章) 开票人 手写无效

票样

第三联 出入库联

××印制厂×年×月印×份(数量×5)×号码起讫

(c)

二手车销售统一发票
记 帐 联

发票代码 000000000000
发票号码 00000000

开票日期:

机打代码 机打号码 机器编号		税控码			
买方单位/个人			单位代码/身份证号码		
买方单位/个人住址				电话	
卖方单位/个人			单位代码/身份证号码		
卖方单位/个人住址				电话	
车 牌 照 号		登记证号		车辆类型	
车架号/车辆识别代码		厂牌型号		转入地车辆管理所名称	
车价合计(大写)				小写	
经营、拍卖单位					
经营、拍卖单位地址			纳税人识别号		
开户银行、帐号				电话	
二手车市场		纳税人识别号			
		地 址			
开户银行、帐号				电话	
备 注:					

开票单位(盖章) 工商部门审核(盖章) 开票人 手写无效

票样

第四联 记帐联

××印制厂×年×月印×份(数量×5)×号码起讫

(d)

二手车销售统一发票
存 根 联

发票代码 000000000000
发票号码 00000000

开票日期:

机打代码 机打号码 机器编号		税控码			
买方单位/个人			单位代码/身份证号码		
买方单位/个人住址				电话	
卖方单位/个人			单位代码/身份证号码		
卖方单位/个人住址				电话	
车 牌 照 号		登记证号		车辆类型	
车架号/车辆识别代码		厂牌型号		转入地车辆管理所名称	
车价合计(大写)				小写	
经营、拍卖单位					
经营、拍卖单位地址			纳税人识别号		
开户银行、帐号				电话	
二手车市场		纳税人识别号			
		地 址			
开户银行、帐号				电话	
备 注:					

开票单位(盖章) 工商部门审核(盖章) 开票人 手写无效

票样

第五联 存根联

××印制厂×年×月印×份(数量×5)×号码起讫

(e)

续图 5-2

(2) 由人民法院调解、裁定或者判决转移的机动车,来历凭证是人民法院出具的已经生效的调解书、裁定书或判决书,以及相应的协助执行通知书。

(3) 由仲裁机构仲裁裁决转移的机动车,来历凭证是仲裁裁决书和人民法院出具的协助执行通知书。

(4) 继承、赠予、中奖和协议抵偿债务的机动车,来历凭证是继承、赠予、中奖和协议抵偿债务的相关文书和公正机关出具的公证书。

(5) 资产重组或者资产整体买卖中包含的机动车,来历凭证是资产主管部门的批准文件。

(6) 由国家机关统一采购并调拨到下属单位未注册登记的机动车,来历凭证是机动车销售统一发票和该部门出具的调拨证明。

(7) 国家机关已注册登记并调拨到下属单位的机动车,来历证明是该部门出具的调拨证明。

(8) 经公安机关破案发还的被盗抢且已向原机动车所有人理赔完毕的机动车,来历凭证是保险公司出具的权益转让证明书。

(9) 更换发动机、车身、车架的机动车,来历凭证是销售单位开具的发票或者修理单位开具的发票。

2) 检查核对机动车行驶证

机动车行驶证如图5-3所示,它是由公安车辆管理机关依法对车辆进行注册登记核发的证件,是机动车取得合法行驶权的凭证。《中华人民共和国道路交通安全法》第十一条规定,机动车行驶证是车辆上路行驶必需的证件。在二手车鉴定评估的手续检查中,机动车行驶证也是检查二手车合法性的凭证之一。

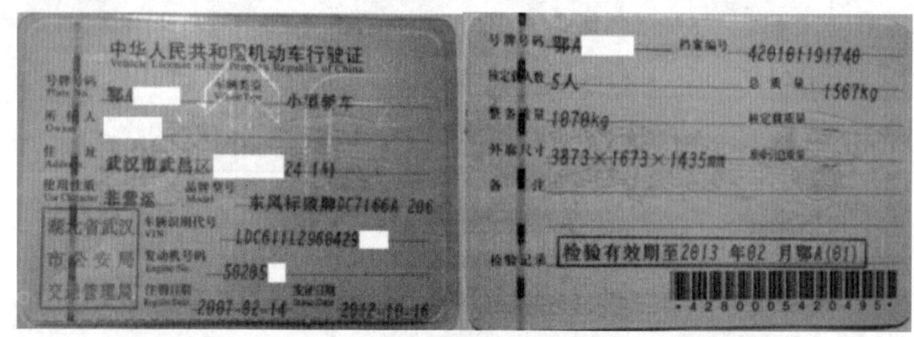

图5-3　机动车行驶证

图5-4　机动车登记证书的封面

二手车鉴定评估人员通过查验机动车行驶证上的号牌号码、车辆识别代号、发动机号等与车辆实物是否一致,是否有改动、凿痕、锉痕、重新打刻等情况,车辆颜色与车身装置是否与行驶证上的描述一致等项目,可以初步判断二手车是否合法。

3) 检查核对机动车登记证书

机动车登记证书的封面如图5-4所示。机动车登记证书是由公安车辆管理部门核发和管理的,是机动车的所有权证明,具有产权证明的性质。

与机动车行驶证相比,机动车登记证书的内容更详细。它记载了机动车所有的详细信息及机动车所有人的资料,如图5-5所示。

注册登记机动车信息栏

5.车辆类型	轿车	6.车辆品牌	东风标致牌
7.车辆型号	DC7166A 206	8.车身颜色	蓝
9.车辆识别代号/车架号	LDC611L2960429	10.国产/进口	国产
11.发动机号	50285	12.发动机型号	N6A 10XA3A PSA
13.燃料种类	汽油	14.排量/功率	1587 ml/ 78 kw
15.制造厂名称	神龙汽车有限公司	16.转向形式	方向盘
17.轮距	前 1435 后 1426 mm	18.轮胎数	4
19.轮胎规格	185/65 R14	20.钢板弹簧片数	后轴 -- 片
21.轴距	2443 mm	22.轴数	2
23.外廓尺寸	长 3873 宽 1673 高 1435 mm	33.发证机关章	湖北省武汉市公安局交通管理局
24.货厢内部尺寸	长 -- 宽 -- 高 -- mm		
25.总质量	1567 kg	26.核定载质量	-- kg
27.核定载客	5 人	28.准牵引总质量	-- kg
29.驾驶室载客	-- 人	30.使用性质	非营运
31.车辆获得方式	购买	32.车辆出厂日期	2006-05-19
		34.发证日期	2007-02-15

第2页

图 5-5 注册登记机动车信息栏

当机动车登记证书上所记载的原始信息发生变动时，机动车所有人应当及时到车辆管理所办理变更登记；当机动车所有权转移时，原机动车所有人应当将机动车登记证书做变更登记（见图 5-6），并随车交给现机动车所有人。

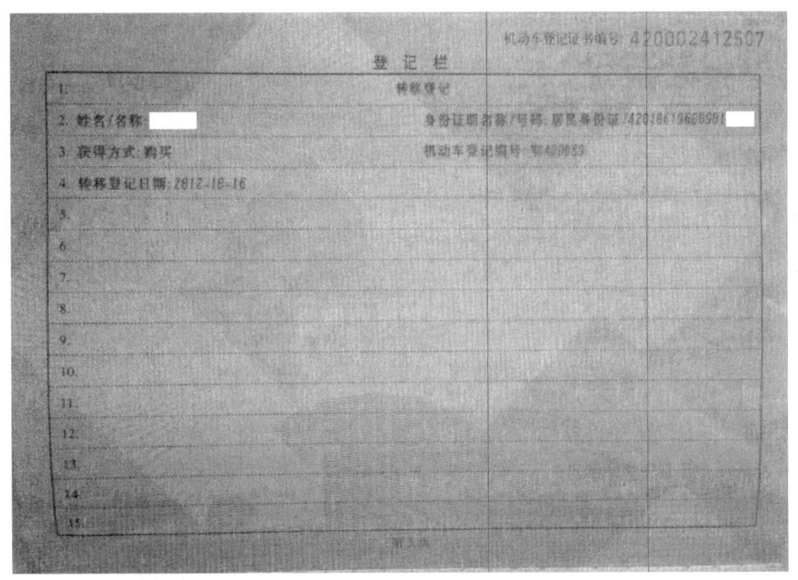

机动车登记证书编号: 420002412507

登记栏

1. 转移登记
2. 姓名/名称　　身份证明名称/号码: 居民身份证/420106196608981
3. 获得方式: 购买　　机动车登记编号: 鄂400083
4. 转移登记日期: 2012-10-16
5.
6.
7.
8.
9.
10.
11.
12.
13.
14.
15.

第3页

图 5-6 机动车转移登记

检查核对机动车登记证书是二手车鉴定评估人员必须认真进行的手续。检查核对时，二手车鉴定评估人员首先要对比判断真伪。如果发现机动车登记证书为伪造的，应报告公安机关，然后要确认机动车登记证书上记录的有关车辆的信息与被鉴定评估车辆是否完全一致，若不一致，则要求车主解决此事，并提醒车主，此车现在不能进行交易。另外，二手车鉴定评估人员还要核查机动车登记证书上是否为车主信息。

由于 2002 年之前购买的汽车大部分都没有机动车登记证书，因此在车辆交易的时候，车主需要先到车辆管理部门补办机动车登记证书。

4) 检查核对机动车号牌

机动车号牌是机动车取得合法行驶权的标志。《中华人民共和国道路交通安全法》第十一条规定,机动车号牌应当按照规定悬挂并保持清晰、完整、不得故意遮挡、污损。目前,我国规定使用的机动车号牌按标准《中华人民共和国机动车号牌》(GA 36—2018)制作。机动车号牌的分类、规格、颜色及适用范围如表5-3所示。

表5-3 机动车号牌的分类、规格、颜色及适用范围

序号	分 类	外廓尺寸/(mm×mm)	颜 色	数量	适用范围
1	大型汽车号牌	前:440×140 后:440×220	黄底黑字,黑框线	2	符合GA 802规定的中型(含)以上载客、载货汽车和专项作业车(适用大型新能源汽车号牌的除外);有轨电车
2	挂车号牌	440×220		1	符合GA 802规定的挂车
3	大型新能源汽车号牌	480×140	黄绿底黑字,黑框线	2	符合GA 802规定的中型(含)以上的新能源汽车
4	小型汽车号牌	440×140	蓝底白字,白框线		符合GA 802规定的中型以下的载客、载货汽车和专项作业车(适用小型新能源汽车号牌的除外)
5	小型新能源汽车号牌	480×140	渐变绿底黑字,黑框线		符合GA 802规定的中型以下的新能源汽车
6	使馆汽车号牌	440×140	黑底白字,白框线		符合外发〔2017〕10号通知规定的汽车
7	领馆汽车号牌				驻华领事馆的汽车
8	港澳入出境车号牌		黑底白字,白框线		港澳地区入出内地的汽车
9	教练汽车号牌		黄底黑字,黑框线		教练用汽车
10	警用汽车号牌		白底黑字,红"警"字,黑框线		汽车类警车
11	普通摩托车号牌	220×140	黄底黑字,黑框线	1	符合GA 802规定的两轮普通摩托车、边三轮摩托车和正三轮摩托车
12	轻便摩托车号牌		蓝底白字,白框线		符合GA 802规定的两轮轻便摩托车和正三轮轻便摩托车
13	使馆摩托车号牌		黑底白字,白框线		符合外发〔2017〕10号通知规定的摩托车
14	领馆摩托车号牌		黑底白字,白框线		驻华领事馆的摩托车
15	教练摩托车号牌		黄底黑字,黑框线		教练用摩托车
16	警用摩托车号牌		白底黑字,红"警"字,黑框线		摩托车类警车
17	低速车号牌	300×165	黄底黑字,黑框线	2	符合GA 802规定的低速载货汽车,三轮汽车和轮式专用机械车

续表

序号	分　　类	外廓尺寸/(mm×mm)	颜　　色	数量	适用范围
18	临时行驶车号牌	220×140	天(酞)蓝底纹，黑字黑框线	2	行政辖区内临时行驶的载客汽车
				1	行政辖区内临时行驶的其他机动车
			棕黄底纹，黑字黑框线	2	跨行政辖区临时行驶的载客汽车
				1	跨行政辖区临时行驶的其他机动车
			棕黄底纹，黑“试”字，黑字黑框线	2	试验用载客汽车
				1	试验用其他机动车
			棕黄底纹，黑“超”字，黑字黑框线	1	特型机动车，质量参数和/或尺寸参数超出GB 1589规定的汽车、挂车
19	临时入境汽车号牌		白底棕蓝色专用底纹，黑字黑边框	1	临时入境汽车
20	临时入境摩托车号牌	88×60		1	临时入境摩托车
21	拖拉机号牌	按NY 345.1执行			上道路行驶的拖拉机

机动车号牌真假的判断可以采用“望、摸、问、查”4种方法。

(1)“望”是指观察机动车号牌的外形，从形、色、字的角度进行基本判断。正规的机动车号牌经过高科技处理，并采用一次成型技术，给人的视觉感受很好；伪造的套牌在阳光下存在有偏红或偏黄的色差、字体较窄等现象。

(2)“摸”是指用手触摸机动车号牌，尤其是周边棱角处，检查其是否光滑。这是判断 辆车是否存在套牌的重要标志。由于套牌并非一次性成型，所以套牌上的字的边缘会有棱角，即使打磨也难以掩盖痕迹。若是套牌，其背面会有敲打过的痕迹。

(3)“问”是判断机动车号牌是否为套牌的重要方法。目前，在二手车交易市场上，一些“黄牛”经常把二手车号牌卖掉，从中牟取暴利，以打磨的套牌随车出售。购车人只要提出过户的要求时，“黄牛党”承诺“包年检”，就意味着该二手车可能用了套牌。

(4)“查”是最有效的方法。记下机动车号牌号码后，到车辆管理部门上网查询车辆登记档案，挪用牌照的套牌车有的是“套”不同车型的牌照，有的是“套”同种车型的牌照，有的还涂改车架号和相关标志。

5) 检查核对道路运输许可经营证

运营车辆应有道路运输许可经营证。道路运输许可经营证上记录的信息应与被鉴定评估车辆一致。

6) 检查核对机动车检验合格标志

机动车检验合格标志如图5-7所示。另外，凡从事营运的车辆，还需要有当地(通常为全省统一)汽车综合性能检验合格标志。

图5-7 安全技术检验合格标志

根据《中华人民共和国道路交通安全法实施条例》第十三条规定，机动车检验合格证标志应贴在机动车前窗右上角。如果机动车无检验合格标志或检验合格标志无效，则不能进行交易。

2. 检查核对税费

根据《二手车流通管理办法》规定，二手车交易必须提供车辆购置税完税证明、车船使用税缴付凭证和车辆保险单等税费缴付凭证。

1) 检查核对车辆购置税完税证明

二手车鉴定评估人员在进行二手车现场鉴定时,要核查二手车是否具有真实的车辆购置税完税证明。如果为免税车,应查实其是否符合免税的有关规定。

2) 检查核对车船使用税缴付凭证

二手车鉴定评估人员在进行二手车现场鉴定时,要核查二手车是否具有真实的车船使用税缴付凭证。如果没有此凭证,但按规定能够补办,则应在价格评估时将此项费用扣除(包括新交税费、补交税费及滞纳金等)。如果为免税车,应核实其是否在法规规定的免税车型范围内。

3) 检查核对车辆保险单

二手车鉴定评估人员在进行二手车现场鉴定时,要检查核对二手车是否投保了以下险种,并确认保险单的真实性。

(1) 机动车交通事故责任强制保险(简称"交强险")。交强险制度是我国首个由国家法律规定实行的强制保险制度。交强险是由保险公司对被保险机动车发生道路交通事故造成受害人(不包括本车人员和被保险人)的人身伤亡、财产损失,在责任限额内予以赔偿的强制性责任保险。没有投保交强险的新车,公安车辆管理部门不发牌证,继而汽车检验也无法通过。

(2) 机动车商业保险。机动车商业保险是车主投保了国家规定必保的交强险后,自愿投保的商业保险公司的一种机动车辆保险。

机动车商业保险分为基本险和附加险两大类。其中,基本险为车辆损失险、全车盗抢险、车上人员责任险及第三者商业责任险四种,而附加险包括车身划痕险、玻璃单独破碎险、自燃险、不计免赔险等。附加险不能独立投保,而必须依附于相应的基本险才能投保。

3. 二手车鉴定评估作业表填写

完成上述鉴定工作后,二手车鉴定评估人员应填写表5-4所示的二手车鉴定评估作业表。

表5-4　二手车鉴定评估作业表

<table>
<tr><td>车主</td><td colspan="2"></td><td>所有权性质</td><td>□公 □私</td><td>联系电话</td><td colspan="2"></td></tr>
<tr><td>住址</td><td colspan="4"></td><td>经办人</td><td colspan="2"></td></tr>
<tr><td rowspan="6">原始情况</td><td>厂牌型号</td><td colspan="2"></td><td>号牌号码</td><td></td><td>车辆类型</td><td></td></tr>
<tr><td>车辆识别代号(VIN)</td><td colspan="3"></td><td>车身颜色</td><td colspan="2"></td></tr>
<tr><td>发动机号</td><td colspan="2"></td><td>车架号</td><td colspan="3"></td></tr>
<tr><td>载重量/座位/排量</td><td colspan="3"></td><td>燃料种类</td><td colspan="2"></td></tr>
<tr><td>注册登记日期</td><td colspan="3">年　月</td><td>车辆出厂日期</td><td colspan="2">年　月</td></tr>
<tr><td>已使用日期</td><td>年　月</td><td>累计行驶里程</td><td>$\times 10^4$ km</td><td>使用用途</td><td colspan="2"></td></tr>
<tr><td rowspan="2">检查核对交易证件</td><td>证件</td><td colspan="6">□原始发票 □机动车登记证书 □机动车行驶证
□机动车号牌 □法人代码证或身份证 □其他</td></tr>
<tr><td>税费</td><td colspan="6">□车辆购置税 □车船税 □机动车保险费 □其他</td></tr>
<tr><td>结构特点</td><td colspan="7"></td></tr>
<tr><td>现时技术状况</td><td colspan="7"></td></tr>
</table>

续表

维护保养情况			现时状态	
价值反映	账面原值	万元	车主报价	万元
	重置成本	万元	成新率	%
	评估价格			

鉴定评估目的：

鉴定评估说明：

注册二手车鉴定评估师(签名)： 复核人(签名)：

年 月 日 年 月 日

二、鉴定二手车现时技术状况

二手车鉴定评估人员现场查勘鉴定二手车现时技术状况，是为了公正、科学地确定被鉴定评估车辆的技术现状及价值。这项工作完成后，二手车鉴定评估人员应客观地描述鉴定评估过程，给出鉴定评估结论。

(1) 被鉴定评估车辆的基本情况。被鉴定评估车辆的基本情况主要包括车辆号牌号码、厂牌型号、车辆识别代号、车辆类型、发动机号、车架号、载重量/座位/排量、已使用年数、累计行驶里程、车辆出厂日期、初次登记日期及车辆使用用途等。

(2) 被鉴定评估车辆的技术状况。被鉴定评估车辆的技术状况主要包括以下内容。

① 车身外观(颜色、光泽、有无褪色及锈蚀情况，有无被碰撞，车灯是否齐全，前后保险杠是否完整等)。

② 车内装饰(装饰程度、颜色、清洁程度、仪表及座位是否完整等)。

③ 发动机工作状况(动力状况、有无更换部件、有无修复现象、有无替代部件、有无漏油现象等)。

④ 底盘(是否变形、有无异响、变速器状况是否正常、前后桥是否正常、传动系统工作状况是否正常、有无漏油现象、行驶系统情况是否正常、转向系统情况是否正常、制动系统工作状况是否正常等)。

⑤ 电气系统(电源系统、发动机点火系统、空调系统、音响系统是否工作正常等)。

对于以上查勘情况，一般由委托方或车辆所有单位技术人员签名，以确定查勘情况是客观的、真实的，不存在与实际车辆状况不相符的情况。确定查勘情况后，二手车鉴定评估人员必须给出被鉴定评估车辆查勘鉴定结论。

(3) 填写二手车鉴定评估作业表(见表5-4)。

三、车辆拍照

车辆拍照是指二手车鉴定评估人员根据车牌号或评估登记号，使用数码相机拍摄被鉴定评估车辆的照片，并存档。

1. 二手车拍摄的一般要求

(1) 车身要擦洗干净。

(2) 前挡风玻璃及仪表盘上无杂物。

(3) 机动车号牌无遮挡。

(4) 关闭各车门。

(5) 转向盘回正,前轮处于直线行驶状态。

2. 二手车拍摄的技术要求

1) 拍摄距离

拍摄距离是指拍摄立足点与被拍照二手车的远近。一般要求全车影像尽量充满整个像面。

2) 拍摄角度

拍摄角度是指拍摄立足点与被拍照二手车的方位关系。拍摄角度方位一般分为上下关系和左右关系。

(1) 上下关系。拍摄角度的上下关系可分为俯拍、平拍和仰拍三种。

①俯拍是指在比被拍照二手车高的位置向下拍摄。

②平拍是指拍摄立足点在被拍照二手车的中间位置,镜头平置拍摄。此种拍摄方法的效果就是人两眼平视的效果。

③仰拍是指将相机放置在较低位置,镜头由下向上仰置拍摄。采用这种拍摄方法拍摄易发生变形。

(2) 左右关系。拍摄角度的左右关系一般根据拍摄者确定的拍摄方位,分为正面拍摄和侧面拍摄两种。正面拍摄是指面对被拍照二手车或部位的正面进行拍摄,侧面拍摄是指在被拍照二手车的正侧面进行的拍摄。

3) 二手车拍摄的光照方向要求

光照方向是指光线与相机拍摄方向的关系,一般分为正面光、侧面光和逆光三种。对二手车拍照,应尽量采用正面光拍照,以使二手车的轮廓分明、牌照号码清晰、车身颜色真实。

3. 二手车常见拍摄位置

对二手车拍照,一般要拍摄前面、侧面和后面三个方向的整体外形照和发动机舱、驾驶室、行李舱等的局部位置照。

1) 整体外形照

整体外形照采用平拍方式拍摄。其中:前面照(也称为标准照)是与车左前侧呈45°方向拍摄的,如图5-8所示;侧面照是从正侧面拍摄的,如图5-9所示;后面照是与车右后侧呈45°方向拍摄的,如图5-10所示。

2) 局部位置照

局部位置照采用俯拍方式拍摄。驾驶室局部位置照如图5-11所示。

图5-8 二手车前面照

图5-9 二手车侧面照

图5-10 二手车后面照

图5-11 二手车驾驶室局部位置照

【任务实施】

一、任务2.1

1. 任务内容

各学习小组成员分别扮演委托人及二手车鉴定评估师，模拟二手车鉴定评估证件核查现场，检查核对二手车证件。

2. 实施环境

(1) 各学习小组都有1辆被鉴定评估车辆，包括各项相关手续(可以不全)。

(2) 汽车各项证明材料的标准样本。

3. 实施步骤

(1) 将学生以4～8名为单位分成若干学习小组。

(2) 各学习小组结合本任务所学的知识，对指定的车辆逐项检查各项证明材料，并填写表5-5所示二手车鉴定评估证件核查实训任务工单。

表 5-5 二手车鉴定评估证件核查实训任务工单

二手车鉴定评估证件核查实训任务工单			
班级		学号	
姓名		日期	

1. 你所核查的车辆是否有来历证明？□有 □没有

(1) 如果有来历证明,则来历证明是________,□真 □伪

(2) 如果没有来历证明,原因是________;是否可以补办？□是 □否

① 如果可以补办,理由是________;补办时需要的费用应该是____元。

② 如果不能补办,理由是________;你应该采取的措施是________

____

2. 你所核查的车辆是否有机动车行驶证？□有 □没有

(1) 如果有机动车行驶证,则机动车行驶证:□真 □伪

(2) 如果没有机动车行驶证,原因是________;是否可以补办？□是 □否

① 如果可以补办,理由是________;补办时需要的费用应该是____元。

② 如果不能补办,理由是________;你应该采取的措施是________

____

3. 你所核查的车辆是否有机动车登记证书？□有 □没有

(1) 如果有机动车登记证书,则登记证:□真 □伪

(2) 如果没有机动车登记证书,原因是________;是否可以补办？□是 □否

① 如果可以补办,理由是________;补办时需要的费用应该是____元。

② 如果不能补办,理由是________;你应该采取的措施是________

____

4. 你所核查的车辆是否有号牌？□有 □没有

(1) 如果有号牌,则号牌的种类是________,□真 □伪

(2) 如果没有号牌,原因是________;是否可以补办？□是 □否

① 如果可以补办,理由是________;补办时需要的费用应该是____元。

② 如果不能补办,理由是________;你应该采取的措施是________

____

5. 你所核查的车辆的各类检验合格标志是否齐全？□齐全 □不齐全

(1) 如果齐全,是否有伪造的:□有 □没有

如果有伪造的,伪造的标志是________,你应该采取的措施是________

____

(2) 如果不齐全,缺少的是________;是否可以补办？□是 □否

① 如果可以补办,理由是________;补办时需要的费用应该是____元。

② 如果不能补办,理由是________;你应该采取的措施是________

____

6. 你所核查的车辆的各类税费证明是否齐全？□齐全 □不齐全

(1) 如果齐全,是否有伪造的:□有 □没有

如果有伪造的,伪造的证明是________;你应该采取的措施是________

(2) 如果不齐全,缺少的是________;是否可以补办？□是 □否

① 如果可以补办,理由是________;补办时需要的费用应该是____元。

② 如果不能补办,理由是________;你应该采取的措施是________

____

续表

教师评语(包括检查的方法、全面性、准确性等方面,并按等级给出成绩):
实训记录成绩＿＿＿＿＿　教师签字＿＿＿＿＿　＿＿＿＿年＿＿月＿＿日

二、任务 2.2

1. 任务内容

(1) 使用数码相机拍摄二手车照片。

(2) 整理、保存拍摄的二手车照片。

2. 实施环境

各学习小组都有 1 辆被鉴定评估车辆、数码相机 1 部。

3. 实施步骤

(1) 将学生以 4～6 名为单位分成若干学习小组。

(2) 各学习小组结合本任务所学的知识,对指定的车辆进行拍照,并整理拍摄的照片。

(3) 填写二手车鉴定评估拍摄照片实训任务工单(见表 5-6),并上传到教师指定的电子邮箱。

表 5-6　二手车鉴定评估拍摄照片实训任务工单

二手车鉴定评估拍摄照片实训任务工单			
班级		学号	
姓名		日期	
将所拍摄的照片粘贴在下面(要求照片上显示拍摄日期,每张照片有编号及名称):			
教师评语(包括照相机使用情况、拍摄技巧、照片保存等方面,并按等级给出成绩):			
实训记录成绩＿＿＿＿＿　教师签字＿＿＿＿＿　＿＿＿＿年＿＿月＿＿日			

任务3 二手车评定估算工作

【任务导入】

二手车鉴定评估师李先生根据收集的车辆资料,在现场鉴定工作的基础上,对赵先生的标致206轿车进行了评定估算工作。

【任务分析】

二手车评定估算工作就是对收集的二手车数据资料、技术鉴定资料进行整理,根据评估目的选择适用的估价标准和评估方法,本着客观、公正的原则对被鉴定评估车辆进行评定估算,确定评估结果。

【相关知识】

一、二手车价格估算方法的选择

二手车价格估算有重置成本法、收益现值法、现行市价法、清算价格法等四种基本方法。每种方法都有其特点及适用条件。

二手车鉴定评估人员选择二手车价格估算方法时应注意以下几点。

(1) 所选二手车价格估算方法严格与二手车评估的估价标准相适应。

(2) 考虑收集的数据和信息资料的制约。

(3) 充分考虑二手车鉴定评估工作的效率,选择简单易行的方法。

鉴于上述注意事项:采用现行市价法评估车辆时,由于目前我国二手车交易市场发育不完全,所以很难寻找到与被鉴定评估车辆相同的车辆、相同的使用日期、使用强度、使用条件等;采用收益现值法评估车辆时,由于投资者对预期收益额的预测难度大,所以,二手车价格易受较强的主观判断和未来不可预见因素的影响;采用清算价格法评估车辆时,又受清算价格法适用条件的局限。因此,上述三种方法在二手车鉴定评估中较少采用。而重置成本法因具有收集资料信息便捷,操作简单易行,评估理论强,评估结果有据可依、可信度高等优点而成为二手车鉴定评估中应用较广的一种价格估算方法。

二、确定二手车的成新率

二手车成新率可根据鉴定评估目的和评估对象的实际情况选择相应的方法计算。

二手车成新率的估算方法有使用年限法、行驶里程法、整车观测法、部件鉴定法、综合分析法和综合成新率法等六种方法。在这些计算二手车成新率的方法中,由于综合分析法是以使用年限法为基础,以调整系数形式调整二手车成新率,而且综合调整系数考虑了二手车的总体技术状况、维护保养及外观、制造质量与国别、工作性质及使用条件等多种因素对二手车价值的影响,所以采用综合分析法获得的评估值准确度较高,综合分析法是目前二手车鉴定评估业务中较常用的方法。另外,综合成新率法是以技术状况现场查勘为基础的一种方法,也是二手车鉴定评估业务中常用的方法。

三、市场询价

市场询价是指到当地新车市场调查与被鉴定评估车辆相同或近似的车型在评估基准日的成交销售价格。市场询价的目的是确定被鉴定评估车辆的现时市场价格，以作为评估时的重置成本。市场询价时要注意以下问题。

(1) 市场上有相同型号车辆出售的，查询其市场价格，并注意配置是否发生变化，有变化的应了解变化情况及价格差异。

(2) 市场上没有相同型号车辆出售的，查询其相似车型市场价格，并注意配置及功能差异，了解其价格差别。

(3) 了解当地二手车交易市场行情，收集类似车辆变现能力资料。

(4) 营运车辆，应收集车辆经营状况资料。

只有在参照车辆基本情况与被鉴定评估车辆基本情况相一致的情况下，得到的市场价格才是可比的、可行的。

上述市场询价得到的价格只是同车型新车现行市价，还要加上车辆购置税和上牌费用，才算是被鉴定评估车辆的重置成本全价，即

$$重置成本全价=同车型新车辆现行市价+车辆购置税+上牌费用$$

四、计算评估值

在确定被鉴定评估车辆的成新率和重置成本全价后，就可以计算出被鉴定评估车辆的评估值了，计算公式为

$$车辆评估值=重置成本全价\times成新率$$

填写二手车鉴定评估作业表(见表5-4)时，在鉴定评估说明栏中，应详细说明重置成本、成新率、评估价格的计算方法。

【任务实施】

一、实施环境

赵先生的标致206轿车，排量为1.6 L，采用5挡手动变速器，购于2007年，用于市区上班代步，2014年10月在武汉交易。该车技术等级评定为二级，无重大事故痕迹，该车右翼子板做过钣金油漆维修，车身表面有少量划痕，维护保养好，行驶里程为10×10^4 km。

二、实施步骤

(1) 将学生以4～6名为单位分成若干学习小组。

(2) 各学习小组了解与赵先生的标致206轿车相似的标致207轿车的销售价格。

(3) 以重置成本法、年份数求和法、鉴定调整系数法计算评估值。

(4) 各学习小组了解现时与标致206轿车相似的二手车在二手车交易市场的销售价格，并与计算的评估值进行对比分析。

任务4 撰写二手车鉴定评估报告

【任务导入】

二手车鉴定评估师李先生根据鉴定评估结果，撰写了一份翔实的二手车鉴定评估报告，以书面的形式向赵先生报告了该车辆的鉴定评估过程和鉴定评估结果。

【任务分析】

二手车鉴定评估报告是指二手车鉴定评估机构按照鉴定评估工作制度有关规定，在完成鉴定评估工作后向委托方和有关方提交的说明二手车鉴定评估过程和鉴定评估结果的书面报告。它是按照一定格式和内容来反映评估目的、程序、依据、方法、结果等基本情况的报告。广义的二手车鉴定评估报告还是一种工作制度。它规定二手车鉴定评估机构在完成二手车鉴定评估工作之后必须按照一定的程序和要求，用书面形式向委托方报告鉴定评估过程和鉴定评估结果。狭义的二手车鉴定评估报告即鉴定评估结果报告，不仅是二手车鉴定评估机构完成对二手车作价后提交给委托方的公正性的报告，而且是二手车鉴定评估机构履行二手车鉴定评估委托书情况的总结，还是二手车鉴定评估机构为其所给出的鉴定评估结论承担相应法律责任的证明文件。

【相关知识】

一、二手车鉴定评估报告的作用

二手车鉴定评估报告不仅是对鉴定评估工作的总结，而且是二手车价格的公正性文件和二手车交易双方认定二手车价格的依据。

1. 二手车鉴定评估报告对委托方的作用

(1) 作为产权交易变动的作价依据。

二手车鉴定评估报告是经具有机动车鉴定评估资格的机构根据被委托鉴定评估车辆的状况，由专业的二手车鉴定评估师，遵循鉴定评估的原则和标准，按照法定的程序，运用科学的方法对被委托鉴定评估车辆的价值进行评定和估算后，以报告的形式提出作价意见。该作价意见不代表任何当事人的利益，是一种专家估价的意见，因而具有较强的公正性和科学性，可以作为二手车买卖交易谈判底价的参考依据，或作为投资比例出资价格的证明材料，特别是对涉及国有资产的二手车给出客观公正的作价，可以有效地防止国有资产的流失，确保国有资产价格的客观、公正、真实。

(2) 作为法庭辩论和裁决时确认财产价格的举证材料。

(3) 作为支付鉴定评估费用的依据。

若委托方(客户)收到鉴定评估资料及二手车鉴定评估报告后没有提出异议，也就是说鉴定评估的资料及鉴定评估结果符合委托书的条款，委托方应以此为前提和依据向受托方(二手车鉴定评估机构)付费。

(4) 是反映和体现鉴定评估工作情况，明确委托方、受托方及其他有关方面责任的根据。

二手车鉴定评估报告采用文字的形式，对受托方进行二手车鉴定评估的目的、背景、产权、依据、程序、方法等过程和评定的结果进行说明和总结，体现了二手车鉴定评估机构的工作成果，同时，它也反映和体现了二手车鉴定评估机构与二手车鉴定评估人员的权利和义务，并以此来明确委托方和受托方的法律责任。撰写二手车鉴定评估报告时，二手车鉴定评估人员还行使了在二手车鉴定评估报告上签字的权利。

2. 二手车鉴定评估报告对二手车鉴定评估机构的作用

(1) 二手车鉴定评估报告是二手车鉴定评估机构鉴定评估成果的体现，是一种动态管理的信息资料，体现了二手车鉴定评估机构的工作情况和工作质量。

(2) 二手车鉴定评估报告是建立鉴定评估档案，归集鉴定评估档案资料的重要信息来源。

二、撰写二手车鉴定评估报告的基本要求

结合二手车鉴定评估的实际情况，撰写二手车鉴定评估报告的基本要求如下。

(1) 二手车鉴定评估报告必须遵循客观、公正、实事求是的原则由二手车鉴定评估机构独立撰写，如实反映鉴定评估的工作情况。

(2) 二手车鉴定估价报告应有委托单位(或个人)的名称、二手车鉴定评估机构的名称和印章，二手车鉴定评估机构法人代表或其委托人和二手车鉴定评估师的签字，以及提供报告的日期。

(3) 二手车鉴定评估报告要写明评估基准日，并且不得随意更改。所有在估价中采用的税率、费率、利率和其他价格标准，均应采用基准日的标准。

(4) 二手车鉴定评估报告中应写明估价的目的和范围、二手车的状态和产权归属。

(5) 二手车鉴定评估报告应说明估价工作遵循的原则和依据的法律法规，简述鉴定评估过程，写明鉴定评估的方法。

(6) 二手车鉴定评估报告应有明确的鉴定估算价值的结果，鉴定评估结果应有二手车的成新率、原值、重置价值、评估价值等。

(7) 二手车鉴定评估报告还应有齐全的附件。

三、二手车鉴定评估报告的基本内容

根据二手车鉴定评估报告的撰写基本要求，二手车鉴定评估报告应包括以下基本内容。

1. 封面

二手车鉴定评估报告的封面应包含下列内容：二手车鉴定评估报告名称、二手车鉴定评估机构出具二手车鉴定评估报告的编号、二手车鉴定评估机构全称和二手车鉴定评估报告提交日期等。有服务商标的，二手车鉴定评估机构可以在二手车鉴定评估报告封面载明其图形标志。

2. 首部

二手车鉴定评估报告正文的首部应包括标题和二手车鉴定评估报告序号。

1) 标题

标题应简练清晰，含有“××××(评估项目名称)鉴定评估报告”字样，位置居中偏上。

2) 二手车鉴定评估报告序号

二手车鉴定评估报告序号应符合公文的要求，包括二手车鉴定评估机构特征字、公文种类特征字(例如：评报、评咨和评函。二手车鉴定评估正式报告应用“评报”，预报告应用“评预

报”)、年份、文件序号。例如:××评报字(2015)第10号。

3. 绪言

绪言写明该二手车鉴定评估报告委托方全称、受委托鉴定评估事项及鉴定评估工作整体情况,一般应采用包含下列内容的表达格式:

××(二手车鉴定评估机构)接受××××的委托,根据国家有关资产评估的规定,本着客观、独立、公正、科学的原则,按照公认的资产评估方法,对××××(车辆)进行了鉴定评估。本机构鉴定评估人员按照必要的程序,对委托鉴定评估车辆进行了实地查勘与市场调查,对其在××××年××月××日所表现的市场价值做出了公允反映。现将车辆评估情况及鉴定评估结果报告如下。

4. 委托方与车辆所有方简介

(1) 应写明委托方、委托方联系人的名称、联系电话及住址。

(2) 应写明车主的名称。

5. 鉴定评估目的

应写明本次鉴定评估是为了满足委托方的何种需要,及其所对应的经济行为类型。例如:

根据委托方的要求,本项目鉴定评估目的:

□交易 □拍卖 □置换 □抵押 □担保 □咨询 □司法裁决

6. 鉴定评估对象

应简要写明纳入鉴定评估范围车辆的厂牌型号、号牌号码、发动机号、车辆识别代号/车架号、注册登记日期、年审检验合格有效日期、车辆购置税证号码、车船使用税缴纳有效期。

7. 鉴定评估基准日

应写明车辆鉴定评估基准日的具体日期,式样为

鉴定评估基准日:××××年××月××日。

8. 鉴定评估原则

鉴定评估应严格遵循客观性、独立性、公正性、科学性的原则。

9. 鉴定评估依据

鉴定评估依据一般包括行为依据、法律法规依据、产权依据、评定及取价依据等。对鉴定评估中所采用的特殊依据也应在本节内容中披露。

1) 行为依据

行为依据主要是指二手车鉴定评估委托书、法院的委托书等经济行为文件,如“二手车鉴定评估委托书第10号”。

2) 法律法规依据

法律法规依据应包括车辆鉴定评估的有关条款、文件,以及涉及车辆评估的有关法律、法规等。

3) 产权依据

产权依据是指被鉴定评估车辆的机动车登记证书或其他能够证明车辆产权的文件等。

4) 评定及取价依据

评定及取价依据应为二手车鉴定评估机构收集的国家有关部门发布的统计资料和技术标准资料,以及二手车鉴定评估机构收集的有关询价资料和参数资料等。

(1) 技术标准资料,如《最新资产评估常用数据与参数手册》、《机动车运行安全技术条件》(GB 7258—2017)、《道路运输车辆综合性能要求和检验方法》(GB 18565—2016)。

(2) 技术参数资料,如被鉴定评估二手车的技术参数表、装备一览表。

(3) 技术鉴定资料,如车辆检测报告单、现场查勘记录表、某修理厂提供的事故定损修理清单、某保险公司提供的事故理赔清单。

(4) 其他资料,如现场工作底稿、市场询价资料等。

10. 鉴定评估方法及计算过程

简要说明二手车鉴定评估人员在鉴定评估过程中所选择并使用的鉴定评估方法;简要说明选择鉴定评估方法的依据或原因;如果在鉴定评估时,采用一种以上的鉴定评估方法,应适当说明原因并说明该资产鉴定评估价值确定方法;对所选择的特殊鉴定评估方法,应适当介绍其原理与适用范围;简要说明各种鉴定评估方法计算的主要步骤等。

11. 鉴定评估过程

鉴定评估过程应反映二手车鉴定评估机构自接受鉴定评估委托起至提交二手车鉴定评估报告的工作过程,包括接受委托、验证、现场查勘、市场调查与询证、评定估算和提交报告等过程。

12. 鉴定评估结论

给出被鉴定评估车辆的评估价格、金额(小写、大写)。

13. 特别事项说明

二手车鉴定评估报告中陈述的特别事项:在已确定鉴定评估结果的前提下,二手车鉴定评估人员揭示在鉴定评估过程中已发现可能影响鉴定评估结论,但非二手车鉴定评估人员执业水平和能力所能评定估算的有关事项;提示二手车鉴定评估报告使用者应注意特别事项对鉴定评估结论的影响;揭示二手车鉴定评估人员认为需要说明的其他问题。

14. 二手车鉴定评估报告法律效力

说明二手车鉴定评估报告的有效日期,特别提示评估基准日的期后事项对鉴定评估结论的影响及二手车鉴定评估报告的使用范围等。常见写法如下。

第一种写法:

本项鉴定评估结论有效期为90天,自评估基准日至××××年××月××日止。

第二种写法:

当鉴定评估目的在有效期内实现时,本鉴定评估结论可以作为作价参考依据。超过90天,需要重新进行鉴定评估。另外,在鉴定评估有效期内若被鉴定评估车辆的市场价格或因交通事故等原因导致车辆的价值发生变化,对车辆鉴定评估结果产生明显影响,委托方也需要重新委托鉴定评估机构重新鉴定评估。

第三种写法:

二手车鉴定评估报告的使用权归委托方所有,其鉴定评估结论仅供委托方为本项目鉴定评估目的使用和送交二手车鉴定评估主管机关审查使用,不适用于其他目的;因使用该二手车鉴定评估报告不当而产生的任何后果与签署本二手车鉴定评估报告的鉴定评估师无关;未经委托方许可,本鉴定评估机构承诺不将本二手车鉴定评估报告的内容向他人提供或公开。

15. 二手车鉴定评估报告提出日期

写明二手车鉴定评估报告提交委托方的具体时间。二手车鉴定评估报告原则上应在确定的评估基准日后一周内提出。

16. 附件

附件应包括二手车鉴定评估委托书、二手车鉴定评估作业表、车辆行驶证复印件、车辆购置税复印件、车辆登记证书复印件、二手车鉴定评估师资格证书影印件、二手车鉴定评估机构营业执照影印件、二手车鉴定评估机构资质影印件和二手车照片等。

17. 尾部

写明出具二手车鉴定评估报告的二手车鉴定评估机构的名称,并盖章;写明二手车鉴定评估机构法定代表人的姓名并签名;初级二手车鉴定评估师盖章并签名;高级二手车鉴定评估师审核签章及报告日期。

四、撰写二手车鉴定评估报告的步骤

撰写二手车鉴定评估报告是鉴定评估工作的最后一道工序,也是鉴定评估工作中很重要的一个环节。二手车鉴定评估报告不仅要真实准确地反映鉴定评估工作情况,而且表明二手车鉴定评估人员在今后一段时期里对鉴定评估的结果和有关的全部附件资料承担相应的法律责任。二手车鉴定评估报告是记述鉴定评估成果的文件,是二手车鉴定评估机构向委托方和二手车鉴定评估管理部门提交的主要成果。二手车鉴定评估报告不仅反映二手车鉴定评估人员的专业水平,而且直接关系到有关各方的利益。这就要求二手车鉴定评估人员撰写的报告思路清晰、文字简练准确、格式规范、有关的取证与调查材料和数据真实可靠。为了达到这些要求,二手车鉴定评估人员应按下列步骤进行二手车鉴定评估报告的撰写。

1. 鉴定评估资料的分类整理

被鉴定评估二手车的有关背景资料、技术鉴定情况资料及其他可供参考的数据记录等鉴定评估资料是撰写二手车鉴定评估报告的基础。一个较复杂的鉴定评估项目是由两个或两个以上二手车鉴定评估人员合作完成的,对鉴定评估资料进行分类整理,包括审核二手车鉴定评估作业表、说明鉴定评估依据和最后形成鉴定评估的文字材料等内容。

2. 鉴定评估资料的分析讨论

在整理资料工作完成后,应召集参与鉴定评估工作过程的有关人员,对鉴定评估的情况和初步结论进行分析讨论。如果发现其中存在提法不妥、计算错误、作价不合理等方面的问题,应进行必要的调整。若采用两种不同方法鉴定评估并得出两个不同结论,需要在充分讨论的基础上得出一个正确的结论。

3. 二手车鉴定评估报告的撰写

二手车鉴定评估报告的负责人应根据讨论鉴定评估资料后得到的修正意见,进行资料的汇总编排和二手车鉴定评估报告的撰写工作,然后将二手车鉴定评估的基本情况和二手车鉴定评估报告初稿得出的初步结论与委托方交换意见,听取委托方的反馈意见后,在坚持客观、公正、科学、可行原则的前提下,认真分析委托方提出的问题和意见,考虑是否应该修改二手车鉴定评估报告,对二手车鉴定评估报告中存在的疏忽、遗漏和错误之处进行修正,待修正完毕即可撰写出正式的二手车鉴定评估报告。

4. 二手车鉴定评估报告的审核

二手车鉴定评估报告先由项目负责人审核,再报二手车鉴定评估机构经理审核签发,同时要求二手车鉴定评估人员签字并加盖二手车鉴定评估机构公章。送达客户签收时,必须要求客户在收到二手车鉴定评估报告后，按送达回证上的要求认真填写，并要求收件人签字确认。

五、撰写二手车鉴定评估报告时应注意的事项

撰写二手车鉴定评估报告时应注意以下事项。

1）实事求是，切忌出具虚假报告

二手车鉴定评估报告必须建立在真实、客观的基础上，不能脱离实际情况，更不能无中生有。二手车鉴定评估报告拟定人应是参与鉴定评估并全面了解被鉴定评估车辆的主要鉴定评估人员。

2）坚持一致性做法，切忌表里不一

二手车鉴定评估报告的文字、内容要前后一致，正文、评估说明、作业表、鉴定工作底稿、格式甚至数据要相互一致，不能出现相互矛盾的不一致情况。

3）提交报告书要及时、齐全和保密

在正式完成二手车鉴定评估报告撰写工作后，应按业务约定书的约定时间及时将二手车鉴定评估报告送交委托方。送交二手车鉴定评估报告时，二手车鉴定评估报告及有关文件要齐全。

六、二手车鉴定评估报告范例

二手车鉴定评估报告（示范文本）

××××鉴定评估机构评报字（20　　年）第××号

一、绪言

　　（鉴定评估机构）接受　　　的委托，根据国家有关评估及《二手车流通管理办法》和《二手车鉴定评估技术规范》的规定，本着客观、独立、公正、科学的原则，按照公认的评估方法，对牌号为______的车辆进行了鉴定。本机构鉴定评估人员按照必要的程序，对委托鉴定评估的车辆进行了实地查勘与市场调查，并对其在______年____月____日所表现的市场价值做出了公允反映。现将该车辆鉴定评估结果报告如下。

二、委托方信息

委托方：________________　委托方联系人：________________

联系电话：________________　车主姓名/名称：（填写机动车登记证书所示的名称）

三、鉴定评估基准日　________________年__________月__________日

四、鉴定评估车辆信息

厂牌型号：________________　牌照号码：________________

发动机号：________________　VIN：________________

车身颜色：__________表征里程：__________　初次登记日期：__________

年审检验合格至：________年______月　交强险截止日期：________年______月

车船税截止日期：________年______月

是否查封、抵押车辆：□是 □否　车辆购置税（费）证：□有 □无

机动车登记证书：　□有 □无　机动车行驶证：　□有 □无

未接受处理的交通违法记录：□有 □无

使用性质：□公务用车 □家庭用车 □营运用车 □出租车　□其他：__________

五、技术鉴定结果

技术状况缺陷描述：________________________________

重要配置及参数信息:______________________________

技术状况鉴定等级:______________ 等级描述:______________

六、价值评估

价值估算方法:□现行市价法 □重置成本法 □其他:______________

价值估算结果:车辆鉴定评估价值为人民币________元,金额大写:______________

七、特别事项说明[1]

八、鉴定评估报告法律效力

本鉴定评估结果可以作为作价参考依据。本项鉴定评估结论有效期为90天,自鉴定评估基准日至________年______月_____日止。

九、声明

(1) 本鉴定评估机构对该二手车鉴定评估报告承担法律责任。

(2) 本二手车鉴定评估报告所提供的车辆评估价值为评估基准日的价值。

(3) 该二手车鉴定评估报告的使用权归委托方所有,其鉴定评估结论仅供委托方为本项目鉴定评估目的使用和送交二手车鉴定评估主管机关审查使用,不适用于其他目的,否则本鉴定评估机构不承担相应法律责任。因使用本二手车鉴定评估报告不当而产生的任何后果与签署本二手车鉴定评估报告的鉴定评估人员无关。

(4) 本鉴定评估机构承诺,未经委托方许可,不将本二手车鉴定评估报告的内容向他人提供或公开,否则本鉴定评估机构将承担相应的法律责任。

附件:

一、二手车鉴定评估委托书

二、二手车鉴定评估作业表

三、机动车行驶证、机动车登记证书证复印件

四、被鉴定评估二手车照片(要求外观清晰,车辆牌照能够辨认)

二手车鉴定评估师(签字、盖章) 复核人[2](签字、盖章)

年 月 日 (二手车鉴定评估机构盖章)

年 月 日

[1] 特别事项是指在已确定鉴定评估结果的前提下,鉴定评估人员认为需要说明的在鉴定过程中已发现可能影响鉴定评估结论,但非鉴定评估人员执业水平和能力所能鉴定评定估算的有关事项以及其他问题。

[2] 复核人是指具有高级二手车鉴定评估师资格的人员。

备注:① 本二手车鉴定评估报告和二手车鉴定评估作业表一式三份,委托方二份,受托方一份;

② 鉴定评估基准日即为二手车鉴定评估委托签订的日期。

【任务实施】

学生根据本项目对赵先生的标致206轿车的鉴定评估工作,结合本任务所学的知识,按照二手车鉴定评估报告的具体内容和基本格式要求,撰写二手车鉴定评估报告。写好后打印出来并交给指导教师。

项目 6

二手车交易实务

知识目标

（1）了解国内二手车交易的类型。

（2）掌握国内二手车交易的程序。

（3）了解影响二手车收购定价的因素。

（4）掌握二手车收购的定价方法。

（5）了解影响二手车销售定价的因素。

（6）掌握二手车销售的定价方法。

（7）了解二手车置换的业务流程。

能力目标

（1）能够引导客户办理二手车交易过户业务。

（2）能够引导客户办理车辆转移登记业务。

（3）掌握签订二手车交易合同的准则。

（4）能够确定二手车的收购价格。

（5）能够确定二手车的销售价格。

（6）具有办理二手车置换业务的能力。

任务1 二手车交易流程

【任务导入】

吴先生刚参加工作，需要一辆轿车代步。由于个人情况，他来到二手车交易市场，考虑买一辆二手车。二手车交易市场的工作人员接待了吴先生，详细地介绍了二手车交易的流程，并帮助吴先生办理了二手车交易手续。

【任务分析】

二手车交易的过程是指从二手车商收购原车主车辆开始，经过车辆翻新，再开展销售，直到交易成功卖给新车主的整个过程。在二手车交易中，从业人员必须熟悉二手车的收购流程、置换流程、销售流程、拍卖流程、二手车交易过户流程。

【相关知识】

一、二手车交易概述

1. 二手车交易的类型

二手车交易是一种产权交易，具体是指实现二手车所有权从卖方到买方的转移过程。二手车必须完成所有权转移登记(即过户)才算是合法的、完整的二手车交易。根据《二手车流通管理办法》的相关规定，二手车交易有以下三种类型。

1) 直接交易

二手车直接交易是指二手车所有人不通过经销企业、拍卖企业和经纪机构将车辆直接出售给买方的交易行为。也就是说，不通过中介，买卖双方直接交易。二手车直接交易应当在二手车交易市场进行。

2) 中介经营

中介经营是指中介方以收取约定佣金为目的，帮助二手车买卖双方实现二手车交易的一种交易行为。中介经营包括二手车经纪、二手车拍卖等。

(1) 二手车经纪。二手车经纪是指二手车经纪机构以收取佣金为目的，为促成他人交易二手车而从事居间、行纪或者代理等经营活动。车主将待转让的车辆委托给二手车中介公司，约定好最低委托销售价格，车被买主看中，二手车经纪机构会及时通知车主到场办理手续。

(2) 二手车拍卖。二手车拍卖是指二手车拍卖企业以公开竞价的形式将二手车转让给最高应价者的经营活动。从事二手车拍卖及相关中介服务活动的机构应按照《中华人民共和国拍卖法》及《拍卖管理办法》的有关规定进行。委托拍卖时，委托人应提供身份证明、车辆所有权或处置权证明及其他相关材料。拍卖人接受委托的，应与委托人签订委托拍卖合同。

3) 二手车销售

二手车销售是指二手车销售企业收购、销售二手车的经营活动。

二手车置换也是一种二手车销售行为。所谓二手车置换，是指客户在汽车销售企业购买新车时，将目前在用的汽车经过该企业的检测估价后以一定的折价抵扣部分新车款的一种交易方式。目前二手车置换业务主要是在同品牌的车型中开展,汽车销售企业对置换的汽车进行一定的检测、维修后,将其作为一辆认证二手车卖给消费者。

二手车典当不赎回情况也可以算作一种二手车销售行为。二手车典当是指二手车所有人将其拥有的、具有合法手续的车辆质押给典当公司,典当公司支付典当当金,封存质押车辆,双方约定在一定期限内由出典人(二手车所有人)结清典当本息、赎回车辆的一种贷款行为。典当时,二手车所有人需持合法、有效的证件到典当公司办理典当手续(典当公司工作人员和车主需当面查验),填写机动车抵押/注销抵押登记申请表,并将该申请表交到车辆管理所备案。然后将典当车辆封入典当公司的专业车辆库房。如果到约定的赎回期限二手车所有人不赎回车辆,则典当公司可以依据协议自行处置该车,如出售。

2. 二手车交易的其他分类方式及其类型

二手车可以在任何身份的人群中交易。根据二手车买卖双方身份的不同,二手车交易分为以下四种类型。

1) 个人对个人交易

个人对个人交易是指二手车所有人为个人,二手车买受人也是个人的一种交易行为。也就是说,在二手车交易中,买卖双方都是以个人的身份出现的。

2) 个人对单位交易

个人对单位交易是指二手车所有人为个人,二手车买受人是单位的一种交易行为。

3) 单位对个人交易

单位对个人交易是指二手车所有人为单位,二手车买受人是个人的一种交易行为。

4) 单位对单位交易

单位对单位交易是指二手车所有人为单位,二手车买受人也是单位的一种交易行为。

3. 二手车交易的相关规定

《二手车交易规范》对二手车交易进行了以下规定。

1) 二手车交易地点

二手车应在车辆注册登记所在地交易,不允许异地交易。这有利于规范和管理各地的二手车交易市场。

2) 二手车转移登记手续办理地点

二手车转移登记手续应该按照公安部门有关规定在原车辆注册登记所在地公安机关交通管理部门办理。需要进行异地转移登记的,由车辆原属地公安机关交通管理部门办理车辆转出手续,在接收地公安机关交通管理部门办理车辆转入手续。

3) 建立二手车交易档案

二手车交易市场经营者、经销企业、拍卖公司应建立交易档案,交易档案主要包括以下内容。

① 法定证明、凭证复印件。法定证明、凭证主要包括车辆号牌、机动车登记证书、机动车行驶证和机动车安全技术检验合格标志。

② 购车原始发票或者最近一次交易发票复印件。

③ 买卖双方身份证明或者机构代码证书复印件。

④ 委托人及授权代理人身份证或者机构代码证书以及授权委托书复印件。

⑤ 交易合同原件。

⑥ 二手车经销企业的车辆信息表、二手车拍卖公司的拍卖车辆信息和二手车拍卖成交确

认书。

⑦ 其他需要存档的有关资料。

二手车交易档案保留期限为不少于3年。

二、二手车交易的程序

在我国,二手车交易需要遵守相关的政策规定,按照一定的交易程序进行;二手车交易实行过户制度,不论是哪一种交易类型,都必须办理过户相关手续,实现车辆所有权变更。

目前,全国范围内还没有完全统一的二手车交易程序标准,各地二手车交易的程序可能有差异,但主要程序大同小异。根据二手车交易的类型和开具销售发票的权限,二手车交易的程序有以下三种。

1. 二手车直接交易的程序

二手车个人交易无论是直接交易,还是通过二手车经纪机构进行的二手车交易,卖方不能直接给买方开具二手车销售统一发票。根据规定,买卖双方达成交易意向后应当到二手车交易市场办理过户业务,由二手车交易市场经营者按规定向买方开具税务机关监制的统一发票即二手车销售统一发票(发票上必须盖有工商验证章才有效),以便买卖双方办理车辆相关证件及手续的变更。这种交易的程序如图6-1所示。

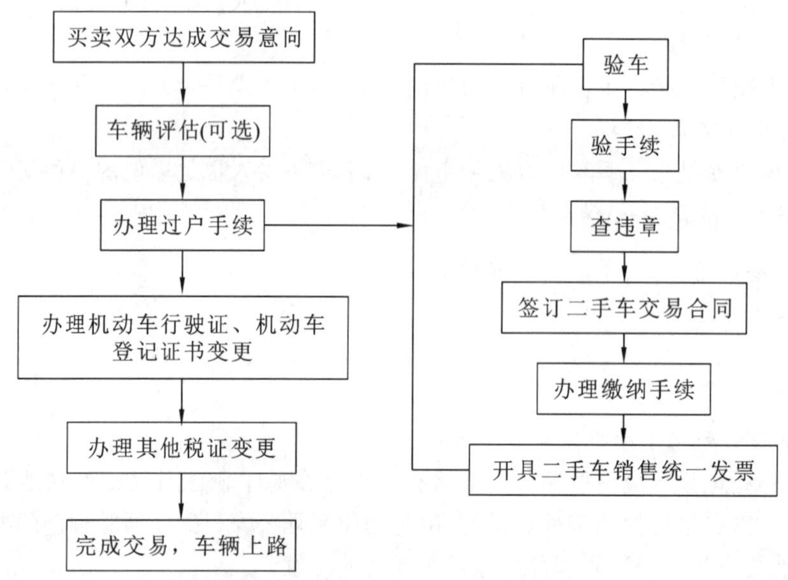

图6-1 二手车直接交易的程序

2. 二手车销售交易的程序

由于二手车销售企业能够直接给购车者开具二手车销售统一发票,所以只要购车者和二手车销售企业达成交易意向,双方即可签订二手车交易合同。购车者付清车款后,二手车销售企业按规定给购车者开具二手车销售统一发票,这时购车者就可以携带该发票和要求的证件去相关部门办理车辆相关证件的变更。这种交易的程序如图6-2所示。有关车辆的合法性手续,二手车销售企业在收购车时已经查验过,可以通过二手车交易合同加以保证。

3. 二手车拍卖交易的程序

根据《二手车流通管理办法》规定,二手车拍卖企业也能够直接给购车者开具二手车销售统

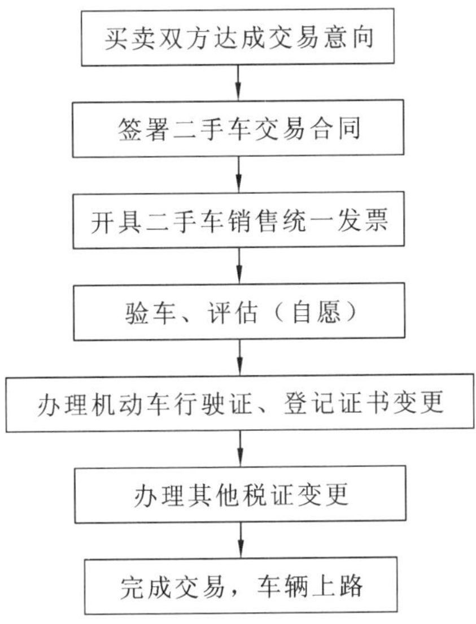

图 6-2　二手车销售交易的程序

一发票。在拍卖会结束后，购车者和二手车拍卖企业签订成交确认书（相当于二手车交易合同）；购车者付清车款后，即得到二手车销售统一发票；购车者凭成交确认书到指定地点提车，然后携带二手车销售统一发票和要求的证件去相关部门办理车辆相关证件的变更，完成交易。

三、办理二手车交易过户

二手车过户过程分为两个步骤，即二手车交易过户和车辆转移登记过户。这两个步骤缺一不可。二手车交易过户业务在二手车交易市场办理，主要工作内容为二手车销售统一发票的开具；而车辆转移登记过户业务在车管所办理，主要完成机动车登记证书的变更登记、机动车行驶证及机动车号牌的核发。对于二手车交易过户业务，原车主最好亲自办理，如果原车主不亲自办理，可以授权委托其他人来办理，但必须有授权委托书。此授权委托书只在办理二手车交易过户业务时使用，而办理车辆转移登记过户业务时不得使用。

1. 验车

验车是买卖双方到二手车交易市场办理二手车交易过户业务的第一道程序，由二手车交易市场主办方委派负责交易过户的业务人员办理。验车的主要目的是检查车辆信息与机动车行驶证上的内容是否一致，对车辆的合法性进行验证。验证的内容主要包括车主姓名、车辆名称、车辆的号牌号码、车辆的类型、车辆识别代号、发动机号、排气量、初次登记日期等。经检查无误后，由负责交易过户的业务人员填写车辆检验单，二手车交易过户业务进入查验手续阶段。

2. 查验手续

查验手续主要查验车辆手续和机动车所有人身份证明，即查验买卖双方所提供的所有手续是否具备办理过户的条件，有无缺失及不符合规定的手续。

1）车辆手续检查

车辆手续是指能够满足机动车上路行驶所需要的各种手续，主要包括按照国家有关法律法规及地方法规要求应该办理的各项有效证件和应该缴纳的税费凭证。在对车辆进行价值评估时，除了车辆本身的实体价值以外，车辆合法证件和税费等均属于无形价值，是构成车辆实际使用价值的重要组成部分。只有手续合法，所应缴纳的税费及其凭证无缺失，才能使车辆在交易环节具有完全的价值。如果车辆在使用中出现拖欠养路费、车船使用税,欠缴购置附加税,不按时年检等情况,那么,即使车辆状况很好,也不具有实际使用价值。

(1) 查验证件。查验证件的目的是查验被交易车辆的合法性。每辆合法注册、登记的机动车都有车管所核发的机动车登记证书、机动车行驶证和机动车号牌(机动车号牌必须悬挂在车体指定位置)。二手车交易时,主要查验的证件包括机动车来历证明、机动车登记证书和机动车行驶证。

(2) 查验税费证明。根据《二手车流通管理办法》规定,二手车交易必须提供车辆购置税完税证明、车船使用税缴付凭证和车辆保险单等税费缴付凭证。

2) 机动车所有人身份证明检查

机动车所有人身份证明是证实车主身份的证明。检查机动车所有人身份证明的目的是查验机动车所有人是否合法拥有该车的处置权。车主的身份证明有以下几种情况。

(1) 如果车主为自然人,则身份证明为个人身份证。需要指出的是,个人身份又有本地和外地之分:若为本市个人,只需身份证件;若为外地个人,还需要提供居住证原件。

(2) 如果车主为企业,则身份证明为企业的法人代码证书。

(3) 如果车主为外籍公民,则身份证件为其护照及工作(居留)证。

根据《二手车交易规范》规定,二手车交易市场经营者和二手车经营主体应按下列项目确认卖方的身份及车辆的合法性。

(1) 卖方身份证明或者机构代码证书原件合法有效。

(2) 车辆号牌、机动车登记证书、机动车行驶证、机动车安全技术检验合格标志真实、合法、有效。

(3) 交易车辆不属于《二手车流通管理办法》第二十条规定禁止交易的车辆。

同时,二手车交易市场经营者和二手车经营主体应核实卖方的所有权或处置权证明。车辆所有权或处置权应符合下列条件。

(1) 机动车登记证书、机动车行驶证与卖方身份证明名称一致;国家机关、国有企事业单位出售的车辆,应附有资产处理证明。

(2) 委托出售的车辆,卖方应提供车主授权委托书和身份证明。

(3) 二手车经销企业销售的车辆,应具有车辆收购合同等能够证明经销企业拥有该车所有权或处置权的相关材料,以及原车主身份证明复印件。原车主名称应与机动车登记证书、机动车行驶证名称一致。

3. 查违法

查违法就是查交易的二手车是否有违法行为记录。具体方法是登录车辆管理部门的信息数据库或查询网站进行查询。

4. 签订交易合同

根据《二手车流通管理办法》规定,二手车交易双方应该签订交易合同,要在合同当中对二手车的状况、来源的合法性、费用负担及对所出现问题的解决方法等各方面进行说明、约定,以便分清各自的责任和义务。

经过查验和鉴定评估后,二手车的真实性和基本价格已基本确定。如果车主不同意评估价格,可以和二手车销售企业协商达成最终交易的价格。同时,原车主需要对其车辆的一些其他事宜(如使用年数、行驶千米数、安全隐患、有无违章记录等)做一个书面承诺。这些都是以签订交易合同的形式来确定的。交易合同是确立买卖双方交易关系和责任的法律合约,是办理交易手续和过户手续的必要凭证之一。

二手车买卖合同范本如下所示。

二手车买卖合同

合同编号：

甲方(出卖人)：
住所：　　　　　　　　　　　　　　　　法定代表人：
身份证号码：
社会信用统一代码或工商登记注册号：
电话号码：
乙方(买受人)：
住所：　　　　　　　　　　　　　　　　法定代表人：
社会信用统一代码或工商登记注册号：
身份证号码：　　　　　　　　　　　　　电话号码：

根据《中华人民共和国合同法》《二手车流通管理办法》等有关法律、法规、规章的规定，就二手车的买卖事宜，买卖双方在平等、自愿、协商一致的基础上签订本合同。

第一条　车辆基本情况

1.车主名称或姓名：________________；

厂牌型号：________________；

车架号/VIN码：________________。

2.车辆____________(是或否)因为质量问题而进行过更换、退货或主要零部件的维修、更换，原因是____。

3.二手车技术状况表见附件一。

4.车辆相关凭证见附件二。

第二条　车辆价款、过户手续费及支付时间、方式

1.车辆价款及过户手续费

本车价款(不含税费或其他费用)为人民币：________元(大写：____________________元)。

过户手续费为人民币：________元(大写：________________元)。

2.支付时间、方式

□合同签订之日，一次性付清车款；

□合同签订之日，交付订金________元(大写：____________元)，________个工作日内付清余款________元(大写：____________元)；

□其他支付方式，如使用汽车消费贷款等支付方式以补充合同形式另行约定。

□过户手续费由乙方承担；

□过户手续费由甲方承担；

□过户手续费由乙方承担________%，即________元(大写：________________元)；甲方承担________%，即________元(大写：________________元)。

车辆过户时将过户手续费支付给双方约定的过户手续办理方。

第三条　车辆的过户、交付及风险承担

过户手续办理方应于本合同签订之日起________个工作日内,办理完成过户、转籍手续。

甲方应于本车过户、转籍手续办理完成后________个工作日内在(地点)向乙方交付车辆及相关凭证(见附件二)。

在车辆交付乙方之前所发生的所有风险由甲方承担;在车辆交付乙方之后所发生的所有风险由乙方承担。

第四条　双方的权利和义务

1. 甲方应按照合同约定的时间、地点向乙方交付车辆及相关凭证。
2. 甲方应保证合法享有车辆的所有权或处置权。
3. 甲方保证所出示及提供的与车辆有关的一切证件、证明及信息合法、真实、有效。
4. 乙方应按照合同约定支付价款。
5. 对转出属地的车辆,乙方确认已经了解注册地对于迁入机动车的限制性规定,确认该车辆符合当地注册登记标准。如果因非甲方原因导致乙方无法在当地注册登记的,乙方自行承担责任。

第五条　车辆质量与质量保证

1. 甲方为法人的或通过法人机构委托销售、拍卖的,应按照附件一提供二手车技术状况表,作为合同的一部分。
2. 车辆完成交易后,甲方向乙方提供______个月的质保,质保范围为__________________。

第六条　违约责任

1. 甲方向乙方提供的有关车辆信息不真实或甲方故意隐瞒相关车辆信息,包括三包记录、维修记录、改装记录等,乙方有权解除合同,并要求甲方赔偿因此造成的损失。
2. 甲方未按合同的约定期限将本车及其相关凭证交付乙方超过________日的,乙方有权解除本合同,并由甲方逾期每日按本车价款总额的________‰(最高不超过合同总价款的________%)向乙方支付违约金。
3. 乙方未按照合同约定期限支付本车价款的超过________日的,甲方有权解除本合同,乙方逾期每日按本车价款总额________‰(最高不超过合同总价款的________%)向甲方支付违约金。
4. 因甲方原因致使车辆不能办理过户、转籍手续的,乙方有权解除本合同,要求甲方返还车辆价款并承担相应损失;因乙方原因致使车辆不能办理过户、转籍手续的,甲方有权解除本合同,并要求乙方返还车辆并承担相应损失。
5. 其他违约责任:

第七条　合同争议的解决方式

因本合同发生的争议,由当事人协商或委托第三方调解解决;协商或调解不成的,按下列第________种方式解决:

1. 提交__________________________仲裁委员会仲裁。
2. 依法向________________________人民法院起诉。

第八条　合同的生效

本合同一式________份,经双方当事人签字或盖章之日起生效。

第九条　其他约定

附件一：二手车技术状况表
附件二：车辆相关凭证

甲方：	乙方：
（签章）	（签章）
甲方开户银行：	乙方开户银行：
账号：	账号：
户名：	户名：

签订地点：
签订日期：　　年　　月　　日

附件一　二手车技术状况表（示范文本）

<table>
<tr><td rowspan="9">车辆基本信息</td><td>厂牌型号</td><td colspan="2"></td><td>牌照号码</td><td colspan="2"></td></tr>
<tr><td>发动机号</td><td colspan="2"></td><td>VIN</td><td colspan="2"></td></tr>
<tr><td>注册登记日期</td><td colspan="2">年　　月　　日</td><td>表征里程</td><td colspan="2">$\times 10^4$ km</td></tr>
<tr><td>品牌名称</td><td></td><td>□国产　□进口</td><td>车身颜色</td><td colspan="2"></td></tr>
<tr><td>年检证明</td><td colspan="2">□有（至　　年　　月）　□无</td><td>购置税证书</td><td colspan="2">□有　　□无</td></tr>
<tr><td>车船税证明</td><td colspan="2">□有（至　　年　　月）□无</td><td>交强险</td><td colspan="2">□有（至　　年　　月）□无</td></tr>
<tr><td>使用性质</td><td colspan="5">□营运用车　□出租车　□公务用车　□家庭用车　□其他</td></tr>
<tr><td>其他法定凭证、证明</td><td colspan="5">□机动车号牌　□机动车行驶证　□机动车登记证书
□第三者强制保险单　□其他</td></tr>
<tr><td>车主名称/姓名</td><td colspan="3"></td><td>企业法人证书代码/身份证号码</td><td></td></tr>
<tr><td rowspan="4">重要配置</td><td>燃料标号</td><td></td><td>排量</td><td></td><td>缸数</td><td></td></tr>
<tr><td>发动机功率</td><td></td><td>排放标准</td><td></td><td>变速器形式</td><td></td></tr>
<tr><td>安全气囊</td><td></td><td>驱动方式</td><td></td><td>ABS</td><td>□有　□无</td></tr>
<tr><td>其他重要配置</td><td colspan="5"></td></tr>
<tr><td>是否为事故车</td><td>□是　□否</td><td colspan="2">损伤位置及损伤状况</td><td colspan="3"></td></tr>
<tr><td>鉴定结果</td><td>分值</td><td colspan="2"></td><td>技术状况等级</td><td colspan="2"></td></tr>
<tr><td rowspan="7">车辆技术状况鉴定缺陷描述</td><td>鉴定科目</td><td colspan="2">鉴定结果（得分）</td><td colspan="3">缺陷描述</td></tr>
<tr><td>车身检查</td><td colspan="2"></td><td colspan="3"></td></tr>
<tr><td>发动机舱检查</td><td colspan="2"></td><td colspan="3"></td></tr>
<tr><td>驾驶舱检查</td><td colspan="2"></td><td colspan="3"></td></tr>
<tr><td>启动检查</td><td colspan="2"></td><td colspan="3"></td></tr>
<tr><td>路试检查</td><td colspan="2"></td><td colspan="3"></td></tr>
<tr><td>底盘检查</td><td colspan="2"></td><td colspan="3"></td></tr>
</table>

说明:

本表由二手车鉴定评估师按照国家标准《二手车鉴定评估技术规范》(GB/T 30323－2013)要求对车辆进行检测后生成。

其中“表征里程”项按照里程表读数填写,不代表真实行驶里程。

二手车鉴定评估师:(签章)　　　　　　　　　鉴定单位:(盖章)

鉴定日期:　　　年　　月　　日

注:本二手车技术状况表由二手车经销企业、拍卖企业、经纪企业使用,作为二手车交易合同的附件;车辆展卖期间,放置在驾驶室前挡风玻璃左下方,为消费者提供参考。

附件二　车辆相关凭证

1.机动车登记证书。

2.机动车行驶证。

3.有效的机动车安全技术检验合格标志。

4.车辆购置税完税证明。

5.车船使用税缴付凭证。

6.车辆强制责任险缴付凭证。

7.原始购车发票或二手车销售统一发票。

8.三包凭证及修理记录。

9.其他凭证。

5. 缴纳手续费

手续费,俗称过户费,是指在二手车交易市场中办理交易过户业务相关手续的服务费用。

在2005年10月颁布实施《二手车流通管理办法》之前,二手车过户费是按照车辆评估价值的一定比例征收的,是二手车交易市场主要的利润来源。以北京为例,过户费是按照车辆评估价2.5%的比例来收取的。

2005年10月1日起实施的《二手车流通管理办法》取消了强制评估,这意味着,按照车辆评估价一定比例征收过户费的情况已被禁止,取而代之的是收取服务费。对服务费的收取标准,国家没有统一规定,由各个市场根据服务项目和内容自行决定。

目前,很多二手车交易市场的服务费是按照汽车的排量、年份、价格定额收取的。例如,北京市二手车交易市场服务费收取标准就是按排量、年份、价格来划分,并设有起始价和最低价。车辆初次登记日期一年以内的车型按起始价收取费用,然后按使用年份逐年递减,直至最低价;微型轿车的过户费200元起,1.0 L排量的轿车的过户费300元起,两者的过户费最高均为600元;随着排量的增大,过户费也随着增加,3.0 L排量的轿车的过户费最高为4 000元,最低为500元;相同排量的客车与货车的过户费低于轿车,最低的微型货车和农用车的过户费只需100元。

另外,还有些二手车交易市场服务费是按定额收取的。例如,北京中联二手车市场服务费统一标准为每辆车800元;对1.3～3.0 L排量的车型减半,即400元的优惠征收标准;对1.3 L排量以下的,执行200元的优惠征收标准。

6. 开具二手车销售统一发票

二手车销售统一发票是二手车的来历证明,是办理车辆转移登记手续变更的重要文件,因此,它又被称为过户发票。过户发票的有效期为一个月,买卖双方应在此期间内,到车辆管理部门办理机动车行驶证、机动车登记证书的相关变更手续。

二手车销售统一发票由以下用票人开具。

(1) 从事二手车交易的市场,包括二手车经纪机构和消费者个人之间的二手车交易需要开具发票的,由二手车交易市场统一开具。

(2) 从事二手车交易活动的经销企业,包括从事二手车交易的汽车生产和销售企业。

(3) 从事二手车拍卖活动的拍卖公司。

二手车销售统一发票是采用压感纸印制的计算机票,一式五联,其中存根联、记账联、出入库联由开票方留存;发票联交购车方、转移登记联由购车方经账和交公安车辆管理部门办理过户手续。二手车销售统一发票的价款中不包括过户手续费和评估费。

开具的二手车销售统一发票必须经工商部门审验合格后,在其上加盖相关专用章才能生效。这个步骤称为工商验证。

7. 二手车交易完成后卖方应向买方交付的手续

二手车交易完成后,卖方应当及时向买方交付车辆、号牌及车辆法定证明、凭证。其中,车辆法定证明、凭证主要包括:① 机动车登记证书;② 机动车行驶证;③ 有效的机动车安全技术检验合格标志;④ 车辆购置税完税证明;⑤ 车船使用税缴付凭证;⑥ 车辆保险单等。

四、办理车辆转移登记

机动车产权证明是指机动车登记证书、机动车行驶证和机动车号牌。根据买卖双方的住所是否在同一车辆管理所管辖区内,机动车产权转移登记手续可分为同一车辆管理所管辖区内的所有权转移登记(即同城转移登记)和不同车辆管理所管辖区的所有权转移登记(即异地转移登记)两种登记方式。

二手车同城转移登记应当在原车辆注册登记所在地公安交通管理部门办理。需要进行异地转移登记的,由车辆原属地公安交通管理部门办理车辆迁出手续,在接受地公安交通管理部门办理车辆迁入手续。

1. 二手车办理转移登记所需的手续及证件

二手车在同城交易和办理所有权转移登记时,根据买卖双方身份不同,对于二手车交易所属的四种交易类型,办理车辆转移登记时所需的手续和证件也有所不同,具体如下。

1) 二手车所有权由个人转移给个人

(1) 卖方个人身份证原件及复印件。

(2) 买方个人身份证原件及复印件。

(3) 车辆原始购置发票或上次交易过户发票原件及复印件。

(4) 过户车辆的机动车登记证书原件及复印件。

(5) 过户车辆的机动车行驶证原件及复印件。

(6) 二手车交易合同。

(7) 外地户口需持居住证。

(8) 过户车辆到场。

2) 二手车所有权由个人转移给单位

(1) 卖方个人身份证原件及复印件。

(2) 买方单位法人代码证书原件及复印件(需在年检有效期之内)。

(3) 车辆原始购置发票或上次交易过户发票原件及复印件。

(4) 过户车辆的机动车登记证书原件及复印件。

(5) 过户车辆的机动车行驶证原件及复印件。

(6) 二手车交易合同。

(7) 过户车辆到场。

3) 二手车所有权由单位转移给个人

(1) 卖方单位法人代码证书原件及复印件(需在年检有效期之内)。

(2) 买方个人身份证原件及复印件。

(3) 车辆原始购置发票或上次交易过户发票原件及复印件(如发票丢失,需要本单位财务证明信)。

(4) 卖方单位需按实际成交价格给买方个人开具成交发票(需复印)。

(5) 过户车辆的机动车登记证书原件及复印件。

(6) 过户车辆的机动车行驶证原件及复印件。

(7) 二手车交易合同。

(8) 过户车辆到场。

4) 二手车所有权由单位转移给单位

(1) 卖方单位法人代码证书原件及复印件(需在年检有效期之内)。

(2) 买方单位法人代码证书原件及复印件(需在年检有效期之内)。

(3) 车辆原始购置发票或上次交易过户发票原件及复印件(如发票丢失,需要本单位财务证明信)。

(4) 卖方单位需按实际成交价格给买方单位开具成交发票(需复印)。

(5) 过户车辆的机动车登记证书原件及复印件。

(6) 过户车辆的机动车行驶证原件及复印件。

(7) 二手车交易合同。

(8) 过户车辆到场。

2. 二手车同城转移登记

办理已注册登记的机动车同城(同一车辆管理所管辖区内)所有权转移登记时,只需要更改车主姓名(单位名称)和住所等资料,机动车及机动车号牌可以不变更。这种变更情形习惯上称为办理过户手续,即把机动车原车主的登记信息变更为新车主的登记信息。

1) 过户登记的程序

(1) 提出申请。现车主向车辆管理所提出机动车产权转移申请,填写表6-1所示的机动车转移登记申请表。

表6-1 机动车转移登记申请表

<table>
<tr><td colspan="2">机动车登记证书编号</td><td colspan="2"></td><td>号牌号码</td><td></td></tr>
<tr><td>申请事项</td><td colspan="5">□机动车在车辆管理所管辖区内的转移登记　　□机动车转出车辆管理所管辖区的转移登记</td></tr>
<tr><td rowspan="4">现机动车所有人</td><td>姓名/名称</td><td colspan="2"></td><td>联系电话</td><td></td></tr>
<tr><td>住所地址</td><td colspan="2"></td><td>邮政编码</td><td></td></tr>
<tr><td>身份证明名称</td><td></td><td>号码</td><td colspan="2">□常住人口　□暂住人口</td></tr>
<tr><td>居住/暂住证明名称</td><td colspan="2"></td><td>号码</td><td></td></tr>
</table>

续表

<table>
<tr><td rowspan="5">机动车</td><td colspan="2">机动车使用性质</td><td colspan="4">□公路客运 □公交客运 □出租客运 □旅游客运 □租赁 □货运
□非营运 □警用 □消防 □救护 □工程抢险 □营转非 □出租营转非</td></tr>
<tr><td colspan="2">机动车获得方式</td><td colspan="4">□购买 □中奖 □仲裁裁决 □继承 □赠予 □协议抵偿债务
□资产重组 □资产整体买卖 □调拨 □法院调解、裁定、判决</td></tr>
<tr><td colspan="2">机动车品牌型号</td><td colspan="4"></td></tr>
<tr><td colspan="2">车辆识别代号/车架号</td><td colspan="4"></td></tr>
<tr><td colspan="2">发动机号</td><td colspan="4"></td></tr>
<tr><td rowspan="2">相关资料</td><td colspan="2">来历凭证</td><td colspan="4">□销售/交易发票 □调解书 □裁定书 □判决书 □仲裁裁决书
□相关文书 □批准文件 □调拨证明 □权益转让证明书</td></tr>
<tr><td colspan="2">其他</td><td colspan="3">□中华人民共和国海关监管车辆解除监管证明书
□协助执行通知书 □公证书
□身份证明 □行驶证</td><td rowspan="3">现机动车所有人：

（个人签字/单位盖章）
年 月 日</td></tr>
<tr><td>事项明细</td><td colspan="2">转入地车辆管理所名称</td><td colspan="3">车辆管理所</td></tr>
<tr><td>申请方式</td><td colspan="5">□由现机动车所有人申请
□现机动车所有人委托________________代理申请</td></tr>
<tr><td rowspan="7">代理人</td><td colspan="2">姓名/名称</td><td colspan="2"></td><td>联系电话</td><td></td></tr>
<tr><td colspan="2">住所地址</td><td colspan="4"></td></tr>
<tr><td colspan="2">身份证明名称</td><td></td><td>号码</td><td></td><td rowspan="5">代理人：

（个人签字/单位盖章）
年 月 日</td></tr>
<tr><td rowspan="4">经办人</td><td>姓名</td><td colspan="3"></td></tr>
<tr><td>身份证明名称</td><td></td><td>号码</td><td></td></tr>
<tr><td>住所地址</td><td colspan="3"></td></tr>
<tr><td>签字</td><td colspan="3">年 月 日</td></tr>
</table>

填表说明：

1. 填写时使用黑色、蓝色墨水笔，字迹工整。

2. 标注有"□"符号的为选择项目，选择后在"□"中划"√"。

3. 现机动车所有人的住所地址栏，属于个人的，填写实际居住的地址；属于单位的，填写组织机构代码证书上签注的地址。

4. 机动车栏的"机动车品牌型号""车辆识别代号/车架号""发动机号"项目，按照车辆的技术说明书、合格证等资料标注的内容与车辆核对后填写。

5. 申请方式栏，属于由机动车所有人委托代理单位或者代理人代为申请的，除在"□"内划"√"外，还应当在下划线处填写代理单位或者代理人的全称。

6. 机动车所有人的签字/盖章栏，属于个人的，由机动车所有人签字；属于单位的，盖单位公章。

7. 代理人栏，属于个人代理的，填写代理人的姓名、住所地址、身份证明名称和号码，在代理人栏内签名，不必填写经办人姓名等项目；属于单位代理的，应填写代理人栏的所有内容，代理单位应盖单位公章，经办人应签字。

(2) 交验车辆。现车主将机动车送到机动车检测站检测,查验车辆识别代号/车架号是否被凿改过、与车辆识别代号/车架号的拓印膜是否一致。如果是已经超过检验周期的机动车,还要进行安全检测。

(3) 受理审核资料。车辆管理所受理转移登记申请,查验并收存相关资料,向现车主出具受理凭证;审批相关手续,符合规定的在计算机登记系统中确认;不符合规定的,说明理由并开具退办单,将资料退回车主。

(4) 办理新旧车主信息资料的转移登记手续。

① 如果需要改变机动车登记编号,车辆管理所需收回原机动车号牌和机动车行驶证,确定新的机动车登记编号,重新核发机动车号牌、机动车行驶证和检验合格标志。

② 如果不需要改变机动车登记编号,车辆管理所只需重新核发机动车行驶证并在机动车登记证书上记载转移登记事项。

2) 过户登记需要的材料

(1) 机动车转移登记申请表。

(2) 现车主的身份证明。

① 机关、学校、工厂、公司等行政、事业、企业单位和社会团体的身份证明,是组织机构代码证书。上述单位已注销、撤销或者破产,其机动车需要办理变更登记、转移登记、注销登记,以及补领机动车登记证书、号牌、行驶证的,已注销的企业单位的身份证明是工商行政管理部门出具的注销证明;已撤销的机关、事业单位的身份证明,是其上级主管机关出具的有关证明;已破产企业单位的身份证明,是依法成立的财产清算机构出具的有关证明。

② 外国驻华使馆、外国驻华领馆、外国驻华办事机构、国际组织驻华代表机构的身份证明,是该使馆、领馆、办事机构、代表机构出具的证明。

③ 居民的身份证明是居民身份证或者居民户口簿;在暂住地居住的内地居民,其身份证明是居民身份证和公安机关核发的居住证。

④ 军人(含武警)的身份证明是居民身份证。

⑤ 香港特别行政区、澳门特别行政区、台湾地区居民的身份证明,是其入境的身份证明和居留证明。

⑥ 外国人的身份证明是其入境的身份证明和居留证明。

⑦ 外国驻华使馆、外国驻华领馆、国际组织驻华代表机构人员的身份证明,是外交部核发的有效身份证件。

(3) 机动车登记证书(原件)。

(4) 机动车行驶证(原件)。

(5) 对于海关解除监管的机动车,应当提交监管海关出具的中华人民共和国海关监管车辆解除监管证明书。

(6) 机动车来历凭证(二手车交易的机动车来历凭证是二手车销售统一发票)。

(7) 车辆购置税完税证明。

(8) 所购买的二手车。

3) 过户登记的事项

(1) 现车主的姓名或者单位名称、身份证明名称、身份证明号码、住所地址、邮政编码和联系电话。关于住所地址:

① 单位住所的地址为其组织机构代码证书上记载的地址;

② 居民住所的地址为其居民户口簿或者居民身份证或者居住证上记载的地址;

③ 军人住所的地址为其团以上单位出具的本人住所地址证明所记载的地址;

④ 香港特别行政区、澳门特别行政区、台湾居民和外国人住所的地址为其居留证件记载的地址。

(2) 机动车获得方式。机动车获得方式是指人民法院调解、裁定、判决，仲裁机构仲裁判决，购买、继承、赠予、中奖、协议抵偿债务、资产重组、资产整体买卖和调拨等。

(3) 机动车来历凭证的名称、编号。

(4) 转移登记的日期。

(5) 对于海关解除监管的机动车，登记海关出具的中华人民共和国海关监管车辆解除监管证明书的名称、编号。

(6) 改变机动车登记编号的，登记机动车登记编号。

4) 不能办理过户登记的情形

有下列情形之一的，不能办理过户登记。

① 车主提交的证明、凭证无效的。

② 机动车来历凭证被涂改的，或者机动车来历凭证记载的车主与身份证明不符的。

③ 车主提交的证明、凭证与机动车不符的。

④ 机动车未经国家机动车产品主管部门许可生产、销售或者未经国家进口机动车主管部门许可引进的。

⑤ 机动车的有关技术数据与国家机动车产品主管部门公告的数据不符的。

⑥ 机动车达到国家规定的强制报废标准的。

⑦ 机动车属于被盗抢的。

⑧ 机动车与该车的档案记载的内容不一致的。

⑨ 机动车未被海关解除监管的。

⑩ 机动车在抵押期间的。

⑪ 机动车被人民法院、人民检察院、行政执法部门依法查封、扣押的。

⑫ 机动车涉及未处理完毕的道路交通安全违法行为或者交通事故的。

3. 二手车异地转移登记

二手车交易后，如果新车主和原车主的住所不在同一城市里，不能直接办理机动车登记证书和机动车行驶证的变更，需要到新车主住所所属的车辆管理所管辖区内办理。这就牵涉到二手车转出和转入登记问题。

1) 转出登记

车辆转出登记是指在现车辆管理所管辖区内已注册登记的车辆，办理车辆档案转出的手续。

(1) 转出登记程序。机动车现车主提出申请(填写机动车转移登记申请表，如表6-1所示)—车辆管理所受理审核资料—确认车辆—在机动车登记证书上记载转出登记事项—收回机动车号牌和机动车行驶证—核发临时行驶车号牌，密封机动车档案—交机动车现车主。

(2) 转出登记的规定。二手车交易后且现车主的住所不在原车辆管理所管辖区的，现车主应当于机动车交付之日(以二手车销售统一发票上登记日期为准)起30日内，向原二手车管辖地车辆管理所提出转移登记申请，填写机动车转移登记申请表，有些地方还要求车主签订外迁保证书。

(3) 转出登记需要的资料。现车主在规定的时间内，持下列资料，向原二手车管辖地车辆管理所申请转出登记，并交验车辆。

① 机动车转移登记申请表。

② 现车主的身份证明。

③ 机动车登记证书(原件)。

④ 机动车来历凭证(二手车销售统一发票转移登记联原件)。

⑤ 中华人民共和国海关监管车辆解除监管证明书(若为解除海关监管的机动车)。

⑥ 机动车号牌和机动车行驶证。

(4) 转出登记事项。车辆管理所办理转出登记时,要在机动车登记证书上记载下列转出登记事项。

① 现车主的姓名或者单位名称、身份证明名称、身份证明号码、住所地址、邮政编码和联系电话。

② 机动车获得方式。

③ 机动车来历凭证的名称、编号。

④ 转移登记的日期。

⑤ 中华人民共和国海关监管车辆解除监管证明书的名称、编号(若为海关解除监管的机动车)。

⑥ 改变机动车登记编号的,登记机动车登记编号。

⑦ 现车主住所不在现登记地车辆管理所管辖区内的,登记转入地车辆管理所的名称。

完成转出登记的办理后,车辆管理所收回机动车号牌和机动车行驶证,核发临时行驶车号牌,密封机动车档案,并交给车主,完成转出登记的办理。

2) 转入登记

(1) 机动车转入登记的条件。

① 现车主的住所属于本地车辆管理所登记规定范围的。

② 转入机动车符合国家机动车登记规定的。

(2) 转入登记的规定。机动车档案转出原车辆管理所后,机动车所有人必须在90日内携带车辆及档案资料到住所所属车辆管理所申请机动车转入登记。

(3) 转入登记的程序。车主提出申请—交验车辆—车辆管理所受理申请—车辆管理所审核资料—车辆管理所在机动车登记证书上记载转入登记事项—车辆管理所核发机动车号牌、机动车行驶证和检验合格标志。

① 车主提出申请。车主向转入地车辆管理所提出转入申请,填写表6-2所示机动车注册登记/转入申请表。

表6-2 机动车注册登记/转入申请表

<table>
<tr><td colspan="2">申请事项</td><td colspan="5">☐注册登记　　☐转入</td></tr>
<tr><td rowspan="4">现机动车所有人</td><td>姓名/名称</td><td colspan="3"></td><td>联系电话</td><td></td></tr>
<tr><td>住所地址</td><td colspan="3"></td><td>邮政编码</td><td></td></tr>
<tr><td>身份证明名称</td><td></td><td>号码</td><td></td><td colspan="2">☐常住人口　☐暂住人口</td></tr>
<tr><td>居住/暂住证明名称</td><td colspan="2"></td><td>号码</td><td colspan="2"></td></tr>
<tr><td rowspan="5">机动车</td><td>机动车使用性质</td><td colspan="5">☐公路客运　☐公交客运　☐出租客运　☐旅游客运　☐租赁　☐货运
☐非营运　☐警用　☐消防　☐救护　☐工程抢险　☐营转非　☐出租营转非</td></tr>
<tr><td>机动车获得方式</td><td colspan="5">☐购买　☐中奖　☐仲裁裁决　☐继承　☐赠予　☐协议抵偿债务
☐资产重组　☐资产整体买卖　☐调拨　☐法院调解、裁定、判决</td></tr>
<tr><td>机动车品牌型号</td><td colspan="5"></td></tr>
<tr><td>车辆识别代号/车架号</td><td colspan="5"></td></tr>
<tr><td>发动机号</td><td colspan="5"></td></tr>
</table>

续表

<table>
<tr><td rowspan="3">相关资料</td><td colspan="2">来历凭证</td><td colspan="3">□销售/交易发票 □调解书 □裁定书
□判决书 □相关文书 □批准文件
□ 调拨证明 □ 仲裁裁决书</td><td colspan="2" rowspan="4">现机动车所有人：

（个人签字/单位盖章）
年 月 日</td></tr>
<tr><td colspan="2">进口凭证</td><td colspan="3">□货物进出口证明书
□没收走私汽车、摩托车证明书
□中华人民共和国海关监管车辆进（出）境领（销）牌证通知书</td></tr>
<tr><td colspan="2">其他</td><td colspan="3">□国产机动车的整车出厂合格证
□机动车档案 □身份证明
□协助执行通知书 □公证书</td></tr>
<tr><td>申请方式</td><td colspan="5">□由现机动车所有人申请
□现机动车所有人委托________________代理申请</td></tr>
<tr><td rowspan="7">代理人</td><td colspan="2">姓名/名称</td><td colspan="3"></td><td>联系电话</td><td></td></tr>
<tr><td colspan="2">住所地址</td><td colspan="5"></td></tr>
<tr><td colspan="2">身份证明名称</td><td></td><td>号码</td><td></td><td colspan="2" rowspan="5">代理人：

（个人签字/单位盖章）
年 月 日</td></tr>
<tr><td rowspan="4">经办人</td><td>姓 名</td><td colspan="3"></td></tr>
<tr><td>身份证明名称</td><td></td><td>号码</td><td></td></tr>
<tr><td>住所地址</td><td colspan="3"></td></tr>
<tr><td>签 字</td><td colspan="3">年 月 日</td></tr>
</table>

填表说明：

1. 填写时使用黑色、蓝色墨水笔，字迹工整。

2. 标注有“□”符号的为选择项目，选择后在“□”中划“√”。

3. 现机动车所有人的住所地址栏，属于个人的，填写实际居住的地址；属于单位的，填写组织机构代码证书上签注的地址。

4. 机动车栏的“机动车品牌型号”“车辆识别代号/车架号”“发动机号”项目，按照车辆的技术说明书、合格证等资料标注的内容与车辆核对后填写。

5. 申请方式栏，属于由机动车所有人委托代理单位或者代理人代为申请的，除在“□”内划“√”外，还应当在下划线处填写代理单位或者代理人的全称。

6. 机动车所有人的签字/盖章栏，属于个人的，由机动车所有人签字；属于单位的，盖单位公章。

7. 代理人栏，属于个人代理的，填写代理人的姓名、住所地址、身份证明名称、号码，在代理人栏内签名，不必填写经办人姓名等项目；属于单位代理的，应填写代理人栏的所有内容，代理单位应盖单位公章，经办人应签字。

② 交验车辆。车主将机动车送到机动车检测站检测，车辆管理所民警确认机动车的唯一性，查验车辆识别代号（车架号）有无凿改嫌疑。

③ 车辆管理所受理申请。车辆管理所受理转入登记申请，查验并收存机动车档案，向车主出具受理凭证。

④ 车辆管理所审核资料。车辆管理所审批相关手续,符合规定的在计算机登记系统中确认,不符合规定的说明理由并开具退办单,将资料退回车主。

⑤ 办理转入登记手续。审验合格后,车辆管理所进行机动车号牌选号、照相工作,确定机动车登记编号,并在机动车登记证书上记载转入登记事项。

⑥ 核发新的机动车号牌和机动车行驶证。

(4) 转入登记需要的资料。

① 机动车注册登记/转入申请表。

② 车主的身份证明。

③ 机动车登记证书。

④ 机动车密封档案(原封条无断裂、破损)。

⑤ 申请办理转入登记的机动车的标准照片。

⑥ 对于海关监管的机动车,还应当提交监管海关出具的中华人民共和国海关监管车辆进(出)境领(销)牌照通知书。

由于各地对车辆环保要求执行不同的标准,例如北京市执行国六标准,并要求所有机动车及申请转入本市的车辆,加装OBD车辆诊断系统。满足上述条件的,允许机动车注册登记,以及接受转入登记的申请。所以,车主在将车辆转入"转入地"前,应向转入地的车辆管理部门征询该车辆是否符合转入条件。

(5) 转入登记事项。

车辆管理所办理转入登记时,要在机动车登记证书上记载下列登记事项。

① 车主的姓名或者单位名称、身份证明号码或者单位代码、住所的地址、邮政编码和联系电话。

② 机动车的使用性质。

③ 转入登记的日期。

属于机动车所有权发生转移的,还应当登记下列事项。

① 机动车获得方式。

② 机动车来历凭证的名称、编号和进口机动车的进口凭证的名称、编号。

③ 机动车办理保险的种类、保险的日期和保险公司的名称。

④ 机动车销售单位或者交易市场的名称和机动车销售价格。

(6) 不能办理转入登记的情形。

有下列情形之一的,不予办理转入登记。

① 机动车与该车档案记载内容不一致的;

② 属于海关监管的机动车,海关未解除监管或者批准转让的;

③ 机动车在抵押登记、质押备案期间的;

④ 机动车所有人提交的证明、凭证无效的;

⑤ 机动车来历证明被涂改或者机动车来历证明记载的机动车所有人与身份证明不符的;

⑥ 机动车达到国家规定的强制报废标准的;

⑦ 机动车被人民法院、人民检察院、行政执法部门依法查封、扣押的;

⑧ 机动车属于被盗抢的。

五、二手车交易合同

二手车交易合同是指二手车经营公司、经纪公司与法人、其他组织和自然人相互之间为实现二手车交易的目的,明确相互权利与义务关系,所订立的协议。

1. 签订二手车交易合同的原则

1）合法原则

订立二手车交易合同时，必须遵守法律和行政法规。法律和行政法规集中体现了人民的利益和要求。合同的内容及订立合同的程序、形式只有与法律和行政法规相符合，才具有法律效力，当事人的合法权益才能得到保护。

2）平等互利、协商一致原则

订立合同的当事人法律地位一律平等，双方必须在完全平等的地位上签订二手车交易合同。二手车交易合同应当在当事人之间充分协商的基础上进行订立。

2. 二手车交易合同的主体

二手车交易合同的主体是指为了实现二手车交易目的，以自己名义签订交易合同，享有合同权利、承担合同义务的组织和个人。根据《中华人民共和国合同法》规定，我国合同当事人从其法律地位来划分，可分为以下几种。

1）法人

法人必须具备以下条件。

（1）依法成立。

（2）有必要的财产或经费。

（3）有自己的名称、场所和组织机构。

（4）能够独立承担民事责任。

法人分为企业法人、机关法人、事业单位法人和社会团体法人。

2）其他组织

其他组织是指合法成立、有一定的组织机构和财产，但又不具备法人资格的组织，如私营独资企业、合伙组织和个体工商户。

3）自然人

自然人是指具有完全民事行为能力、可以独立进行民事活动的人。

3. 交易合同的内容

1）主要条款

（1）标的。标的是指合同当事人双方权利、义务共同指向的对象，可以是物，也可以是行为。二手车交易合同的标的是被交易的二手车。

（2）数量。

（3）质量。质量是标的内在因素和外观形态优劣的标志，是标的满足人们一定需要的具体特征。

（4）履行期限、地点和方式。

（5）违约责任。

（6）根据法律规定的或按合同性质必须具备的条款及当事人一方要求必须规定的条款。

2）其他条款

其他条款包括合同的包装要求、某种特定的行业规则和当事人之间交易的惯有规则。

4. 交易合同的变更和解除

1）交易合同的变更

交易合同的变更，通常是指依法成立的交易合同尚未履行或未完全履行之前，当事人就其内容进行修改和补充而达成的协议。

2）交易合同的解除

交易合同的解除，是指交易合同订立后，在交易合同没有履行或没有完全履行以前，当事人依法提前终止合同。

3）交易合同变更和解除的条件

凡是发生下列情况之一，允许变更或解除合同。

(1) 当事人双方经协商同意，并且不因此损害国家利益和社会公共利益。

(2) 由于不可抗力致使合同的全部义务不能履行。

(3) 由于另一方在合同约定的期限内没有履行合同。

5. 违约责任

违约责任是指交易合同一方或双方当事人由于自己的过错造成合同不能履行或不能完全履行，依照法律或合同约定必须承受的法律制裁。

1）违约责任的性质

(1) 等价补偿。凡是已给对方当事人造成财产损失的，就应当承担补偿责任。

(2) 违约惩罚。合同当事人违反合同的，无论这种违约是否已经给对方当事人造成财产损失，都要依照法律规定或合同约定承担相应的违约责任。

2）承担违约责任的条件

(1) 要有违约行为。

(2) 行为人要有过。

3)承担违约责任的方式

(1) 支付违约金。违约金指合同当事人因过错不履行或不适当履行合同，依据法律规定或合同约定支付给对方的一定数额的货币。

(2) 支付赔偿金。赔偿金指合同当事人一方因过错违约给另一方当事人造成损失超过违约金数额时，由违约方当事人支付给对方当事人的一定数额的补偿货币。

(3) 继续履行。继续履行指合同违约方支付违约金、赔偿金后，应对方的要求，在对方指定或双方约定的期限内，继续完成没有履行的那部分合同义务。

6. 合同纠纷的解决方式

合同纠纷指合同当事人之间对合同的履行状况及不履行的后果所发生的争议。根据《中华人民共和国合同法》及有关条例的规定，我国合同纠纷的解决方式一般有协商解决、调解解决、仲裁和诉讼等四种。

1)协商解决

协商解决是指合同当事人之间直接磋商，自行解决彼此间发生的合同纠纷。

2）调解解决

调解解决是指由合同当事人以外的第三人(交易市场管理部门或二手车交易管理协会)出面调解，使争议双方在互谅互让基础上自愿达成解决纠纷的协议。

3)仲裁

仲裁是指合同当事人将合同纠纷提交国家规定的仲裁机关，由仲裁机关对合同纠纷做出裁决的一种活动。

4)诉讼

诉讼是指在合同当事人之间发生争议而合同中未规定仲裁条款或发生争议后也未达成仲裁协议的情况下，由当事人一方将争议提交有管辖权的法院，法院按诉讼程序审理做出判决的活动。

7. 二手车交易合同的种类

二手车交易合同按当事人在合同中处于出让、受让或居间中介的不同情况，可分为二手车买卖合同和二手车居间合同两种。

【任务实施】

（1）将学生以4～6名为单位分成若干学习小组，并为各学习小组准备二手车交易涉及的所有手续资料复印件一套。

（2）学生在初步掌握理论知识的基础上，按照表6-3安排进行课内实践，营造职场氛围，通过实践加深印象，掌握操作技能。

表6-3 二手车交易演练安排

环节	对应项目	具体程序
1	准备工作	阅读《二手车交易规范》和《二手车流通管理办法》
2	介绍二手车交易程序	为吴先生介绍二手车交易的类型及程序（抽选学生进行演示，注意细节及商务礼仪）
3	办理二手车交易过户	学生扮演不同角色，模拟二手车交易过户过程，进行验车、验手续、查违法、签合同、缴纳手续费、开具发票、交付手续，并完成相关单证的填写
4	办理车辆转移登记	学生扮演不同角色，模拟办理车辆转移登记，进行整个流程，并完成单证的填写
5	课后实践	走访当地二手车市场交易和车辆管理所，询问当地二手车交易的业务流程、手续费用、车辆转移登记的手续

任务2 二手车收购定价

【任务导入】

张先生欲转让自己的雪铁龙爱丽舍轿车，经与二手车交易中心洽谈，由二手车交易中心收购他的轿车。二手车交易中心工作人员给张先生介绍了二手车收购流程，并计算了收购价格。

【任务分析】

二手车流通企业在确定收购和出售二手车的价格时，要结合新车市场价格，充分考虑影响二手车收购与销售定价的诸多因素，根据市场营销的理念，科学、公正地确定二手车收购与销售价格，以兼顾企业利润、顾客需求和社会利益，把主动权掌握在自己的手里。

【相关知识】

一、二手车收购的基本流程

1. 收购接待

无论是车主带车主动到店里评估还是二手车鉴定评估师上门看车，都需要进行评估收购前的接触,对二手车鉴定评估师而言,也就是收购接待工作。这个环节主要是对车主身份及相关证件进行初步的核对,同时双方也可以通过这个环节使彼此间有个初步的了解,判断交易是否可靠。

2. 车辆鉴定

车辆鉴定主要是对车辆进行交易合法性的初步判定及车况的技术鉴定。

3. 商谈价格

商谈价格是一个非常重要的环节。价格商谈能否达成一致,直接决定交易能否成功。

4. 签订协议

一旦双方对交易价格达成一致,就进入了签订协议的阶段。协议是保障双方权益的法律文件,许多地区已经采用了政府提供的参考文本。

5. 查档刑侦

查档刑侦是由车辆管理部门对车辆的身份进行核对,核对未能通过的车辆不允许进行交易。这是保证收购方收购合法车辆最有效的保证。

6. 支付车款

车款可以一次性支付,也可以分多次支付。一般情况下,车款是分多次支付的,收购方往往会扣留部分押金。一次性支付出款风险较大,对于经营者来说必须有足够的把握才行。

7. 收车入库

收车入库就是双方对车辆进行交接,是收购方验收车辆、验收车辆证件、建档的过程。

二、二手车收购评估的思路

二手车收购评估有其特定的目的,二手车收购评估的方法是在二手车鉴定评估的基础上充分考虑市场的供求关系,对评估的价格做出快速变现的特殊处理。

1. 以清算价格的思想方法估算收购价格

清算价格的特点是企业(或个人)由于破产或其他原因(如急于转向投资、急还贷款等),要求在一定的期限内将车辆快速转卖变现。顾客要求快速转卖变现,因此二手车收购价格远远低于在二手车交易市场成交的同类型车辆的公平市价,一般来说也低于车辆现时状态客观存在的价格。

2. 以重置成本、现行市价折扣的思想方法估算收购价格

以重置成本、现行市价折扣的思想方法估算收购价格是先以重置成本法、现行市价法对二手车进行鉴定、估算现时的客观价格,再根据快速变现原则估定一个折扣率并以此估算收购价格。

3. 以快速折旧的思想方法估算收购价格

机动车的折旧是根据车辆的价值采用使用年限法计算折旧额。在所有折旧方法中,使用年限法是应用较为广泛的方法。但使用年限法不能反映当代科学技术进步的客观要求,不能准确反映机动车价值损耗的客观实际,因此推荐采用快速折旧的方法来估算收购价格。

三、二手车收购需考虑的因素

在二手车的收购评估中,应该着重考虑以下问题。

（1）二手车收购要充分考虑车辆的完全价值，即车辆实体的产品价值和车辆牌证、税费等各项手续的价值。如果被收购车辆的证件和规费凭证不全，不但会造成经济损失，而且可能带来转籍过户中意想不到的麻烦，带来许多难以解决的后续问题。

（2）二手车收购要密切注视市场的微观环境，也要关注宏观环境，即注意国家宏观政策、国家和地方法规的因素变化和影响导致的车辆经济性贬值。

（3）二手车收购后应支出的费用。二手车收购除了支付车辆产品的货物以外，从收购到售出时限内，还要支出的费用有车船使用税、保险费、日常保养费、停车费、收购支出的货币利息和其他管理费等。

（4）二手车的收购要防止收购偷盗车辆、伪劣拼装车辆，要预防收购那些伪造手续凭证、伪造车辆档案的车辆。

四、二手车的收购定价

1. 二手车的四种价格

1）评估价

评估价是指缴纳二手车过户费的基准价。

2）收购价

如果原车主将车卖给车市，则收购价为车市的收购价；如果原车主将车卖给二手车经纪公司，则收购价为二手车经纪公司的买入价。

3）标价

标价为二手车市或二手车经纪公司的卖出价。

4）交易价格

交易价格为最终成交价。

2. 机动车折旧

1）机动车折旧的一般概念

所谓机动车折旧，是指机动车随着时间的推移或在使用过程中，由于损耗而转移到产品中的那部分价值。这部分价值随着车辆产生收益的回收、积累，形成机动车的折旧基金。折旧基金是为了补偿机动车的磨损而逐年提取的专用基金，其主要目的是在二手车不能使用或不再使用时，用折旧基金购置新车辆，实现机动车更新。

2）机动车折旧的算法

机动车作为固定资产，按现行财务制度规定，应计提固定资产折旧。固定资产折旧的计算方法很多：银行固定资产折旧的计算一般采用平均年限法和工作量法；对于技术进步较快或使用寿命受工作环境影响较大的固定资产，经财政部批准，可采用双倍余额递减法或年份数求和法。

车辆的折旧根据车辆的价值、使用年数，采用规定的折旧方法计算。对于允许使用的折旧方法，不同的国家有不同的规定，一般有直线折旧法、快速折旧法等多种。我国大多数采用直线折旧法。

（1）直线折旧法。直线折旧法又称为使用年限法或平均折旧法，是指用车辆的原值减去残值，再除以车辆规定使用年限，以求得每年平均折旧额的方法，计算公式为

$$D_{\mathrm{t}}=\frac{1}{N}(K_{\mathrm{O}}-S_{\mathrm{V}})$$

式中 D_t——机动车年折旧额;

K_O——机动车原值;

S_V——机动车残值;

N——机动车规定的使用年限。

(2)快速折旧法。快速折旧法常用的算法有两种:年份数求和法和余额递减折旧法。

① 年份数求和法。年份数求和法是指每年的折旧额可用车辆原值减去残值的差额,再乘一个逐年变化的递减系数来确定的一种方法,计算公式为

$$D_t=(K_O-S_V)\times\frac{N+1-t}{\frac{N(N+1)}{2}}$$

式中 D_t——机动车年折旧额;

K_O——机动车原值;

S_V——机动车残值;

N——机动车规定的使用年限;

t——机动车在使用期限内的某一确定年度。

② 余额递减折旧法。余额递减折旧法是指任何年的折旧额用现有机动车原值乘以在车辆整个寿命期内恒定的折旧率,接着用机动车原值减去该年折旧额作新的原值,下一年重复这一做法,直到折旧总额分摊完毕。余额递减折旧法所使用的折旧率,通常大于直线折旧率。当余额递减折旧法使用的折旧率为直线折旧率的2倍时,它又称为双倍余额递减法。余额递减折旧法的具体计算公式为

$$D_t=K_O\alpha\ (1-\alpha)^{t-1}$$

式中 D_t——机动车年折旧额;

K_O——机动车原值;

α——折旧率,直线折旧法的折旧率为$\alpha=1/N$;

t——机动车在使用期限内的某一确定年度。

应用该公式计算时,在使用期终仍有余额,为了使折旧总额到使用期终分摊完毕,到一定年度后,要改用直线折旧法。通常,在连续计算各年折旧额时,如果发现使用双倍余额递减法计算的折旧额小于采用直线折旧法计算的折旧额,就应改用直线折旧法计算折旧。

3. 二手车收购价格的确定

二手车收购价格的确定是指在被收购车辆手续齐全的前提下对车辆实体价格的确定。如果所缺失的手续能以货币支出补办,则收购价格应扣除补办手续的货币支出、时间和精力的成本支出。

1)运用重置成本法或现行市价法

对二手车进行鉴定评估,确定评估价格,然后根据快速变现的原则估定一个折扣率,将被收购车辆的评估价格乘以折扣率,即得二手车的收购价格。

收购价格=评估价格×折扣率

折扣率是指车辆能够当即出售的清算价格与现行市场价格之比值。它是根据经营者对市场销售情况的充分调查和了解,凭经验而估算的。

2)运用快速折旧法

首先计算二手车已使用年数累计折旧额,然后用重置成本全价减去已使用年数累计折旧额,再减去车辆需要维修、换件的总费用,即得二手车收购价格。

收购价格＝重置成本全价－累计折旧额－维修费用

一般采用国内现行市场价格作为被收购车辆的重置成本全价。

已使用年数累计折旧额的计算方法是：用年份数求和法和余额递减折旧法计算出年折旧额后，将已使用年数内各年的折旧额汇总累加，即得已使用年数累计折旧额。

维修费用是指在车辆现时状态下，某功能完全丧失，需要维修和换件的费用总支出。

五、二手车收购评估与鉴定评估的区别

二手车收购评估与二手车鉴定评估实质上都是对二手车做现时价格评估，但二者相比又有比较明显的区别，主要表现在以下几点。

1. 二者评估的主体不同

二手车收购评估的主体是买卖当事人。二手车收购评估是以购买者的身份与卖方进行的价格估算与洽谈，根据供求价格规律可以讨价还价，自由定价。二手车鉴定评估的主体是具有公正性、服务性的买卖中间人。二手车鉴定评估遵循独立的原则，通过对被鉴定评估车辆技术鉴定的全面判断来反映其客观价格，价格不可随意变动。

2. 二者评估的目的不同

二手车收购评估是购买者当事人估算车辆价格，以求把握事实真相，心中有数地与卖主讨价还价，它是以经营为目的的；二手车鉴定评估是受委托人委托，为被鉴定评估车辆将要发生的经济行为提供价值依据，它是以服务为目的的。

3. 二者评估的思想和方法不同

二手车收购评估接受国家有关评估法规的指导，根据评估目的，参照评估的标准和方法进行，具有灵活性；二手车鉴定评估要严格遵循国家颁布的有关评估法规，按特定的目的选择与之相匹配的评估的标准和方法进行，具有约束性。

4. 二者评估的价值概念不同

虽然二手车收购评估与二手车鉴定评估的价值概念都具有交易价值和市场价值，但二手车收购价格受快速变现原则的影响，远远低于市场价格。

六、二手车收购中的风险控制与防范

二手车收购中的风险是指二手车收购环境的变化给二手车的销售带来各种损失。二手车收购环境的变化是绝对的、客观的，并经常发生，因而在二手车收购的过程当中，既充满机会，又会出现许多风险。所以，二手车流通企业要生存与发展，就必须加强收购活动中的风险管理。二手车流通企业能否获取期望利润，关键就在于它能否有效地控制和降低风险损失。

1. 二手车收购中风险的控制

有效地控制收购风险的总体原则如下。

(1) 要提高识别二手车收购风险的能力。应随时收集、分析并研究市场环境因素变化的资料和信息，判断收购风险发生的可能性，积累经验，培养并增强对二手车收购风险的敏感性，及时发现或预测收购风险。

(2) 要提高风险防范能力，尽可能地规避风险。可通过预测风险来尽早地采取防范措施，以规避风险。在二手车收购工作中，要尽可能谨慎，最大限度地杜绝二手车收购风险的发生。

(3) 在无法避免风险的情况下,要提高处理二手车收购风险的能力,尽可能最大限度地降低损失,并防止引发其他负面效应和有可能派生出来的消极影响。

2. 二手车收购中风险的影响因素及防范措施

在二手车收购中的风险防范上,具体可从以下几个方面考虑影响二手车收购中的风险因素及其相应的防范措施。

1) 新车型的影响

新车型应用了大量的新技术,技术含量的提高使老车型贬值甚至被淘汰。从国内市场看,新车型投放明显加快,技术含量和配置也越来越高。二手车交易市场在收购二手车时应以最新款车的技术装备和价格为参照,否则会给二手车收购带来一定的风险。

2) 车市频繁降价的影响

在新车市场频繁降价、优惠促销的环境下,二手车经纪公司面临着很大的风险,一旦出现损失只能自己承担。所以,二手车收购都是以某一款车目前新车市场的开票价格来计算收购价格,而不去考虑消费者买车时的价格。如果某一款车最近有降价的可能,二手车经纪公司要考虑新车降价的风险,此时开价往往比正常的收购价要低一些。如果某一款车刚降完价,那么收购价就会稳定一段时期。

3) 折旧加快的影响

从实际行情看,已使用时间在3年以内的车辆折旧最高,已使用时间为3年的车辆往往要折旧到40%～50%,其后的几年进入了一个相对稳定的低折旧期,已使用时间接近10年的车辆的折旧又开始加快。所以,要收购3年以内的车,收购定价要考虑车辆大幅折旧因素的影响。

4) 尾气排放标准提高的影响

尾气排放标准的提高也加速了在用车辆的折旧和淘汰。越来越严格的尾气排放标准使老旧车型被淘汰的速度加快。因此,在确定二手车收购价格时,应考虑车辆尾气排放标准提高的影响。

5) 车况优劣的影响

有的车虽然只开了两三年,但是机件的磨损已经很严重了,操作不顺畅。而有的车虽然已开了五六年,其发动机的状况依然良好,各机件操作顺畅。这些不同的车辆技术状况自然影响到二手车的收购价格。

6) 品牌知名度的影响

知名品牌的汽车因市场保有量大、质量可靠而深受消费者的青睐。这些品牌的汽车由于在新车市场售价较为稳定,口碑好,所以在二手车交易市场认同率较高,贬值的程度自然要低于其他品牌的汽车。知名度不高的品牌市场的认同率低,汽车贬值的程度也就高。因此,在确定二手车收购价格时,应考虑二手车的品牌知名度。

7) 库存的影响

若二手车销售顺畅,求大于供,二手车经纪公司的库存急剧减少,商家们为了保持正常的经营运转,维持一定的库存,可适当抬高收购价格。反之,当二手车销售低迷时,流通不畅,供大于求,商家们的库存积压,商家的主要矛盾是消化库存,这个时期应压低收购价格,规避由于库存积压所带来的风险。

8) 二手车收购合法性的影响

二手车的收购要防止收购盗抢车辆、伪劣拼装车辆,要预防收购那些伪造手续凭证、伪造车辆档案的车辆。一旦收购有失误,不仅给公司造成直接经济损失,而且会造成不良的社会影响,损害公司的公众形象。

9）宏观环境的影响

要密切关注国家有关二手车的政策与法规的变化，做到未雨绸缪；要能够根据已有的和即将颁布的有关二手车的国家政策与法规预测二手车价格的可能变动趋势，及时调整二手车的收购价格，使收购二手车的风险降到最低。

七、二手车收购评估实例

2015 年 1 月，一家二手车销售公司收购了张先生的雪铁龙爱丽舍 2010 款标准型手动挡1.6 L 的轿车。该车采用 16 气门 TU5/JP4 发动机，初次登记日期为 2012 年 2 月，行驶了36 000 km，相关税费票据、证件(照)齐全有效。试用使用年限法计算其收购价格(残值忽略不计)。

解　收购定价过程如下。

(1) 相关已知条件。

从 2012 年 2 月到 2015 年 1 月，该车已使用 3 年。按国家有关汽车报废的标准，该车规定使用年限为 15 年，$N=15$ 年；重置成本价格为 $K_O=78\ 000$ 元；残值忽略不计，即 $S_V=0$。

(2) 分别以直线折旧法、年份数求和法和双倍余额递减法计算累计折旧额。

① 采用直线折旧法计算二手车的累计折旧额。

年折旧额为

$$D_t=\frac{K_O-S_V}{N}=\frac{78\ 000}{15}\text{元}=5\ 200\text{ 元}$$

累计折旧额的计算结果如表 6-4 所示。

表 6-4　用直线折旧法计算累计折旧额

时　　段	重置成本全价/元	折 旧 率	年折旧额/元	累计折旧额/元
2012 年 2 月—2013 年 1 月	78 000	1/15	5 200	5 200
2013 年 2 月—2014 年 1 月				10 400
2014 年 2 月—2015 年 1 月				15 600

② 采用年份数求和法计算二手车的累计折旧额。

年折旧额为

$$D_t=(K_O-S_V)\times\frac{N+1-t}{\frac{N(N+1)}{2}}=78\ 000\text{ 元}\times\frac{16-t}{120}$$

累计折旧额的计算结果如表 6-5 所示。

表 6-5　用年份数求和法计算累计折旧额

时　　段	重置成本全价/元	折 旧 率	年折旧额/元	累计折旧额/元
2012 年 2 月—2013 年 1 月	78 000	15/120	9 750	9 750
2013 年 2 月—2014 年 1 月		14/120	9 100	18 850
2014 年 2 月—2015 年 1 月		13/120	8 450	27 300

③ 采用双倍余额递减法计算二手车的累计折旧额。

年折旧额为

$$D_t = K_O\alpha(1-\alpha)^{t-1} = 78\ 000\text{ 元} \times \frac{2}{15}\left(1-\frac{2}{15}\right)^{t-1}$$

累计折旧额的计算结果如表 6-6 所示。

表 6-6 用双倍余额递减法计算累计折旧额

时　段	重置成本/元	折 旧 率	年折旧额/元	累计折旧额/元
2012 年 2 月—2013 年 1 月	78 000	2/15	10 400	10 400
2013 年 2 月—2014 年 1 月			9 013	19 413
2014 年 2 月—2015 年 1 月			7 812	27 225

(3) 计算二手车收购价格。

二手车收购价格计算公式为

$$P = B - \sum D_t - F_S$$

式中　P—— 二手车的评估价,元;

B—— 二手车重置成本全价,元;

$\sum D_t$—— 二手车已使用时间 t 内的累计折旧额,元;

F_S—— 二手车需要的维修费用,元。

本实例没有给出需要修理的项目及费用,因此,$F_S=0$。二手车收购价格按剩余价值最小(或按累计折旧额最大)确定。由表 6-4～表 6-6 可见,用直线折旧法、年份数求和法和双倍余额递减法三种折旧方法计算的累计折旧额中,用年份数求和法计算的累计折旧额最大,因此,该二手车的收购价格为

$$P = B - \sum D_t - F_S = 78\ 000\text{ 元} - 27\ 300\text{ 元} = 50\ 700\text{ 元}$$

【任务实施】

(1) 指导教师为学生提供一款二手车的详细资料,包括技术检查鉴定情况。学生根据本任务所学的知识,确定其收购价格,并将详细的计算过程编制成计算报告,提交给指导教师。

(2) 每 2 名学生为一组,互相扮演业务人员与客户,由业务人员向客户介绍二手车收购的流程、二手车收购评估的思路、二手车收购需考虑的因素、二手车收购定价的方法。

任务 3　二手车销售定价

【任务导入】

二手车交易中心收购了一辆一汽大众捷达 CIF 轿车,如何确定其销售价格呢?

【任务分析】

二手车销售的价格是决定企业收入和利润的关键因素。因此,企业需要根据成本、需求、竞争及国家方针、政策,并运用一定的定价方法、技巧和艺术,对其二手车制订切实可行的价格政策。

【相关知识】

为了使二手车销售定价工作有效、顺利地进行，保证定价工作的规范化，应按以下步骤进行：分析定价因素—确定定价目标—选择定价方法—制订定价策略—确定最终价格。

一、二手车销售定价需考虑的因素

1. 成本因素

产品成本是定价的基础和最低界限，如果二手车的销售价格不能保证成本，企业的经营活动就难以维持。二手车流通企业应分析价格、需求量、成本、销量、利润之间的关系，正确地估算成本，以作为销售定价的依据。二手车销售定价时，二手车流通企业应考虑收购车辆的总成本费用，总成本费用由固定成本费用和变动成本费用构成。

1）固定成本费用

固定成本费用是指在既定的经营目标内，不随收购车辆的变化而变动的成本费用，如分摊在这一经营项目的固定资产的折旧、管理费等。

固定成本费用摊销率是指单位收购价值所包含的固定成本费用，即固定成本费用与收购车辆总价值之比。例如，某企业根据经营目标，预计某年度收购100万元的车辆价值，分摊固定成本费用1万元，则单位固定成本费用摊销率为1%；花费4万元收购一辆旧桑塔纳轿车，则应该将400元计入固定成本费用。

2）变动成本费用

变动成本费用指收购车辆随收购价格和其他费用而相应变动的费用。它主要包括车辆实体的价格、运输费、公路养路费、保险费、日常维护费、维修翻新费、资金占用的利息等。

由上文成本分析可知，一辆二手车收购的总成本费用是这辆车应分摊的固定成本费用与变动成本费用之和，用数学式表达为

一辆二手车的总成本费用＝收购价格×固定成本费用摊销率＋变动成本费用

2. 供求关系

在市场经济中，产品的价格由买卖双方的相互作用来决定，它以市场供求为前提，所以决定价格的基本因素有两个，即供给与需求。需求大于供给，价格就会上升；需求小于供给，价格就会下降。市场的一切交易活动和价格的变动都受这一定律的支配，这就是供求规律（或称供求法则）。它是市场变化的基本规律。供求关系表明价格只能围绕价值上下波动，而价值仍然是确定价格水平及其变动的决定性因素。企业在定价决策时，除以产品价值为基础外，还可以自觉运用供求关系来分析和制订产品的价格。

价格在受供求影响而有规律性地变动过程中，不同商品的变动幅度是不一样的。因此，在销售定价时还要考虑需求价格弹性。所谓需求价格弹性，是指因价格变动而引起的需求相应的变动率，它反映了需求变动对价格变动的敏感程度。

对于二手车来说，二手车需求弹性较强，即二手车价格的上升（或下降）会引起需求量较大幅度的减少（增加）。因此，在进行二手车的销售定价时，企业应该把价格定得低一些，应该通过薄利多销达到增加赢利、服务顾客的目的。

3. 竞争状况

当产品供不应求时，企业可以自由地选择定价方式。而当产品供大于求时，竞争必然随之

加剧,定价方式的选择只能被动地根据市场竞争的需要来进行。为了稳定维持自己的市场份额,在进行二手车的销售定价时,企业要考虑本地区同行业竞争对手的价格状况,根据自己的市场地位和定价的目标,选择与竞争对手相同的价格,甚至低于竞争对手的价格进行定价。

4. 国家政策法令

任何国家对物价都有适度的管理。一般而言,国家可以通过物价部门直接对企业定价进行干预,也可以用一些财政、税收手段对企业定价施加间接影响。

二、二手车销售定价的目标分析

二手车销售定价的目标是指二手车流通企业通过制订价格水平,凭借价格产生的效用来达到预期目的。企业在定价以前,必须根据企业的内部环境和外部环境,制订出既不违背国家的方针政策,又能协调企业其他经营目标的价格。企业定价目标类型较多,二手车流通企业要根据自己树立的市场观念和市场微观环境、宏观环境,确立自己的销售定价目标。二手车销售定价目标主要有两大类,即获取利润目标和占领市场目标。

1. 获取利润目标

利润是考核和分析二手车流通企业营销工作好坏的一项综合性指标,是二手车流通企业最主要的资金来源。以利润为定价目标有预期收益、最大利润和合理利润等3种具体形式。

1) 获取预期收益目标

预期收益目标是指二手车流通企业以预期利润(包括预交税金)为定价基点,并以利润加上商品的完全成本构成价格出售商品,从而获取预期收益的一种定价目标。预期收益目标有长期和短期之分,大多数企业都采用长期预期收益目标。预期收益的确定,应当考虑商品的质量与功能、同期的银行利率、消费者对价格的反应及企业在同类企业中的地位和在市场竞争中的实力等因素。预期收益定得过高,企业会处于市场竞争的不利地位;定得过低,又会影响企业投资的回收。一般情况下,预期收益定得适中,企业可能获得长期稳定的收益。

2) 获取最大利润目标

最大利润目标是指二手车流通企业在一定时期内综合考虑各种因素后,以总收入减去总成本的最大差额为基点,确定单位商品的价格,以取得最大利润的一种定价目标。最大利润是企业在一定时期内可能并准备实现的最大利润总额,而不是单位商品的最高价格,最高价格不一定能获取最大利润。当企业的产品在市场上处于绝对有利地位时,往往采取这种定价目标,它能够使企业在短期内获得高额利润。最大利润一般应以长期的总利润为目标,在个别时期,甚至允许以低于成本的价格出售产品,以便招徕顾客。

3) 获取合理利润目标

合理利润目标是指二手车流通企业在补偿正常情况下的社会平均成本基础上,适当地加上一定量的利润作为商品价格,以获取正常情况下合理利润的一种定价目标。企业在自身力量不足,不能实行最大利润目标或预期收益目标时,往往采取这一定价目标。这种定价目标以稳定市场价格、避免不必要的竞争、获取长期利润为前提,因而产品价格适中,顾客乐于接受,政府积极鼓励。

2. 占领市场目标

以市场占有率为定价目标是一种志存高远的选择。市场占有率是指一定时期内某二手车流通企业的销售量占当地细分市场销售总量的份额。市场占有率高意味着企业的竞争能力较强，说明企业对消费信息把握得较准确、充分。资料表明，企业利润与市场占有率正向相关，提高市场占有率是增加企业利润的有效途径。

由于企业所处的市场营销环境不同，自身条件与营销目标不同，企业定价目标也大相径庭。因此，二手车流通企业应在综合考虑市场环境、自身实力及经营目标的基础上，将获取利润目标和占领市场目标结合起来，兼顾企业的眼前利益与长远利益，来确定适当的定价目标。

三、二手车销售定价的方法分析

定价方法是二手车流通企业为了在目标市场实现定价目标，给产品制定基本价格和浮动范围的技术思路。由于成本、需求和竞争是影响企业定价最基本的因素(产品成本决定了价格的最低限；产品本身的特点决定了需求状况，从而确定了价格的最高限；竞争者产品价格又为定价提供了参考的基点)，因此形成了以成本、需求、竞争为导向的三大基本定价思路。

1. 成本导向定价法

成本导向定价法可分为成本加成定价法、目标收益定价法和边际成本定价法3种。

1) 成本加成定价法

成本加成定价法也称为加额定价法、标高定价法或成本基数法，是一种比较普遍应用的定价方法。它首先确定单位产品总成本(包括单位变动成本和平均分摊的固定成本)，然后在单位产品总成本的基础上加上一定比例的利润，从而形成产品的单位销售价格。该方法的计算公式为

$$单位产品价格=单位产品总成本\times(1+成本加成率)$$

由此可以看到，成本加成定价法的关键是成本加成率的确定。一般来说，成本加成率应与单位产品成本成反比，与资金周转率成反比，与需求价格弹性成反比。需求价格弹性不变时，成本加成率也应保持相对稳定。

2) 目标收益定价法

目标收益定价法又称投资收益率定价法，是企业根据自身的投资总额、预期销量和投资回收期等因素来确定价格的一种方法。在产品供不应求的条件下，或在产品的需求价格弹性很小的细分市场中，目标收益法具有一定的应用价值。

3) 边际成本定价法

边际成本是指每增加或减少单位产品所引起的总成本的增加或减少。边际成本定价法是指以单位产品的边际成本作为定价依据和可接受价格的最低界限的一种方法。在价格高于边际成本的情况下，企业出售产品的收入除完全补偿变动成本外，尚可用来补偿一部分固定成本，甚至可能提供利润。在竞争激烈的市场条件下，边际成本定价法具有极大的定价灵活性，对于有效地应对竞争、开拓新市场、调整需求的季节差异、形成最优产品组合可以发挥巨大的作用。

2. 需求导向定价法

需求导向定价法是以消费者的认知价值、需求强度及对价格的承受能力为依据，以市场占有率、品牌形象和最终利润为目标，真正按照有效需求来策划价格。它又称顾客导向定价法，是二手车流通企业根据市场需求状况和消费者的不同反应分别确定产品价格的一种定价方式。它的特点是：平均成本相同的同一产品价格随需求变化而变化，一般是以该产品的历史价格为基础，根据市场需求变化情况，在一定的幅度内变动价格，使得同一产品可以按两种或两种以上价格销售。这种差价可以因顾客的购买能力、产品的需求情况、产品的型号和式样及时间、地点等因素而采用不同的形式。

3. 竞争导向定价法

竞争导向定价法是以企业所处的行业地位和竞争定位而制订价格的一种方法，是二手车流通企业根据市场竞争状况确定产品价格的一种定价方法。它的特点是：价格与成本和需求不发生直接关系。它主要以竞争对手的价格为基础，并与竞争品价格保持一定的比例，即竞争品价格未变，即使产品成本或市场需求变动了，也维持原价；竞争品价格变动，即使产品成本和市场需求未变，也相应调整价格。

在上述定价方法中，企业要考虑产品成本、市场需求和竞争形势，研究价格怎样适应这些因素，但在实际定价中，企业往往只能侧重考虑某一类因素，选择某种定价方法，并通过一定的定价政策对计算结果进行修订。而成本加成定价法深受企业界的欢迎，主要是由于以下原因。

(1) 定价工作简化。由于成本的不确定性一般比需求的不确定性小得多，定价着眼于成本可以大大简化定价工作，不必随时根据需求情况的变化而频繁地调整定价，因而大大地简化了企业的定价工作。

(2) 可降低价格竞争程度。只要同行业企业都采用这种定价方法，那么在成本与成本加成率相似的情况下价格也大致相同，这样可以使价格竞争降至最低限度。

(3) 对买卖双方都较为公平。卖方不利用买方需求量增大的优势趁机哄抬物价，因而有利于买方，固定的成本加成率也可以使卖方获得相当稳定的投资收益。

四、二手车销售定价的策略分析

二手车销售定价策略是指二手车流通企业根据市场中不同变化因素对二手车价格的影响程度采用不同的定价方法，制订出适合市场变化的二手车销售价格，进而实现定价目标的企业营销战术。

二手车销售定价策略分为阶段定价策略、心理定价策略和折扣定价策略 3 种。

1. 阶段定价策略

阶段定价策略就是根据产品寿命周期各阶段不同的市场特征而采用不同的定价目标和对策。在产品寿命周期，投入期以打开市场为主，成长期以获取目标利润为主，成熟期以保持市场份额、利润总量最大为主，衰退期以回笼资金为主。另外，二手车流通企业还要兼顾不同时期的市场行情，相应修改销售价格。

2. 心理定价策略

不同的消费者有不同的消费心理，有的注重经济实惠、物美价廉，有的注重品牌，有的注重产品的文化情感含量，有的追赶消费潮流。心理定价策略就是在补偿成本的基础上，按消费者不同的需求心理确定价格水平和变价幅度。例如，尾数定价策略就是企业针对消费者的求廉心理，在二手车定价时有意定一个与整数有一定差额的价格。这是一种具有强烈刺激作用的心理定价策略。价格尾数的微小差别，能够明显影响消费者的购买行为，会给消费者一种经过精确计算的、最低价格的心理感觉，如某品牌的二手车标价 69 998 元，给人以便宜的感觉，认为只要不到 7 万元就能买一辆质地不错的品牌二手车。

3. 折扣定价策略

二手车流通企业在市场营销活动中，一般按照确定的目录价格或标价出售产品。但随着企业内部环境、外部环境的变化，为了促使销售者更多地销售、顾客更多地购买企业的产品，企业往往根据交易数量、付款方式等条件的不同，在价格上给销售者和顾客一定的减让，这种企业给销售者或消费者的一定程度的价格减让就是折扣。灵活运用价格折扣策略，可以鼓励需求、刺激购买，有利于企业搞活经营，提高经济效益。

五、二手车销售最终价格的确定

二手车流通企业通过以上程序制订的价格只是基本价格，只确定了价格的范围和变化的途径。为了实现定价目标，二手车流通企业还需要考虑国家的价格政策、用户的要求、产品的性价比、品牌价值及服务水平，应用各种灵活的定价战术对基本价格进行调整，同时将价格策略和其他营销策略结合起来，如针对不同消费心理的心理定价和让利促销的各种折扣定价等，以确定具体的最终价格。

六、二手车销售价格计算实例

2010年4月，一家二手车销售公司收购了一辆一汽大众捷达CIF轿车，收购价格为4.40万元。该车初次登记日期为2005年12月20日；年审检验合格至2010年4月；有车辆购置税完税证明。该公司欲于2010年10月销售该车。试计算其销售价格。

解 该车销售价格确定方法如下。

(1) 固定成本费用摊销率的确定。

按该二手车销售公司的固定成本构成情况分析，分摊在二手车销售这一块的固定成本摊销率为1%。

(2) 变动成本的确定。

① 该车实体价格即为收购价格，为4.40万元。

② 收购车辆时的运输费用合计为65元。

③ 从收购日起到预计的销售日，分摊在该车上的日常维护费用约400元。

④ 该车收购后，维修翻新费用合计3 200元。

⑤ 在车辆存放期间，银行的活期存款年利率为0.36%。

该二手车的变动成本=(收购价格+运输费用+日常维护费用+维修翻新费用)×(1+活期利率)

$$=(44\ 000+65+400+3\ 200)\text{元}\times\left(1+\frac{10-4}{12}\times 0.36\%\right)=47\ 751\text{ 元}$$

该二手车的总成本费用=收购价格×固定成本费用摊销率+变动成本

$$=44\ 000\text{ 元}\times 1\%+47\ 751\text{ 元}=48\ 191\text{ 元}$$

(3) 确定销售价格。

按成本加成定价法，本车型属于大众车型，市场保有量较大，且销售情况平稳。根据销售时日的市场行情，一般成本加成率在6%左右。因此该车的销售价格为

二手车销售价格=该车总成本×(1+成本加成率)

$$=48\ 191\text{ 元}\times(1+6\%)=51\ 082\text{ 元}$$

(4) 确定最终价格。

① 该二手车销售公司目前处于比较稳定的经营时期，故应取获取合理利润为目标，所以成本加成率不做调整，即仍取6%。

② 该车不准备采用折扣定价策略，而上述计算结果中有精确的尾数，即采用尾数定价策略，也不再做调整。

故该二手车的最终销售价格确定为51 082元。

【任务实施】

(1) 每2名学生为一组,互相扮演业务人员与客户,由业务人员向客户介绍影响二手车销售定价的因素、二手车销售定价的目标、二手车销售定价的方法。

(2) 指导教师为学生提供一款二手车的详细资料,包括收购日期、收购价格、计划销售日期、收购至销售期间的各项费用。学生根据本任务所学的知识与能力,确定其销售价格,并将详细的计算过程编制成计算报告,提交给指导教师。

任务4　二手车置换

【任务导入】

王先生于2010年买了自己第一辆车——2010款别克凯越。2015年,他到4S店做车辆保养时,看到4S店开展二手车置换业务。他刚好有些积蓄打算换车,想通过置换的方式买辆新款君越。4S店销售员为他介绍了二手车置换的业务流程。

【任务分析】

人们对汽车的需求越来越多样化,二手车置换作为二手车交易的一种方式逐渐显示出满足人们需求的优越性和调节汽车流通的重要作用。

【相关知识】

1. 二手车置换的概念

从狭义上来说,二手车置换就是以旧换新,这项活动往往由新车经销商来开展,在其4S店或各级网点进行,通过满足车主换车的需求开展二手车的收购业务,用二手车的价值来补足车主购买新车的价款,并提供便捷的服务,从而促进新车销售。从广义上来说,二手车置换是指在以旧换新业务的基础上,还同时兼容二手车整容翻新、跟踪服务、二手车再销售乃至银行按揭贷款等项目的一系列业务组合,从而使之成为一种有机独立的营销方式。

2. 国内主要二手车置换商简介

1) 上海通用“诚新二手车”

上海通用是国内较早涉足品牌二手车领域的汽车制造商。它在服务经验、规范化程度和开展的业务等方面比较领先,其“诚新二手车”品牌已逐渐成为二手车交易市场的一个标杆。目前,“诚新二手车”开展的业务主要还是新车置换,但是业务开展深度较强,认证二手车数量较多,可以在全国范围内开展整备后二手车的销售。

2) 一汽-大众“认证二手车”

相比上海通用,一汽-大众进入二手车领域较晚。2004年8月,一汽-大众在认证二手车首批样板店正式开业典礼上,宣布进军二手车交易市场。一汽-大众从全国347家特许经销商当中选取了13个城市的16家信誉较好的特许经销商作为首批样板店,以期尽量保证赢得良好的口碑。

3) 上海大众“特选二手车”

上海大众在2003年11月推出了自己的二手车交易品牌,即上海大众“特选二手车”。它在发展的形势方面与一汽-大众“认证二手车”基本相同。大量的车源和用户是上海大众进行二手车交易(包括车辆置换业务)的优势。

4) 奥迪“AAA”二手车

奥迪“AAA”二手车是目前较为高端的品牌认证二手车服务。作为中国市场上较为成功的豪华车,奥迪在市场上保有量很大,残值率也较高,如保有量最大的奥迪 A6,一般 3 年的二手车残值率可达 70%。

5) 广州本田“喜悦二手车”

广州本田于 2007 年推出了“喜悦二手车”业务,虽然推出的时间比较短,但是其二手车认证是目前所有厂家中比较严格的。

6) 一汽丰田“安心二手车”

一汽丰田的二手车认定标志为外部一个车形轮廓,中央加上一个红色透明心形,表示二手车业务全过程“公开、透明、安心”。

7) 东风雪铁龙“龙信二手车”

东风雪铁龙的二手车置换采取多品牌置换模式,无论是东风雪铁龙本品牌,还是其他品牌的非营运轿车,都可以用来置换,以购买东风雪铁龙品牌新车。

3. 国内汽车置换主要运作模式

1) 我国汽车置换模式

从国内的交易情况来看,目前在我国进行的汽车置换有以下 3 种模式。

(1) 用本厂旧车置换新车(即以旧换新),如厂家为一汽-大众,车主可将旧捷达车折价卖给一汽-大众的零售店,再买一辆新宝来。

(2) 用本品牌旧车置换新车,如品牌为大众,假设拥有一辆旧捷达的车主看上了帕萨特,那么他可以在任何一家大众的零售店里置换到一辆他喜欢的帕萨特。

(3) 只要购买本厂或本厂家的新车,置换的旧车不限品牌。国外基本上采用这种汽车置换方式。

从买车人的选择余地和便利程度的角度考虑,第 3 种方式最佳,但对厂商和经销商而言,第 3 种置换方式非常具有挑战性。因为中国的车主一般既不从一而终地在指定维修点维护修理,也不保留车辆的维修档案,车况极不透明;再者,不同品牌、不同型号的车在技术和零部件上千差万别;而且,对于个别已经停产车型,更换零部件将越来越麻烦。

此外,我国也出现了委托寄卖等置换新模式。我国的委托寄卖主要分为 3 种类型:一是自行定价型,即由消费者自行定价,委托商家代卖,等到成交后再支付佣金;二是二次付款型,即由商家先行支付部分费用,等到成交后再付余款,佣金以利润比例来定;三是周期寄卖型,方式是由商家向车主承诺交易周期,车价由双方共同确定,而佣金根据成交时间和成交金额双重标准来定。

2) 汽车置换授权经销商

对于车主来说,车辆更新是一个烦琐的过程,车主首先要到二手车交易市场把车卖掉,这其中要经历了解市场行情、咨询二手车价格、与二手车经纪公司讨价还价直至成交、办理各种手续和等待回款,这至少要好几天,等拿到钱后再到新车市场买新车,又是一番周折。对于车主来说,更新一部车比买新车麻烦得多。在生活节奏日益加快的今天,人们期盼有一种便捷的以旧换新业务,使他们在自由选择新车的同时,很方便地处理旧车。因此,具有汽车置换资质的经销商作为中介的重要作用就显现出来。

汽车置换授权经销商是我国汽车置换运作的中介主体。汽车置换授权经销商的车辆置换服务将消费者淘汰旧车和购买新车的过程结合在一起，一次完成甚至一站完成，为用户解决了先要卖掉旧车再去购买新车的麻烦。

我国汽车置换授权经销商的汽车置换服务一般具有以下特点。

(1) 打破了车型限制。与以往的一些开展汽车置换的厂家或品牌专卖店不同，汽车置换授权经销商对消费者所要置换的旧车及选择购买的新车，都没有品牌及车型的限制，可以任意置换。汽车置换授权经销商采用汽车连锁超市的模式经营新车的销售，连锁超市中经营的汽车品牌众多，可以满足消费者的不同需求，也可根据消费者的要求，到指定的经销商处，为消费者购进指定的车辆，真正做到无品牌限制的置换。

(2) 让利置换，旧车增值。汽车置换授权经销商将车辆置换作为消费者购买新车的一项增值服务。与消费者将旧车出售给二手车经纪公司不同，汽车置换授权经销商通常以二手车交易市场收购二手车的最高价格甚至高出的价格，确定二手车价格，经双方认可后，置换二手车的钱款直接冲抵新车的价格。

汽车置换授权经销商有自己的二手车经纪公司，同时它与二手车交易市场中的众多经纪公司保持联系，保证了市场信息渠道的畅通，而它所置换的旧车能够有快速的销售通路。对于车况较好的旧车，汽车置换授权经销商经过整修后，将其补充到租赁车队中，投放于低端租车市场，用租赁收入弥补旧车的增值部分后，到二手车交易市场处置；或者发挥汽车置换授权经销商租车网络优势，将旧车用于中小城市从事租赁运营工作。

(3) "全程一对一"的置换服务。汽车置换授权经销商汽车连锁销售提供的车辆置换服务，是一种"全程一对一"的服务。由于汽车置换授权经销商的业务涉及汽车租赁、销售、金融及二手车经纪，因此消费者在汽车置换授权经销商选择置换的购车方式后，从旧车定价、过户手续，到新车的贷款、购买等过程都由汽车置换授权经销商内部的专业部门完成，保证了效率和服务水准。

(4) 完善的售后服务。对于从汽车置换授权经销商处通过置换购买的新车，汽车置换授权经销商提供包括保险、救援、替换车、异地租车等服务在内的完善的售后服务。对于符合条件的消费者，汽车置换授权经销商还提供更加个性化的车辆保值回购计划，使消费者可以无须考虑再次更新时的车辆残值，安心使用车辆。

4. 汽车置换质量认证

汽车置换中一个最重要、最容易引起争议的问题就是置换旧车的质量问题。与新车交易相比，二手车交易市场存在很多不透明的地方，二手车评估本身就比较复杂，加上二手车交易又是"一旦售出，后果自理"，所以在购买二手车的时候，大部分消费者并不信任卖家。

为了保障交易双方权益、减少纠纷，国外汽车厂商从20世纪90年代就开始对汽车进行质量认证，我国的汽车厂商也从近年开始进行这一业务。汽车厂商利用自己的技术、设备、人员及信誉优势，对回购的二手车进行检测、修复，给当前庞大的二手车消费群体提供"放心车""明白车"，即使这些车的价格高于其他市场上的二手车，消费者也认为值得。同时汽车厂商介入二手车交易市场也为规范二手车交易市场、降低交通安全隐患带来了积极影响。

1) 认证的基本概念

经汽车厂商授权的汽车经销商将收上来的该品牌二手车进行一系列检测、维修之后，使该车成为经品牌认证的车辆，销售出去之后可以给予一定的质量担保和品质保证，这一过程通称为认证。

二手车认证的开展是市场对二手车刮目相看的首要原因，现在已经得到广泛的支持，很多汽车生产厂商还针对二手车推出一些积极的消费措施。目前，二手车认证方案项目一般包括：合格的质量要求、严格的检测标准、质量改进保证、过户保证及比照新车销售推出的送货方案。一些大公司开展的认证还包括提供与新车一样利率的购车贷款。通过认证，消费者和经销商双方都从中得到了实惠。顾客购买二手车的心态更加趋于平和，相应地，经销商也实现了认证车辆的溢价销售。而且，顾客再不会有车刚到手就发生故障的经历，经销商也不必再面对恼怒的消费者的争吵。

2）我国的二手车认证

我国的二手车认证主要是在一些合资企业中开展，这其中以上汽通用和一汽-大众为代表。我国一般的二手车的认证流程如图6-3所示。

（1）上汽通用的二手车认证。上海通用认证的二手车经过了多道程序的严格筛选。被认证的二手车有自己统一的品牌，是和诚信谐音的"诚新"。能通过认证，并打上"诚新"牌子的二手车还要满足以下条件：首先，无法律纠纷，非事故车，无泡水经历；其次，使用不超过5年，行驶10万千米以内；最后，原来用途不是营运和租赁。

上汽通用的二手车认证有106项检验项目。这106项检验要进行两次：进厂一次，整修后还要进行一次。106项检验主要包括车辆外观、引擎室、车辆内饰、车辆功能件、底盘、道路测试、车辆保养、清洁和附件检查等8大类，它基本囊括了整辆汽车的零配件。通过筛选的二手车，经过整修，再进行这106项检测，全部合格后才能获得上汽通用的认证书。经认证过的二手车出售后能获得半年或1万千米的质量保证，在质保期间，如果车辆出现质量问题，消费者可以在全国联网的品牌专业维修店获得免费修理和零配件更换服务。

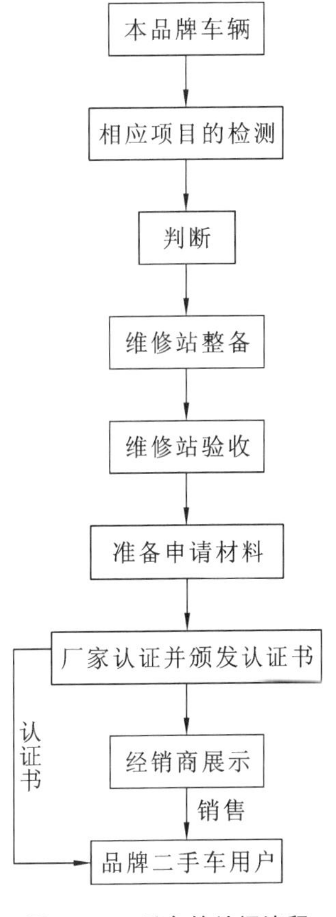

图6-3　二手车的认证流程

（2）一汽-大众的二手车认证。一汽-大众的二手车认证有141项检测标准：发动机（压缩比、排放、点火正时等11项）；离合器（离合器线束调整、噪声检测等5项）；变速器（变速器各挡位操控性、变速器油位等8项）；悬架（减振器泄漏等5项）；传动系统（差速器泄漏和噪声等4项）；转向系（转向齿条等7项）；制动（制动蹄片磨损情况等8项）；制冷系统（管道泄漏等4项）；轮胎轮辋（前轮定位等5项）；仪表（仪表灯亮度等15项）；灯光系统（车内外灯光光线、报警灯等10项）；电子电气（蓄电池、各种熔断器等8项）；车辆外部（刮水器胶皮磨损等7项）；车辆内部（座椅、杯架、后视镜等9项）；空调（气流、风向等6项）；收音机及CD（播放器、扬声器等3项）；内饰外观（各种塑料件、装饰件等3项）；车身及漆面（破裂、剐蹭等5项）；完备性（备胎、说明书等7项）；最终路试（操控性、循迹性等11项）。

5. 汽车置换的服务流程

汽车置换包括旧车出售和新车购买两个环节。不同的汽车置换授权经销商对汽车置换流程的规定不完全一样，一汽-大众汽车置换流程如图6-4所示。

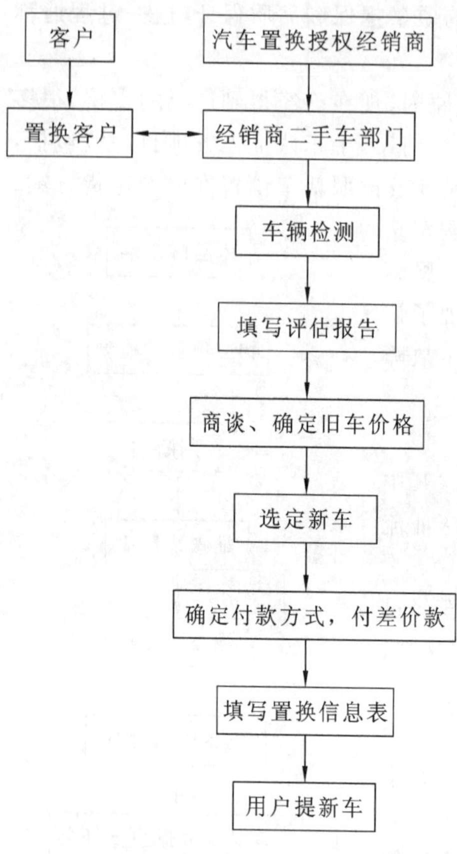

图6-4　一汽-大众汽车置换流程图

国内一般汽车置换流程如下。

1）资料

置换客户带汽车及相关资料到公司置换部。办理置换业务所要提交的证件如下。

① 车主身份证(单位车辆还应提供法人代码证书、介绍信等)。

② 机动车产权登记证。

③ 机动车行驶证。

④ 购置附加税缴纳凭证。

⑤ 养路费缴纳凭证。

⑥ 委托他人办理置换的,需持原车主身份证和具有法律效力的委托书。

2）检测评估

置换客户把汽车及相关资料提供给公司,公司二手车鉴定评估人员根据现有二手车市场价格行情、当前新车价格、车况及使用年限等资料对该车进行综合分析、评估,初步拟订价格。

3）定价

公司将初步价格通知置换客户,经协商同意后,确定收购价格。

4）选购新车

置换客户确定新车车型,挑选新车,确定新车后,商定新车价格。

5）成交

置换客户与公司签订汽车置换协议或合同。

6）过户

置换客户提供过户资料,办理汽车过户手续。

7）折算二手车款凭证

公司置换部出具折算二手车款凭证。

8）新车收款凭证

置换客户选定新车后,由公司销售部门出具收款通知单。

9）补齐车款

置换用户凭折算二手车款凭证、收款通知单到公司财务处补齐车款。

10）办理上牌

置换用户补齐车款后,提交汽车上牌所需资料,由公司办理汽车上牌业务。

11）提车

公司在办完所有手续以后通知客户提车。

6. 汽车置换的注意事项

(1) 新车牌照。新车仍使用原二手车牌照的,汽车置换授权经销商代办退牌手续和新车上牌手续;新车上新牌照的,汽车置换授权经销商可代办手续。

(2) 购买新车需交钱款为新车价格及旧车评估价格差，如果旧车贷款尚未还清，可由经销商垫付还清贷款，款项计入新车需交钱款。

(3) 售后服务。汽车置换授权经销商为顾客提供全程后续服务。

【任务实施】

每2名学生为一组，互相扮演业务人员与客户，由业务人员向客户介绍二手车置换运作模式、二手车置换质量认证、二手车置换服务流程。

任务5 二手车金融

【任务导入】

王先生买了一辆二手车，也顺利地完成车辆的过户，办理了车辆交易手续，原车主将未到期的保单也一并给了他。没几天发生了交通事故，王先生去保险公司索赔，却被告知保单尚未过户，这下王先生懵了。

由此可见，买二手车时还要弄清楚原车主有没有对车辆投保，如果原车主没有对车辆投保，车主应该及时买保险；如果车辆有保险且还在有效期内，原车主和车主应该及时到保险公司将保单过户，这样，车主才能继续享有车辆的保险保障。

【任务分析】

众所周知，汽车在给人们带来便捷的同时，也给人们带来了风险。为了更好地使用车辆，车主都会根据自己的需要为爱车投保，二手车车主也不例外，也需要适当地对车辆投保。

【相关知识】

一、二手车保险的选择及注意事项

随着二手车市场的发展，购买二手车的消费者越来越多，汽车在给人们带来便捷的同时，也给人们带来了风险。为了更好地用车，车主都会根据自己所需为爱车投保，二手车车主也不例外，也需要适当地对车辆投保。

二手车虽然便宜，但是性能以及内饰部件都不如新车。相比之下，二手车较容易发生故障，为安全驾驶带来隐患。要想使二手车在使用过程中更有保障，就需要为二手车投保。只有这样，在事故发生后，车主才可以从保险公司及时得到赔偿。我国保险公司数量众多，服务质量也参差不齐，车主应为汽车选择一个合适且服务质量好的保险公司。

选择好保险公司，二手车保险的选择就很简单了。一般情况下，车主可以直接选择保险公司推荐的性价比较高的保险组合。例如，车主选择车辆损失险、机动车第三者责任险、机动车车上人员责任险、不计免赔特约险和车辆自燃险就可以了，有了这样的保险组合，车主在事故发生后可以得到保险公司的赔偿。

车主在对车辆投保时不仅要选对投保渠道，在选择投保险种时还要考虑自己的实际情况，如车辆是否停放在露天停车场、开车地段是否经常有盗抢行为。如果所在地区治安不好，那么车主就要考虑为汽车购买全车盗抢险。

消费者应根据二手车的价值、个人经济状况以及驾驶技术等情况，灵活选择投保险种。为了避免在二手车保险中受到不必要的损失，消费者应注意以下几个问题。

1. 认真分析，妥善选择保险变更或重上保险

消费者在选购二手车后，可以选择保险过户，也可以在原车主退保后重上保险。消费者可根据车况和是否发生过理赔的实际情况，认真分析计算因是否理赔而造成的保费上调或下调的额度，妥善做出保险过户或重上保险的选择。

2. 区分情况，选定适当的保险组合

消费者不可能投保太多的险种，应该根据车辆和个人情况的不同选择能大致覆盖主要险种的适用的保险组合。有的专家把目前的车主保险分成新手全面型、普通常规型、老手经济型、单一风险型四种组合。普通常规型除交强险外可投保车损险、机动车第三者责任险、机动车车上人员责任险、盗抢险和不计免赔特约险等几个险种；而老手经济型只投保车损险、机动车第三者责任险和不计免赔特约险即可。

3. 权衡利弊，确定适当的保险金额

消费者投保金额的多少，直接关系到赔偿金额的多少。因此，消费者必须分析各险种的不同情况，确定适当的保险金额。例如，车损险一般以同类新车的购置价格作为保险金额，盗抢险以车辆当时的实际价格作为保险金额。消费者应实事求是地确定保险金额并足额投保，这样才能得到合理的补偿。

4. 搞清条款，避免不必要的损失

消费者在投保过程中还要切实弄清各险种的免责条款和不予理赔的各种情况，以便在投保后尽量避免这些情况发生，从而避免无法得到理赔的损失。例如，在车主酒后驾车、无照驾车、车辆没有年检、私自加装设备、撞到自家人、把负全责的肇事者放跑、没有经过定检就去直接修理、在水深处强行打火造成发动机损坏等多种情况下，保险公司不予理赔。消费者必须注意这些情况。

二、购买二手车保险

现如今交通事故频发，人们需要关注更多的交通意外，关注自身的安全问题，有车人士更应当如此。所以，消费者在办理二手车各项交易手续的同时也应注意二手车的保险问题。

1. 办理车险过户

许多购买二手车的车主，都非常重视车辆本身的各项记录，却容易忽视一些细节。例如，有的忘记了索要车险保单，有的以为拿到保单就可以了。王先生说他买第一辆二手车——黑色桑塔纳的时候，很开心地向原车主要来了车险保单，由于这车买的是车辆商业险的全险，他以为可以高枕无忧了。谁知出险后，当王先生理直气壮地找保险公司索赔时，他才知道因为保单上的姓名不是他，所以无法领取保险金。保险公司业务员告诉他，因为保单上的姓名仍是原车主，所以在理论上，原车主才是可以领取保险理赔金的人。

很多二手车交易容易忽略的问题是二手车保险的过户。拿到车险保单后，车主要和原车主到投保的保险公司营业大厅将保单过户，否则，一旦出险，二手车车主是无法拿到赔偿金的。过户的好处不仅是二手车车主可以继续拥有此车的保险保障，直到保险期满，而且如果没有出险，在下一年度投保时，二手车车主可以用本年保单申请10%的无赔款优待。

2. 根据实际情况，选择合适的险种

如果过户车的车险即将到期或者已经到期，那么车主应该根据自己的实际情况选择适合自己的车险。

（1）新手上路。如果是新手上路，应该选择覆盖比较全面的保险，另外要注意机动车第三者责任险的保险金额。如果是初次上路，建议购买不计免赔特约金等附加险种。

（2）驾龄较长，驾驶技术娴熟。如果驾驶技术娴熟，则车主可以根据自己的实际情况略做增减，但是不可不买车辆商业险。由于交强险的保额较低，万一发生较大事故，不能起到保障的作用，所以为了保险起见，建议车主慎重取舍。

3. 切忌不足额投保和超额投保

买辆二手车是以原车的价格进行投保呢，还是按照购买时的价格进行投保呢？这是一个让很多车主头疼的问题。

车主在对二手车进行投保时需要充分地研究一下保险合同中的几个重点名词——保险价值、保险金额、实际价值，并分清它们之间的关系。车辆的保险价值是由新车的购置价格决定的，包括车辆单价和车辆购置附加费。车辆损失险的保险金额可以按投保时的保险价值确定。保险公司通常都是按照新车购置价格来定制保险价值。举例来说，如果二手车以8万元购入，而原来的新车价是15万元，保险公司还是会要求车主以15万元的车价来购买盗抢险等保险。但如果车辆被盗，保险公司会扣除一定的折旧金额（新车购置价格×使用月数×月折旧率），最后一般按二手车的现值理赔。车辆损失险的保险金额也可以由被保人和保险人协商确定，协商的金额不低于新车购置价格的20%；或者按车的实际价值确定，但最高不得超过保险价值，超过部分无效。保险条款中规定保险车辆的实际价值计算公式为

实际价值＝新车购置价/国家规定使用年限×（国家规定使用年限－已使用年数）

车主在对二手车进行投保时可根据不同情况选择附加险种，投保费按照保险金额的一定比例支付。

如果二手车投保时的保险金额按车的实际价值确定，则保险金额低于保险价值，等于实际价值。当车辆被盗或造成全车损失时，车主得到的赔偿和保险金额等于保险价值；当车辆部分损坏时车主得到的赔偿和保险金额不同于保险价值，车主得到按保险金额与保险价值的比例计算的赔偿修理费用。车辆损失以不超过保险金额为限，如果保险车辆按全部损失计算赔偿或部分损失一次赔款达到保险金额，车辆损失险的保险责任终止。当保险金额低于实际价值时，如果车辆发生全损，则保险公司按照保险金额计算赔偿金。所以，车主在给车辆上保险时应该实事求是，足额投保。

三、二手车脱保

二手车在保险方面最容易遇到的就是脱保现象，很多二手车在经销商处都过了保险时间，所以消费者在购买二手车后要首先到保险公司续保，方可安全上路。在脱保的情况下续保，保险公司的业务员在出具保单之前会先验车，这是一个特别要注意的环节。在脱保期间车身上的伤痕是不计入下一年度的承保范围之内的，所以车主应特别注意二手车在计算保险时会根据年限折旧，而保费的优惠要看各家保险公司的政策，车主切忌贪图小利，为日后定损理赔留下隐患。

在续保前车身上的伤痕都会对该车下一年的定损理赔造成不便，建议车主自费修复车身上的伤痕。车主应特别注意，不要在脱保的情况下出现交通事故。另外，没有交强险上路是违背交通管理条例的违法行为。

【任务实施】

每2名同学为一组，分别扮演业务人员和客户，由业务人员向客户介绍二手车保险的选择及注意事项、如何购买二手车保险和二手车脱保。

项目 7
电动汽车的鉴定评估

知识目标

（1）掌握电动汽车使用维修的安全操作规范。

（2）掌握电动汽车静态检查中关于识伪检查、各方位检查的主要内容和方法。

（3）掌握电动汽车底盘的检查，以及动力转向系统、制动系统、电动汽车动力系统、电动汽车电气系统检查的主要内容、方法与要求。

（4）掌握电动汽车的高压安全检测内容与方法，熟悉电动汽车整车控制器检测、电动汽车的动力电池系统检测以及电动汽车的驱动电动机及其控制系统故障检测的基本内容与基本方法。

（5）掌握电动汽车技术状况的分级标准中与传统汽车相同的内容以及电动汽车技术状况分级标准中新增加的三项内容。

能力目标

（1）能够以使用年限法为主进行电动汽车成新率的计算。

（2）能够使用重置成本法评估电动汽车的价值。

（3）能够采用二手车的定型式撰写电动汽车的鉴定评估报告。

电动汽车鉴定评估工作与传统汽车鉴定评估工作的共同点是都在总体上分为静态检查、动态检查、仪器检查以及价值评估等内容。电动汽车鉴定评估的具体工作步骤依旧是前期准备工作→现场鉴定工作→评定估算工作→撰写鉴定评估报告，但这些工作经过具体化之后体现了电动汽车结构性能的鲜明特点。

任务1 电动汽车技术状况的静态检查

【任务导入】

车主李先生计划卖掉自己的比亚迪 e6 轿车。他来到位于二手车交易市场的二手车鉴定评估机构，对自己的轿车进行鉴定评估。二手车鉴定评估机构前台接待人员接待了李先生，完成一系列鉴定评估前期工作之后，对车辆技术状况进行静态检查。

【任务分析】

在进行电动汽车技术状况的静态检查之前，必须切实掌握电动汽车使用维修的安全操作规范。

【相关知识】

一、电动汽车使用维修的安全操作规范

1. 维修高压车辆人员的资质要求

电动汽车维修人员需要具备一定的资质，遵守安全操作规范，且满足以下条件。

(1) 电动汽车维修人员必须参加过厂家电气技术培训，经授权可以检修具有高压系统的车辆，且能做标识和对工作现场进行维护。

(2) 电动汽车维修人员需要获得电工作业资格，参加过电动汽车(电动汽车、燃料电池车)高压系统维修的资格培训，在经销商内部认可后，可执行车辆高压系统维修工作。

2. 高压技术人员的主要工作

高压技术人员的主要工作如下。

(1) 断开高压系统供电并检查是否已经可靠绝缘。

(2) 严防高压系统重新合闸。

(3) 将高压系统接通重新投入使用。

(4) 对高压系统上所有作业负责。

(5) 培训和指导经销商内部所有与高压系统相关的人员。

3. 车辆标识与工作区安全

(1) 维修车间内配备有高压装置的车辆必须做标识，使用专用的警示标牌，如图 7-1 所示。

(2) 工作区域必须防止其他人员进入。

4. 安全操作规程

在检查或维修高压系统时，电动汽车维修人员务必遵循以下安全操作规范。

(1) 关掉电动汽车点火开关，并将钥匙妥善保管；戴好绝缘手套。

(2) 断开低压电池负极端子；拆除维修开关；等待 10 min 或更长时间，让高压电器内部电容放电；用绝缘乙烯胶带包裹被断开的高压线路插接器。

(a)警示标牌

(b)工作区域围栏

(c)绝缘垫

图 7-1 电动汽车维修工作区域标识

5. 检查绝缘手套的方法

检查绝缘手套的方法如下。

(1)侧位放置手套,卷起手套边缘,然后松开二至三次。

(2)折叠一半开口去封住手套,确认无空气泄漏,即证明绝缘手套完好。

6. 注意事项

检查高压系统时应注意以下事项。

(1) 所有橙色的线路均带高压,可能危及生命;不得将喷水软管和高压清洗装置直接对准高压部件;高压插头上不可使用润滑油、润滑脂和触点清洗剂等;在高压导电部件附近进行检修工作时,必须先将系统断电;在进行焊接、用切削工具加工以及用尖锐工具进行操作时,必须先将系统断电。

(2) 所有松开的高压插头必须严防进水和有污物;损坏的导线必须予以更换;佩戴有电子/医学生命和健康维持装置的人(如心脏起搏器)不得检修高压系统(包括点火系统);必须使用合适的测量仪器;检修进水的高压系统时,要非常小心,特别是潮湿的部件是非常危险的。

7. 恢复系统运行

电动汽车维修人员在对电动汽车检修维修完毕后,要由高级技师恢复系统运行。恢复系统运行应注意以下事项。

(1) 要目视检查所有的高压连接以及高压系统的接插口和螺孔连接都正确锁止。

(2) 要目视检查所有的高压电缆都无法触碰到。

(3) 要目视检查电压平衡、电缆清洁且无法触碰到,插入维修开关并把它锁闭。

(4) 打开点火开关,读取所有系统的故障码,把"高压系统已关闭"的警示标签从车辆上移除。

(5) 要在车辆显眼的位置贴上"高压已经激活"的警示标签。

二、电动汽车技术状况静态检查的主要内容、方法与要求

1. 查验可交易车

查验可交易车的主要内容包括查验机动车的七种法定证件与查验机动车的四类应纳税费凭证。二手电动汽车的查验内容与方法与传统二手车完全相同。

2. 鉴别走私车和拼装车

鉴别走私车和拼装车的主要内容包括以下五项:查找车管部门的车辆档案资料、验证产品合格证和商检标志、外观检查、内饰检查、机舱内部检查。二手电动汽车以上五项鉴别内容及其

鉴别方法全部与传统二手车相同。

3. 鉴别盗抢车

鉴别盗抢车的主要内容包括以下四项：防止盗抢车进入交易市场、检查车锁和锁芯、核对车辆识别代号和发动机号码及车牌、检查车辆颜色与油漆是否重做过。二手电动汽车以上四项鉴别内容及其鉴别方法与传统二手车完全相同。

4. 鉴别事故车

鉴别事故车的主要内容包括以下四项：事故车的定义、鉴别碰撞事故车的步骤与方法、鉴别泡水事故车的步骤与方法、鉴别过火事故车的步骤与方法。二手电动汽车以上四项鉴别内容及其鉴别方法与传统二手车完全相同。

5. 电动汽车技术状况静态检查项目总表

电动汽车技术状况静态检查包括外观与内饰、发动机舱、室内检查与操作、点火开关及车门装置、底部及悬架系统、驾驶试验以及热态检查等七项内容。电动汽车技术状况静态检查项目表如表7-1所示。

表7-1 电动汽车技术状况静态检查项目表

车身颜色：________ 车架号：________ 检查日期：________

<table>
<tr><td>外观与内饰</td><td>□内部与外观缺陷（如变形、擦伤、锈蚀及色差等）
□油漆、电镀部件和车内装饰
□关闭车门检查缝隙情况
□车玻璃有无划痕
□随车物品、合格证、工具、备胎、使用说明书
□VIN、铭牌
□示宽灯及牌照灯
□前照灯（远近光）、雾灯开关
□制动灯和倒车灯</td><td rowspan="2">室内检查与操作</td><td rowspan="2">□制动踏板高度与自由行程
□加速踏板自由行程与操作
□转向盘自由行程
□收音机调节
□转向盘自锁功能
□驻车制动调节
□遮阳板、内后视镜
□室内照明灯
□前后座椅安全带及安全带提示灯
□座椅靠背角度及头枕调整
□加油口盖的开启
□杂物箱的开启及锁定
□前后刮水器及清洗器的工作情况
□点烟器及喇叭的操作</td><td rowspan="2">点火开关及车门装置</td><td rowspan="2">□组合仪表灯及性能检查
□门灯；中门儿童锁
□车门、门锁工作是否正常
□门边密封条接合情况
□钥匙的使用情况
□滑动门的工作情况，必要时加润滑脂
□蓄电池和启动机的工作及各警告灯的显示情况
□手动车窗及开关</td></tr>
<tr><td>发动机舱</td><td>□制动液液位及缺油警告灯
□发动机机油液位（混合动力）
□冷却液液位及浓度
□玻璃清洗剂液位
□节气门
□离合器</td></tr>
<tr><td>底部及悬架系统</td><td colspan="3">□底部状态及排气系统
□制动管路有无泄漏或破损
□轮胎气压（包括备胎）（前轮，220 kPa；后轮，250 kPa）
□燃油系统管路有无泄漏或破损
□悬架的固定
□确认所有车轮螺母力矩
□齿轮、齿条护罩情况</td><td>驾驶试验</td><td>□行车制动器及驻车制动器的效果
□转向盘检查与自动回正
□变速器换挡操作
□离合器、悬架系统工作情况</td></tr>
</table>

续表

热态检查	□燃油、防冻剂、冷却液、制动液及废气的渗漏 □冷却风扇的工作情况 □热启动性能 □蓄电池电压≥12 V,怠速时≥13.5 V □有无其他异响
故障描述	
处理方法	

注:以上检查项目合格打"√",异常打"×"。

6. 电动汽车技术状况静态检查的具体方法

电动汽车技术状况静态检查的具体方法(包括各个项目检查的目的、方法与工具)分述如下。

1) 动力电池系统检查的项目、方法与工具

(1) 外观检查。

目的:检查外观有无磕碰、损坏。

方法:将车辆举升,目测动力电池底部有无磕碰、划伤、损坏的现象。

工具:无。

(2) 绝缘检查(内部)。

目的:防止电池箱内部短路。

方法:将动力电池高压母线旋变拧开,用绝缘电阻表测总正、总负对地电阻,阻值应大于或等于500 Ω/V(1 000 V)。

工具:绝缘电阻表。

(3) 底盘连接检查。

目的:防止螺栓松动从而造成故障。

方法:用扭力扳手按照规定扭矩紧固固定螺栓。

工具:扭力扳手。

(4) 插接器检查。

目的:检查插接器有无异常。

方法:目测动力电池高低压插接器变形、松脱、过热、损坏等情况。

工具:无。

(5) 高低压插接器可靠性检查。

目的:确保高低压插接器正常使用。

方法：目测检查高低压插接器松动、破损、锈蚀、密封等情况。

工具：绝缘电阻表、万用表。

(6) 电池内部温度采集点检查。

目的：确保测温点工作正常，采集点合理。

方法：将计算机监控温度与红外热像仪检测温度进行对比，检查温度精度。

工具：便携式计算机、CAN卡、红外热像仪。

(7) 电池加热系统测试。

目的：确保电池加热系统工作正常。

方法：电池箱接通12 V电压，打开监控软件，启动加热系统，目测风扇是否正常。

工具：12 V电源、便携式计算机、CAN卡。

(8) 标识检查。

目的：防止标识脱落。

方法：目测。

工具：无。

(9) 动力电池密封检查。

目的：保证动力电池箱体密封良好，防止水进入。

方法：目测密封条或更换密封条。

工具：无。

2) 驱动电动机与驱动电动机控制器检查的项目、方法与工具

(1) 安全防护。

目的：检查外观有无磕碰、损坏。

方法：将车辆举升，目测驱动电动机底部有无磕碰、划伤、损坏的现象。

工具：无。

(2) 绝缘检查。

目的：防止驱动电动机内部短路。

方法：将驱动电动机U/V/W旋变拧开，用绝缘电阻表检测，阻值应不小于500 Ω/V(1 000 V)。

工具：绝缘电阻表。

(3) 驱动电动机和驱动电动机控制器冷却检查。

目的：检查驱动电动机与驱动电动机控制器冷却液循环制冷效果。

方法：捏紧冷却液管，使其水道内部阻力增大，使冷却液泵转速变小，检查冷却液管道中的声音有无变化，如无声音变化，则水道内冷却液没有循环，需要放气。

工具：卡环钳子、螺钉旋具。

(4) 外部检查。

目的：清洁驱动电动机及驱动电动机控制器表面。

方法：用压缩室气吹驱动电动机及驱动电动机控制器，禁止使用潮湿的布和高压水枪进行清洁。

工具：空气压缩机。

3) 电气控制系统检查的项目、方法与工具

(1) 机舱及各部位低压线束防护及固定。

检查前机舱线束各连接导线有无破损、碰擦干涉，连接是否良好，线束是否在原位固定。

(2) 机舱及各部位插接器状态。

检查前机舱线束各连接导线插接器是否有松动、破损、锈蚀、烧熔等情况。

(3) 机舱及底盘高压线束防护及固定。

检查机舱底盘各橙色线束各连接导线有无破损、碰擦干涉,连接是否良好,线束是否在原位固定。

(4) 机舱及底盘各高低压电器固定及插接器连接状态。

检查前机舱底盘端子接线是否牢固,有无松动,控制线束插接器和旋变插接器连接牢靠,集成横梁上部件是否搭铁,连接是否牢靠,有无松动。

(5) 蓄电池。使用手持式蓄电池检测表进行测量,启动电压不小于12.5 V为正常,正负板极柱应无松动。

(6) 灯管信号。

检查前照灯、尾灯。

(7) 充电口及高压线。

检查充电线外观及插头是否有破损、裂痕,同时检查充电是否导通;检查充电口盖是否能够正常开启和关闭。当充电口盖板打开时,仪表充电指示灯应常亮,当关闭充电口盖时,仪表充电指示灯应熄灭。

(8) 高压绝缘检测系统。

使用绝缘万用表检测高压线束绝缘值。

(9) 故障诊断系统报警检测。

连接诊断仪检测有无故障。

4) 制动系统检查的项目与方法

(1) 驻车制动器。

在斜坡将驻车制动器操纵杆拉到整个行程70%的时候,测试是否溜车,若溜车则调整驻车制动器。

(2) 制动装置。

检查制动液是否泄漏。

(3) 制动液。

每隔2年或者行驶4万千米更换制动液,制动液选取汽车标号的制动液;检查制动液,不得高于刻度线MAX和不得低于MIN。

(4) 制动真空泵、真空真空罐、控制器。

① 车辆停稳后,打开钥匙开关,完全踩下制动踏板,踩踏三次,真空泵应正常启动,大约10 s后,真空度达到设定值时真空泵应停止运转。

② 在制动真空泵工作时检查连接软管。检测重点部位有无磨损漏气现象,检查制动真空泵与软管连接处、制动真空罐与软管连接处。

(5) 前、后制动摩擦片。

检查前、后制动摩擦片并视情况更换。

5) 转向系统检查项目与方法

(1) 转向横拉杆球头间隙、紧固程度及防尘套状态。

① 举升车辆(车轮悬空),通过摆动车轮和转向横拉杆来检查间隙。

② 检查转向横拉杆球头的固定螺母是否牢固。

③ 检查转向横拉杆的防尘套有无损坏和安装位置是否正确。

(2) 转向助力功能。

① 在道路试车过程中,通过原地转向、低速行驶中转向,检测是否有转向沉重、助力效果不

足等故障。

② 将转向盘分别向左、右打至极限位置，检测是否有转向盘抖动、转向机异响等故障。

6）车身系统检查项目

(1) 风扇及洗涤器、刮水器。

检查车窗是否有裂纹，检查玻璃洗涤剂是否缺失并酌情添加，检查刮水片擦洗是否干净，必要时更换刮水片。

(2) 清洁天窗、座椅滑道、门锁铰链、机舱铰链及锁扣、后背门铰链及锁扣，并加注润滑脂。

7）传动及悬架系统检查项目与方法

(1) 变速器(减速器)。

① 检查变速器连接螺栓并紧固，检查半轴油封有无渗漏，每隔1年或行驶2万千米更换变速器齿轮油。

② 检查等速方向节及防尘套有无破损。

(2) 轮毂。

视检轮毂有无划痕、磕碰，视情况做一次动平衡。

(3) 轮胎。

视检轮胎胎面和侧面是否有损坏和异物，轮胎是否有滚动面异常、磨损、毛刺等，花纹深度是否达到极限；检查胎压是否正常。

(4) 副车架悬置连接状态。

检查副车架并用扭力扳手紧固。

(5) 前、后减振器。

视检减振器有无漏油，检查螺栓并紧固。

8）冷却系统检查项目与方法

(1) 冷却液液位及冰点。

每2年或行驶4万千米使用冰点测试仪检测防冻冷却液的浓度，当防冻冷却液的浓度低于35%时应换用新防冻液。

(2) 冷却管路。

目测检查冷却系统管路及各零部件接口处有无泄漏情况。

(3) 冷却液泵。

视检冷却液泵接口是否有渗漏痕迹，冷却液泵是否有异响、停转现象。

(4) 散热器。

在驱动电动机及驱动电动机控制器冷却后在散热器后部(驱动电动机侧)使用压缩空气冲走散热器或空调冷凝器上的碎屑，严禁使用水枪对散热器散热片喷施清洗。

【任务实施】

一、实施环境

(1) 各学习小组鉴定电动汽车一辆。

(2) 各学习小组常用绝缘工具及用品。

① 常用电动汽车维修工具(绝缘工具)一套，包括成套的套筒扳手、火花塞扳手、各种旋具、夹钳、轮胎撬棒等。

② 用品包括手电筒、钢卷尺(5 m)、皮尺(20 m)、线坠、磁铁、轮胎花纹深度尺、千分表、高度尺、棉纱及纸巾等。

二、实施步骤

(1) 将学生以6～10名为单位分成若干学习小组。

(2) 各学习小组结合本任务所学的知识,利用现有的工具及用品,对指定的电动汽车进行静态检查,并完成表7-2所示电动汽车技术状况静态检查实训任务工单。

表7-2 电动汽车技术状况静态检查实训任务工单

电动汽车技术状况静态检查实训任务工单			
班级		学号	
姓名		日期	

1. 请描述你所检查的电动汽车的基本情况。

(1) 车辆的类别:________

(2) 车辆的名称:________,型号:________

(3) VIN:________

(4) 车辆的生产厂家:________,生产日期:________

(5) 初次注册登记日期:________,行驶里程:________

2. 识伪检查。

(1) 你所检查的车辆是属于走私车辆、拼装车辆、盗窃车辆中的一种吗? □是　□否

你做出上述判断的理由是________

____

____

(2) 你所检查的车辆车身是否为更换件? □是　□否

你做出上述判断的理由是________

____

____

3. 检查内容。

(1) 将你对动力电池系统检查的结果记录在下面。

____

____

____

____

通过对记录结果的分析,你得出的结论是________

____

(2) 将你对驱动电动机与驱动电动机控制器检查的结果记录在下面。

____

____

____

____

通过对记录结果的分析,你得出的结论是________

____

续表

(3) 将你对电气控制系统检查的结果记录在下面。

通过对记录结果的分析,你得出的结论是

(4) 将你对制动系统检查的结果记录在下面。

通过对记录结果的分析,你得出的结论是

(5) 将你对转向系统检查的结果记录在下面。

通过对记录结果的分析,你得出的结论是

(6) 将你对车身系统检查的结果记录在下面。

通过对记录结果的分析,你得出的结论是

(7) 将你对传动及悬架系统检查的结果记录在下面。

通过对记录结果的分析,你得出的结论是

(8) 将你对冷却系统检查的结果记录在下面。

通过对记录结果的分析,你得出的结论是

续表

(9) 将你对车身周正性检查的结果记录在下面。

通过对记录结果的分析,你得出的结论是

(10) 将你对轮胎检查的结果记录在下面。

通过对记录结果的分析,你得出的结论是

(11) 将你对车辆外廓尺寸检查的结果记录在下面。

通过对记录结果的分析,你得出的结论是

4. 请总结你对车辆技术状况静态检查的结论。

5. 自我评价(个人技能掌握程度):

□非常熟练　□比较熟练　□一般熟练　□不熟练

教师评语(包括任务工单填写情况、检查方法、熟练程度等,并按等级给出成绩):

实训记录成绩＿＿＿＿　教师签字＿＿＿＿　＿＿＿＿年＿＿＿＿月＿＿＿＿

任务2　电动汽车技术状况的动态检查

【任务导入】

车主李先生计划卖掉自己的比亚迪 e6 轿车。他来到位于二手车交易市场的二手车鉴定评估机构,对自己的轿车进行鉴定评估。二手车鉴定评估机构前台接待人员接待了李先生,完成一系列鉴定评估前期工作及车辆技术状况静态检查,进入车辆技术状况动态检查环节。

【任务分析】

在进行电动汽车技术状况的动态检查之前,必须做好路试前的准备。

【相关知识】

一、路试前的准备工作

1. 冷却系统的检查

检查膨胀罐冷却液液位是否低于下限(MIN)刻度线,检查冷却系统管路、冷却软管接口与散热器盖有无泄漏。

2. 漏气、漏油等渗漏情况检查

检查制动系统真空泵、转向器、驱动桥主减速器等有无渗漏现象。

3. 主要部件连接部分紧固情况检查

按照规定的力矩值检查转向、制动、传动、悬架以及轮胎等主要部件连接螺栓的紧固情况。

4. 转向、制动系统检查

检查转向盘的自由行程,检查制动踏板的自由行程,检查并确保制动灯正常工作。

5. 轮胎检查

检查轮胎气压是否符合标准,剔除嵌入轮胎花纹的渣石、铁钉等杂物。

二、电动汽车的动力性能检测

电动汽车的动力性能要求与检测方法根据国标《电动汽车　动力性能　试验方法》(GB/T 18385—2005)确定。纯电动汽车的动力性能要求与检测方法如下。

(1) 纯电动汽车的动力性能要求主要包括最高车速、加速性能和爬坡性能等,有五项指标。这五个指标的定义详见《电动汽车　动力性能　试验方法》。

(2) 纯电动汽车动力性能的检测方法:详见《电动汽车　动力性能　试验方法》。

三、电动汽车的车辆能耗和续驶里程检测

电动汽车的车辆能耗和续驶里程试验条件和检测方法根据国标《电动汽车　能量消耗率和续驶里程试验方法》(CB/T 18386—2017)确定。纯电动汽车的车辆能量消耗率和续驶里程试验条件和检测方法如下。

1. 电动汽车能量消耗率和续驶里程的定义

(1) 电动汽车的能量消耗率是指电动汽车经过规定的试验循环后对动力蓄电池重新充电至试验前的容量,从电网上得到的电能除以里程所得的值。

(2) 电动汽车的续驶里程是指电动汽车在动力蓄电池完全充电状态下,以一定的行驶工

况,能连续行驶的最大距离。如何提高电动汽车的续驶里程,是目前电动汽车发展中必须解决的重大课题。

2. 关于电动汽车续驶里程的测试方法

《电动汽车　能量消耗率和续驶里程试验方法》规定,对于M1、N1类电动汽车(即包括驾驶人在内,座位数不超过9座的载客车辆以及最大设计总质量不超过3 500 kg的载货车辆)可以采用等速法测试其续驶里程。

具体试验方法是:在一般道路上,进行(60±2) km/h的等速实验,实验中间允许停车两次,每次停车时间不大2 min,记录停车次数、停车时间和行驶距离。

注意:车载仪器发出停车指示或车速不大于54 km/h时,必须停止实验。

3. 关于续驶里程的标准要求值

采用工况法的续驶里程大于80 km。《EV-TEST电动汽车测评管理规则(2019年版)》(中国汽车技术研究中心发布)关于续驶里程的规定是,续驶里程大于100 km。

四、其他路试检查项目、方法与要求

与传统二手车相同,二手电动汽车路试检查包括以下各项:汽车制动性能检查、汽车行驶平顺性检查、汽车行驶稳定性检查、汽车滑行能力检查、高速行驶时汽车风噪声的检测、汽车驻车制动检查。

1. 路试后的检查项目与方法

与传统二手车相同,二手电动汽车路试后的检查包括以下两项:各部件温度情况的检查、"四漏"现象的检查。

2. 路试中的注意事项

(1) 路试中应随时观察各警告灯的工况。

(2) 若路试中发现底盘与传动系统发生严重异响,应立即停车检查并排除故障。

(3) 路试总里程不得小于20 km,且其中的连续行程里程应在10 km以上。

【任务实施】

一、实施环境

(1) 各学习小组鉴定电动汽车1辆。

(2) 各学习小组常用工具及用品包括手电筒、钢板尺(300 mm)、踏板力计、皮尺(100 m)、转向参数测试仪等。

二、实施步骤

(1) 将学生以3～5名为单位分成若干学习小组。

(2) 各学习小组结合本任务所学的知识,利用现有的工具及用品,在指导教师的带领下,对指定的车辆进行动态检查,并完成表7-3所示电动汽车技术状况动态检查实训任务工单。

表 7-3 电动汽车技术状况动态检查实训任务工单

电动汽车技术状况动态检查实训任务工单			
班级		学号	
姓名		日期	

1. 请描述你所检查的电动汽车的基本情况。

(1) 车辆的类别：________

(2) 车辆的名称：________，型号：________

(3) VIN：________

(4) 车辆的生产厂家：________，生产日期：________

(5) 初次注册登记日期：________，行驶里程：________

2. 路试前的准备工作。

1) 冷却液液位是否正常？ □是 □否

如果冷却液不足，请记录________

____

2) 制动系统真空泵、转向器、驱动桥主减速器等有无渗漏现象？

(1) 制动系统真空泵有无渗漏现象？ □有 □无

如有，请记录________

____

(2) 转向器有无渗漏现象？ □有 □无

如有，请记录________

____

(3) 驱动桥主减速器有无渗漏现象？ □有 □无

如有，请记录________

____

3) 转向盘的自由行程、制动踏板的自由行程、制动灯是否正常？

(1) 请记录你检查的转向盘自由行程是否正常。如果不正常，可能存在的故障有________

____

____

(2) 请记录你检查的制动踏板自由行程是否正常。如果不正常，可能存在的故障有________

____

____

(3) 请记录你检查的制动灯是否正常。

____

____

4) 请记录你检查的轮胎气压是否符合标准。

____

____

3. 路试检查。

1) 车辆能量消耗率的检查。

将你对车辆能量消耗率检查的结果记录在下面。

____

____

____

续表

2）续驶里程的检查。

将你对续驶里程检查的结果记录在下面。

3）传动轴及驱动桥的检查。

将你对传动轴及驱动桥检查的结果记录在下面。

通过对记录结果的分析，可能存在的故障有

4）制动性的检查。

将你对制动性检查的结果记录在下面。

通过对记录结果的分析，可能存在的故障有

5）转向操纵性的检查。

将你对转向操纵性检查的结果记录在下面。

通过对记录结果的分析，可能存在的故障有

6）动力性的检查。

将你对动力性检查的结果记录在下面。

通过对记录结果的分析，可能存在的故障有

7）机械传动效率的检查。

将你对滑行试验的结果记录在下面。

通过对记录结果的分析，你得出的结论是

续表

8）传动系统与行驶系统动平衡的检查。

将你对传动系统与行驶系统动平衡的检查结果记录在下面。

____

____

____

通过对记录结果的分析，你得出的结论是______________________________

____

9）动态试验后的检查。

将你对动态试验后的检查结果记录在下面。

____

____

____

通过对记录结果的分析，你得出的结论是______________________________

____

4．自我评价（个人技能掌握程度）：

□非常熟练　□比较熟练　□一般熟练　□不熟练

教师评语（包括任务工单填写情况、检查方法、熟练程度等，并按等级给出成绩）：

____

____

____

____

____

____

____

____

____

实训记录成绩__________　教师签字__________　________年________月________

任务3　电动汽车技术状况的仪器检查

【任务导入】

车主李先生计划卖掉自己的比亚迪 e6 轿车。他来到位于二手车交易市场的二手车鉴定评估机构，对自己的轿车进行鉴定评估。二手车鉴定评估机构前台接待人员接待了李先生，完成一系列鉴定评估前期工作后，对车辆技术状况进行仪器检查。

【任务分析】

在进行电动汽车技术状况的仪器检查之前，必须做好高压安全检测。

【相关知识】

一、电动汽车的高压安全检测内容与方法

电动汽车的高压安全检测的主要内容包括车辆绝缘检测、用钳形电流表检测电流、通过断电检查故障以及高压互锁检查等四项内容。

1. 车辆绝缘的检测方法

1）绝缘电阻表的功能与分类

(1) 绝缘电阻表的功能。

绝缘电阻表是检测电动汽车电气系统绝缘性能的一种主要工具。

(2) 绝缘电阻表的分类。

绝缘电阻表可分为数字式绝缘电阻表和指针式绝缘电阻表两类。

2）绝缘电阻表使用注意事项

(1) 要熟悉绝缘电阻表的按键功能。绝缘电阻表的表面可分为上、中、下三个部分。

① 上部主要为测量数据(测量结果)显示屏。

② 中部是各种测试按钮、指示灯与挡位选择开关。

③ 下部是测试笔测试探头插孔。

(2) 必须严格按照绝缘电阻表使用说明书的规定使用,否则可能破坏测试仪提供的保护措施。

(3) 在将被测电路与绝缘电阻表连接之前,始终应记住选用正确的端子、开关位置和量程挡。

(4) 在正式使用绝缘电阻表之前,先用其测量已知电阻来验证测试仪操作是否正常。

(5) 在端子之间或任何一个端子与搭铁点之间所施加的电压不能超过绝缘电阻表上标明的额定值。

(6) 当出现电池低电量指示符时,应尽快更换电池。

(7) 在测试电阻、导通性、二极管或电容之前,必须先切断被测电路系统的电源,并将其中所有的高压电容放电。

(8) 在测量危险电压(交流峰值超过 42 V 或直流超过 60 V 的电压)时,有可能造成触电的危险,操作时应格外小心。

(9) 当用于测试导线时,手指应保持在保护装置的后面;切勿在爆炸性气体或蒸气附近使用绝缘电阻表。

3）用绝缘电阻表测量绝缘高压线束的绝缘性能

(1) 将测试探头分别插入绝缘电阻表的电压输入端子与公共 COM 输入端子。

(2) 将旋转开关旋至所需要的测试电压挡。

(3) 连接探头与待测电路,绝缘电阻表自动检测电路是否通电。

(4) 按住黄色椭圆形测试按钮,启动测试。此时应注意观察绝缘电阻表显示屏。

① 主显示位置显示高压符号 Z,并以 M Ω 或 G Ω 为单位显示电阻。

② 辅显示位置显示被测电路上所施加的测试电压。

③ 显示屏下端出现测试图标,直到释放测试按钮。

④ 当被测阻值超过最大显示量程时,测试仪会显示>符号以及当前量程的最大电阻。

(5) 将探头留在测试点上,然后释放测试按钮,被测试电路即开始通过绝缘电阻表放电。

注意:

① 绝缘电阻表的两只表笔分别接线束的端子与绝缘层;测量工具的测量电压至少要与测

量部件的常规工作电压一样高。根据联合国欧洲经济委员会 ECE-R100 标准，绝缘电阻必须至少为 500 Ω/V。例如，若电动汽车电池的电压为 326 V，则电池线束绝缘电阻的标准至少应为 326 V×500 Ω/V=1.63 MΩ。

② 测量电压选择 500～1 000 V 直流电压挡；对高压线束不同部位进行绝缘检测，测量三个测量点(屏蔽与内部导线、屏蔽与车辆搭铁端、内部导线与车辆搭铁端)。

2. 钳形电流表的功能与检测电流的方法

1）钳形电流表的功能

使用钳形电流表无须断开电源和线路，便可直接测量运行中的电力设备的工作电流，因而能够及时了解与掌握设备的运行情况。

2）钳形电流表的选择

需根据电流的种类与电压的等级正确选择钳形电流表。例如，当测量高压线路的电流时应选择与其电压等级相符的高压钳形电流表，且被测线路的电压必须低于钳形电流表的额定电压。

3）钳形电流表用前检查

事先要仔细检查钳形电流表的绝缘性能是否良好，其绝缘层应无破损，手柄应清洁干燥，钳口应结合紧密。指针式钳形电流表的指针不在零位时应进行机械调零，若测量时指针晃动，可重新开闭一次钳口。

4）钳形电流形测量电流的操作步骤

(1) 紧按钳头扳机使钳口张开，将被测导线放入钳口中央，然后松开钳头扳机，并使钳口紧密闭合。

(2) 钳口结合面如有杂声，应重新开合一次。若仍有杂声，应处理钳口结合面，以使读数准确。

(3) 不可同时钳住两根导线。读数后，将钳口张开，将被测导线退出，然后将挡位旋钮置于最高电流挡或 OFF 挡。

5）钳形电流表测量注意事项

(1) 不可测量裸导线的电流(因钳形电流表要接触被测导线)。

(2) 在用高压钳形电流表进行测量时，应由两人操作。测量时，应戴绝缘手套，站在绝缘胶垫上，且不得触及其他设备，以防短路或搭铁。

(3) 测量时应注意身体与带电导体保持安全距离。在观察读数时，要特别注意保持头部与带电部件的安全距离，人体任何部分与带电体的距离不得小于钳形电流表的整个长度。

(4) 当测量高压电缆各相电流时，电缆相线间距离应在 300 mm 以上。

3. 通过断电检查故障的方法

使用断电检查工具，通过断电可检测出被测电器是否存在故障。通过断电检查故障涉及在动力电池处、在动力电池负极与搭铁之间以及在转换器的蓄电池连接处检测断电。

1）在动力电池处检测断电

(1) 拔下维修插头，断开转换器与动力电池 BMS 的连线。

(2) 将目标车型的断电检查工具插入电池 BMS 端部的插孔。

(3) 若断电检查工具电压表的读数与断路时电压表的读数相同，则可确认高压动力电池已经断电。

2）在动力电池负极与搭铁之间检测断电

(1) 拔下维修插头，并断开转换器与动力电池 BMS 的连线，将断电检查工具的两个插头分别插入动力电池 BMS 端部的两个插孔。

(2) 将大众车型断电检查工具电压表的正极搭铁,若断电检查工具电压表的读数为零,则可确认动力电池的负极与搭铁之间已经断电;否则,则可确认动力电池正极与搭铁之间短路或有搭铁故障。

3) 在转换器的蓄电池连接处检测断电

(1) 拔下维修插头,断开转换器与动力电池 BMS 的连线,将断电检查工具两个插头分别插入转换器的蓄电池连接处的两个插孔。

(2) 若断电检查工具电压表读数低于 7 V,则可确认转换器的蓄电池连接处已经断电。

(3) 打开点火开关,接着关闭点火开关,重新测量电压。点火开关的转换会导致中间电路的电容放电。再次观察测量值是否低于 7 V。若高于 7 V,则可确认转换器有故障或中间电路的电容放电没有完成。

4. 高压互锁的检查

1) 高压互锁回路的功能

设计高压互锁回路的目的是在整车高压供电前,使整个高压系统处在一个封闭的环境下,以确保高压系统的完整性与提高高压系统的安全性,即在整车运行过程中,在高压系统回路断开或高压系统的完整性遭到破坏的情况下,整车能够启动安全防护措施,以防止出现带电插拔高压插接器而造成高压端拉弧损坏。

2) 引起高压互锁故障的原因

引起高压互锁故障的原因一般是某个高压插接器未插到位或未插,如 PTC 控制板、DC/DC转换器、高压控制盒、车载充电机、空调压缩机等部件的高压插接器未插。

二、电动汽车的整车控制器检测

电动汽车整车控制系统故障分级及其处理方法详见表 7-4。

表 7-4 电动汽车整车控制系统故障分级及处理方法

等级	名称	故障后处理	故障列表
一级	致命故障	紧急断开高压	电动机控制器直流母线过电压故障、BMS 一级故障
二级	严重故障	二级电动机故障,电动机零转矩;二级电池故障,20 A 放电电流限功率	电动机控制器相电流过电流,IGBT(绝缘栅双极型晶体管)、旋变等故障,电动机节点丢失故障,挡位信号故障
三级	一般故障	跛行	加速踏板信号故障
		降功率	电动机控制器电动机超速保护
		限功率(<7 kW)	跛行故障、SOC<1%、BMS 单体欠电压、内部通信硬件等三级故障
		限速<15 km/h	低压欠电压、制动故障
四级	轻微故障	只仪表显示,四级故障属于维修提示,但是整车控制器不对整车进行限制。 四级能量回收故障,仅停止能量回收,行驶不受影响	电动机控制器电动机系统温度传感器、直流欠电压故障,整车控制器硬件、DC/DC 转换器异常等故障

三、电动汽车的动力电池系统检测

1. 动力电池系统的常见故障

动力电池系统常见的九种主要故障如表 7-5 所示。

表 7-5　动力电池系统常见的九种主要故障

序号	故 障 描 述	常规解决办法(按照序号进行操作)
1	SOC 异常，如无显示，数值明显不符合逻辑	① 停车或者关闭点火开关后重新启动； ② 检查仪表板中其他故障报警灯有无点亮，并做好现象记录； ③ 联系专业售后人员进行复查，维修人员确认无误后正常使用
2	续驶里程低于经验值	联系维护人员，检查充放电过程是否正常、容量是否衰减、BMS 控制是否正常
3	电池过热报警/保护	① 10 s 内减速，停车观察； ② 检查报警是否消除，检查是否有其他故障，并做好记录； ③ 若报警或保护消除，可以继续驾驶；否则，联系专业售后人员； ④ 若运行中连续三次以上出现，则停车或减速故障消除时，联系专业售后人员
4	SOC 过低报警/保护	① SOC 低于 30% 报警出现时减速行驶，寻找最近的充电站进行充电； ② 停车休息 3～5 min 后行驶，检查故障是否能自动消除； ③ 若故障不能自行消除，且仍未到达充电站，联系专业售后人员解决
5	电压/电流明显异常	① 关闭点火开关，迅速下车并保持适当距离； ② 联系专业技术人员处理
6	点火开关打开至 ON/START 位置后不工作	① 检查并维护低压电源； ② 若打开至 ON 位置后能工作，检查仪表板上的故障显示，并记录； ③ 若打开至 START 位置后仍不能工作，联系专业技术人员
7	不能充电	① 检查 SOC 当前数值； ② 检查充电线缆是否按照正确方法连接； ③ 若环境温度超出使用范围，中止使用； ④ 联系维修人员
8	运行时高压短时间丢失	检查系统屏蔽层是否有效，检查继电器是否能正常动作，检查主回路是否接触良好
9	电池外箱磨损破坏	联系专业人员进行维护

2. 动力电池故障等级的划分

动力电池故障等级的划分如表7-6所示。

表7-6 动力电池故障等级的划分

等级	故障描述
一级故障(非常严重)	动力电池上报该故障一段时间后会造成整车出现安全事故,如起火、爆炸、触电等,动力电池在正常工作状态下不会上报该故障,BMS一旦上报该故障就表明动力电池处于严重故障状态。动力电池在此状态下功能已经丧失,请求其他控制器立即(1 s内)停止充电或放电。如果其他控制器在规定时间内未做出响应,动力电池管理系统将在2 s后主动停止充电或放电(即断开高压继电池)。例如,动力电池内部短路、温度过高,请求其他控制器立即(1 s内)停止充电或放电
二级故障(严重)	动力电池上报该故障会造成整车进入跛行、暂时停止能力回馈、停止充电状态,动力电池在正常工作状态下不会上报该故障,BMS一旦上报该故障就表明动力电池某些硬件出现故障或动力电池处于非正常工作的条件下。动力电池在此状态下功能已经丧失,如BMS内部通信故障、绝缘电阻过低,请求其他控制器停止充电或者放电;其他控制器应在一定的延时时间内响应动力电池停止充电或放电请求
三级故障(轻微)	动力电池上报该故障对整车无影响或不同程度地造成整车进入限功率行驶状态,动力电池在正常工作状态下可能上报该故障,BMS一旦上报该故障就表明动力电池处于极限环境温度下或单体动力电池一致性出现一定劣化等,动力电池性能下降,如单体电压欠电压,温度不均衡,动力电池管理系统降低最大允许充/放电电流

四、电动汽车的驱动电动机及其控制系统故障检测

驱动电动机及其控制系统故障检测是一个比较复杂的"系统工程"。检测人员首先需要熟悉驱动电动机及其控制系统故障检测的基本步骤、驱动电动机及其控制系统的电路图以及驱动电动机及其控制系统的低压插接器端子的定义,然后开始进行旋转变压器的故障检测,最后才能进行驱动电动机及其控制系统的故障检测与排除。

1. 驱动电动机及其控制系统故障检测的基本步骤

(1) 当驱动电动机及其控制系统发生故障时,驱动电动机控制器将故障信息发送给整车控制器,整车控制器根据电动机、动力电池、DC/DC转换器等零部件故障和整车CAN网络故障及整车控制器硬件故障进行综合判断,确定整车的故障等级,并进行相应的控制处理。

(2) 当仪表板报出驱动电动机及其控制系统故障性质(一般情况下不会显示具体故障,只报出"驱动电动机故障""驱动电动机过热"或者"驱动电动机超速"等)时,必须使用故障诊断仪读取由驱动电动机控制器报出的具体故障,并进行相应处理。

2. 驱动电动机及其控制系统的电路

驱动电动机及其控制系统的电路包括电源电路、旋转变压器电路、高压电路、驱动电动机及其控制系统与整车控制器通信电路。

3. 驱动电动机及其控制系统的低压插接器

驱动电动机及其控制系统的低压插接器包括驱动电动机低压插接器与驱动电动机控制器低压插接器。

4. 旋转变压器的故障检测

旋转变压器的故障将导致驱动电动机及其控制系统无法启动或转矩输出减小。旋转变压器的故障主要分为旋转变压器本身的故障与控制旋转变压器的驱动电动机控制器内部旋变解码电路的故障。旋转变压器故障排查方法如下。

(1) 排查驱动电动机控制器与驱动电动机连接的低压线束有无虚接或退针现象,检查驱动电动机控制器低压插接器的 12 V 供电是否正常。

① 检查线路的通断:根据驱动电动机及其控制系统电路图,脱开驱动电动机控制器插头,测量驱动电动机旋转变压器插头 35 号端子与驱动电动机控制器 19 号端子之间的导线有无短路与断路现象。

② 检查励磁绕组的电压:点火开关置于 ON 挡,测量插接器的通断,应有 3～3.5 V 交流电压。

(2) 用万用表测量旋转变压器传感器的电阻值。正常的线圈电阻值如下。

① 拔下插接器,测量传感器正弦绕组端子阻值,应有(60±10) Ω 电阻。

② 拔下插接器,测量传感器余弦绕组端子阻值,应有(60±10) Ω 电阻。

③ 拔下插接器,测量传感器励磁绕组端子阻值,应有(30±10) Ω 电阻。

(3) 若以上线圈的阻值超出正常范围,则需更换旋转变压器传感器;若以上线圈的阻值正常,则可能是驱动电动机控制器内部旋变解码电路的故障,需要更换驱动电动机控制器的主控制板。

5. 驱动电动机及其控制系统的故障检测

排查驱动电动机及其控制系统故障的主要步骤如下。

(1) 使用故障诊断仪读取故障码。

(2) 根据故障码的提示,分析发生故障可能的原因,并进行线路与电气元件的排查。

(3) 在排查过程中,可以参考表 7-7 驱动电动机及其控制系统常见故障及其排除方法。

表 7-7 驱动电动机及其控制系统常见故障及其排除方法

序号	故障名称	故障码	故障可能原因	解决办法
1	驱动电动机控制器直流母线过电压故障	P114017	① 驱动电动机及其控制系统突然大功率充电; ② 高压回路非正常断开	分析整车数据,如果总线电压报文与实际电压不相符,则需要检查高压供电回路、高压主继电器、高压插接器有无异常
2	驱动电动机控制器相电流过电流故障	P113119 P113519 P113619 P113719	负载突然变化、旋转变压器信号故障等导致电流畸变,如动力电池或主继电器频繁通断	检查高压回路
			驱动电动机控制器损坏(硬件故障)	更换驱动电动机控制器
			驱动电动机控制器采集电压与实际电压不一致	标定电压,刷写驱动电动机控制器程序

续表

序号	故障名称	故障码	故障可能原因	解决办法
3	驱动电动机超速故障	P0A4400	整个负载突然降低,驱动电动机转矩控制失效	如果重新供电不复现,不用处理
			驱动电动机低压插接器连接松动或者退针	检查驱动电动机低压插接器
			驱动电动机控制器损坏(硬件故障)	更换驱动电动机控制器
4	驱动电动机过温故障	P0A2F98	驱动电动机低压插接器连接松动或者退针	检查驱动电动机低压插接器
			冷却系统工作异常	检查冷却液是否充足、水泵是否正常工作、冷却管路是否堵塞或堵气
			驱动电动机本体损坏(长时间过载运行)	更换驱动电动机
5	驱动电动机控制器IGBT过温故障	P117F98 P117098 P117198 P117298	同“驱动电动机过温故障”	同“驱动电动机过温故障”
6	驱动电动机控制器低压电源欠电压故障	U300316	12 V蓄电池电压过低,或者由于35 Pin线束,驱动电动机控制器低压接口电压过低	检查蓄电池电压,给蓄电池充电;检查驱动电动机控制器低压接口,测量35 Pin插接器24号端子和1号端子电压是否低于9 V
7	与整车控制器通信丢失故障	U010087	① 未收到整车控制器信号; ② 网络干扰严重; ③ 线束问题	检查35 Pin线束连接是否正常,检查CAN网络通信是否正常,或者更换驱动电动机控制器
8	驱动电动机及其控制系统高压暴露故障	P0A0A94	① 驱动电动机控制器电源模块硬件损坏; ② 软件与硬件不匹配; ③ 由网络上有部件报出高低压互锁故障引起	刷写程序或更换驱动电动机控制器
9	驱动电动机(噪声)异响		① 电磁噪声(高频较尖锐); ② 机械噪声,可能来自减速器、悬架、驱动电动机本体(轴承)	① 电磁噪声属正常; ② 排查确定驱动电动机本体损坏,更换驱动电动机

【任务实施】

一、实施环境

（1）各学习小组鉴定电动汽车1辆。

（2）各学习小组常用工具及用品包括钳形电流表、绝缘电阻表、万用表等。

二、实施步骤

（1）将学生以3～5名为单位分成若干学习小组。

（2）各学习小组结合本任务所学的知识，利用现有的工具及用品，在指导教师的带领下，对指定的车辆进行仪器检查，并完成表7-8所示电动汽车技术状况仪器检查实训任务工单。

表7-8 电动汽车技术状况仪器检查实训任务工单

电动汽车技术状况仪器检查实训任务工单			
班级		学号	
姓名		日期	

1. 请描述你所检查的电动汽车的基本情况。

（1）车辆的类别：________________

（2）车辆的名称：________________，型号：________________

（3）VIN：________________

（4）车辆的生产厂家：________________，生产日期：________________

（5）初次注册登记日期：________________，行驶里程：________________

2. 电动汽车的高压安全检测。

（1）请记录车辆绝缘的检测结果，如果不正常，可能存在的故障有________________

____

____

（2）请记录用钳形电流表检测电流的结果，如果不正常，可能存在的故障有________________

____

____

（3）请记录通过断电检查故障的结果，如果不正常，可能存在的故障有________________

____

____

（4）请记录高压互锁的检测结果，如果不正常，可能存在的故障有________________

____

____

3. 整车控制器的检测。

将你对整车控制器检测的结果记录在下面。

____

____

____

____

续表

4. 动力电池系统的检测。
将你对动力电池系统检测的结果记录在下面。

5. 驱动电动机及其控制系统的检测。
将你对驱动电动机及其控制系统检测的结果记录在下面。

6. 自我评价(个人技能掌握程度):
□非常熟练　□比较熟练　□一般熟练　□不熟练

教师评语(包括任务工单填写情况、检查方法、熟练程度等,并按等级给出成绩):

实训记录成绩＿＿＿＿　教师签字＿＿＿＿　＿＿年＿＿月＿＿

任务4　电动汽车技术状况等级的综合评定

【任务导入】

车主李先生计划卖掉自己的比亚迪 e6 轿车。他来到位于二手车交易市场的二手车鉴定评估机构,想对自己的轿车进行鉴定评估。二手车鉴定评估机构前台接待人员接待了李先生,完成一系列鉴定评估工作后,对车辆进行技术状况等级的综合评定。

【任务分析】

在进行电动汽车技术状况的综合评定之前,必须明确电动汽车技术状况的分级标准。

【相关知识】

一、电动汽车技术状况的分级标准

电动汽车技术状况等级的综合评定方法和分级标准与传统汽车基本相同，详见本书前述内容。

二、电动汽车技术状况分级标准中新增加的内容

电动汽车技术状况分级标准中新增加了以下三项内容。

1. 关于电动汽车安全检测方面的要求

(1) 检查高压中控盒(在推入动力电池箱之前，由具备资质的电工负责检查)：将连接到中控箱的高压线束、动力电池输入电缆从中控箱接口拔下，将其他高压电缆从部件接口拔下，测量每个高压端子与底盘之间的绝缘电阻，要求其阻值大于 20 MΩ；否则，电动汽车全部计分为 0。

(2) 测量电动机绝缘电阻：采用 500 V 绝缘电阻表测量，要求其阻值不小于 5 MΩ；否则，电动汽车全部计分为 0。

2. 关于电动汽车动力性能的检测要求

(1) 1 km 最高车速是指能够往返各持续行驶 1 km 以上距离的最高车速的平均值。一般要求 1 km 最高车速不小于 100 km/h。若 1 km 最高车速小于 80 km/h，电动汽车全部计分为 0，若 1 km 最高车速不小于 100 km/h，则加 5 分。

(2) 30 min 最高车速是指能够持续行驶 30 min 以上的最高平均车速。一般要求 30 min 最高车速不小于 80 km/h。若 30 min 最高车速小于 60 km/h，电动汽车全部计分为 0；若 30 min 最高车速不小于 80 km/h，则加 5 分。

(3) 加速性能包括两项指标。一是从 0 开始加速到 50 km/h 所需的最短时间。一般要求该时间不大于 10 s；否则，电动汽车全部计分为 0。二是从 50 km/h 开始加速到 80 km/h 所需的最短时间。一般要求该时间不大于 15 s；否则，电动汽车全部计分为 0。

(4) 爬坡车速包括两项指标。一是在 4%坡道上能够持续行驶 1 km 以上距离的最高平均车速。一般要求该车速不小于 60 kn/h；否则，电动汽车全部计分为 0。二是在 12%坡道上能够持续行驶 1 km 以上距离的最高平均车速。一般要求该车速不小于 30 km/h；否则，电动汽车全部计分为 0。

(5) 坡道起步能力是指在坡道上能够启动，且在 1 min 内向上行驶至少 10 m 的最大坡度。一般要求该坡度满足制造厂出厂技术条件中的最大爬坡度规定；否则，电动汽车全部计分为 0。

3. 关于电动汽车的车辆能耗和续驶里程检测要求

一般采用等速法测试电动汽车的续驶里程。具体方法是：在一般道路上，进行(60±2) km/h 的等速实验，实验中间允许停车两次，每次停车时间不大于 2 min，记录停车次数、停车时间和行驶距离。需要提请注意的是：车载仪器发出停车指示或车速不大于 54 km/h 时，需停止实验。

若电动汽车的续驶里程大于 60 km，电动汽车全部计分为 0；若电动汽车的续驶里程大于 80 km，为合格；若电动汽车的续驶里程大于 100 km，则加 5 分。

三、非事故电动汽车技术等级的确定

(1) 一级(五星级):技术鉴定实际总分≥90。
(2) 二级(四星级):80≤技术鉴定实际总分<90。
(3) 三级(三星级):60≤技术鉴定实际总分<80。
(4) 四级:20≤技术鉴定实际总分<60。
(5) 五级:技术鉴定实际总分<20。
(6) 六级(等外级):重大事故车。

【任务实施】

一、实施环境

各学习小组鉴定电动汽车一辆。

二、实施步骤

(1) 将学生以3~5名为单位分成若干学习小组。

(2) 各学习小组结合本任务所学的知识,在指导教师的带领下,对指定的车辆进行技术状况等级的综合评定,并完成表7-9所示电动汽车技术状况等级的综合评定实训任务工单。

表7-9 电动汽车技术状况等级的综合评定实训任务工单

电动汽车技术状况等级的综合评定实训任务工单			
班级		学号	
姓名		日期	

1. 请描述你所检查的电动汽车的基本情况。
(1) 车辆的类别:______
(2) 车辆的名称:______,型号:______
(3) VIN:______
(4) 车辆的生产厂家:______,生产日期:______
(5) 初次注册登记日期:______,行驶里程:______
2. 电动汽车技术状况等级的综合评定。
(1) 请记录你对目标车辆最终确定的技术状况等级:______

(2) 简单描述你定级的参考依据:______

3. 自我评价(个人技能掌握程度):
□非常熟练 □比较熟练 □一般熟练 □不熟练

续表

教师评语(包括任务工单填写情况、检查方法、熟练程度等,并按等级给出成绩):
____________________ ____________________ ____________________ ____________________ ____________________ ____________________ ____________________ ____________________
实训记录成绩________ 教师签字________ ______年______月______

附录 A

机动车强制报废标准规定

（商务部、发改委、公安部、环境保护部令 2012 年 第 12 号）

附录 B

二手车流通管理办法

附录 C

二手车交易规范

（商务部公告 2006 年第 22 号）

附录 D

二手车鉴定评估技术规范

（国家标准 GB/T 30323—2013）

参考文献 CANKAOWENXIAN

[1] 王贵槐.汽车构造[M].北京:北京邮电大学出版社,2014.
[2] 郭志军.二手车鉴定与评估[M].2版.北京:北京理工大学出版社,2013.
[3] 刘文霞.二手车鉴定与评估[M].哈尔滨:哈尔滨工业大学出版社,2014.
[4] 吴兴敏,刘庆,历承玉.旧机动车鉴定与评估[M].北京:北京理工大学出版社,2014.
[5] 吴兴敏,陈卫红.二手车鉴定与评估[M].北京:人民邮电出版社,2010.
[6] 明光星,历承玉.二手车鉴定评估实用教程[M].北京:机械工业出版社,2011.
[7] 屠卫星.旧机动车鉴定与评估[M].3版.北京:人民交通出版社,2019.
[8] 刘仲国.二手车交易与评估[M].2版.北京:机械工业出版社,2018.
[9] 王海宝,胡勇.汽车评估[M].北京:机械工业出版社,2011.
[10] 许华林.二手车鉴定及评估[M].北京:冶金工业出版社,2009.